W0105213

BJÖRN STASCHEN

Camping-GLÜCK

80 AUSSERGEWÖHNLICHE PLÄTZE IN DEUTSCHLAND

BJÖRN STASCHEN

Camping-
GLÜCK

80 AUSSERGEWÖHNLICHE
PLÄTZE IN DEUTSCHLAND

Deutsche Verlags-Anstalt

Inhalt

Die Reise ins Glück

Wir hatten kleine Magnetschilder für unseren Bulli gemacht: »Cool Camping Deutschland« stand darauf. Schließlich ist unser »Camping-Glück« der offizielle Nachfolger dieser Zeltbibel, die über fünf Jahre die Heimat der besten Zeltplätze und aufregendsten Übernachtungsspots in der freien Natur war. Die Magnetschilder jedoch waren ein Fehler: Denn wer sich als »Cool« ausgibt, muss gewisse Erwartungen erfüllen. Meiner Familie und mir gelingt das leider nur selten.

Gestatten: Wir sind eine durchschnittliche, fünfköpfige Familie aus der großen Stadt, die Ruhe und Frieden in der Natur sucht, aber selten ein Bild eben davon abgibt. Jessica, meiner Frau, würde das noch gelingen. Aber unsere drei Söhne Lasse, Joon und Maarten zerstören im Konzert mit mir fast jedes vögelzwitschernde Idyll.

Es trug sich zu, dass wir vor einiger Zeit mit drei maulenden Jungs auf einem 800 km entfernten Traumplatz einfielen, und mit uns das brüllende Chaos: Lasse müde von der Fahrt, Joon hungrig und Maarten böse, weil er bis heute »Aufwecken durch Anhalten« nicht eben schätzt. Zudem hatten wir (nun gut: ich) im zwillingsinduzierten Packstress noch die Schlüssel für das dicke Fahrradschloss vergessen, das unsere Räder auf dem Fahrradträger des Bullis sicherte. In dieser Lage blieb nur eins, »Cool Camping«-Schilder hin oder her: Bauer Ewald Maurus und seine Flex mussten helfen. Stahl kreischte durch die Allgäuer Ruhe, Funken sprühten. Und spätestens dann wussten alle auf dem Campingplatz: Cool ist nicht gleich cool.

Insofern macht es mich allein schon glücklich, nicht mehr »Cool« sein zu müssen, sondern künftig unser »Camping-Glück« zu suchen. Denn das beschreibt sehr viel besser, worum es geht: Mit der Mühsal der 1980er-Jahre-»Coolness« hat »Camping-Glück« nichts zu tun. Kein verkapptes Regelwerk für richtige Kleidung und Frisur auf dem Zeltplatz, sondern: Ruhe, Entspannung, Freiheit. Jeder, wie er will – und wie er kann! Im Allgäu fanden wir nach anfänglichem Chaos übrigens ein Flüsschen zum Planschen, Esel zum Ausführen und störrische Ziegen zum Zähmen – für uns der perfekte Urlaub auf einer großen, weiten Wiese.

Es geht nicht etwa darum, im eigenen Zelt ums Überleben zu kämpfen. Wer dogmatisch hinter dem Reißverschluss hockt und den verregneten Urlaub versemmelt, weil er zu stolz ist, ins Hotel umzuziehen, wenn es aus Kübeln gießt, der ist selbst schuld. Schönwetter-Camping ist völlig in Ordnung. Zumal es so einfach

wie nie ist, seine kleine Heimstatt spontan und nach Wetterlage in der Natur aufzuschlagen – Mietbulli und Pop-Up-Wurfzelt sei Dank. »Camping-Glück« heißt nur: Spaß haben, sich wohlfühlen, raus- und runterkommen. Alles ist erlaubt.

Es geht nicht darum, dogmatisch im Dauerregen den Urlaub zu versemmeln. Schönwetter-Camping ist völlig in Ordnung!

Die Generation unserer Eltern erzählt da mit leuchtenden Augen noch andere Geschichten: Wie sie in stundenlanger, nervenzehrender, familienzerrüttender Zwangs-Zusammenarbeit die großen Hauszelte der 1960er-Jahre aufbauten. Das Gestänge war mit bunten Klebern und Nummern markiert, weil jedes Puzzle leichter zusammenzustecken war. Es folgte ein Urlaub im immerschiefen Monsterzelt, in dem Campingkocher explo-

dierten und Schlafkabinen einrissen. Der Boden wurde bei jedem Regen matschiger. Ein echtes Abenteuer eben – glücklich machte es mutmaßlich trotzdem.

Als wir vor bald zehn Jahren begannen, die schönsten Plätze der Republik zu suchen, fanden wir die wenigen blitzblanken Nadeln oft nicht im Heuhaufen aus Dauercamper-Parzellen und Mietwohnwagen-Einerlei. Damit mich niemand missversteht: Niemand hat etwas gegen Wohnwagen oder Dauercamper, wenn sie denn das bewahren, was Zeltplätze ausmacht – ein kleines bisschen Freiheit statt Camping-Regelwerk, mit Nähe zur Natur, Abenteuer am Lagerfeuer, Romantik unterm Sternenzelt. Seitdem aber hat Deutschland sich auf eine Reise ins Camping-Glück gemacht.

Von der Bergwiese mit fantastischem Ausblick über Thüringen bis zur biberbewohnten Zeltinsel in Bayern. Vom Tipi-Dorf in Hessen bis zum Wohnwagen-Hotel in Berlin. Vom

Zeltplatz, der nur Camper ab 14 Jahre zulässt, bis zum Camping-Floß auf der Havel. Viele neue Ideen – und viel Mut der Inhaber, die an sich selbst und ihre Idee glauben. Die für ihre Liebe zur Natur die Festanstellung aufgegeben und das Risiko gewagt haben. Die junge Frau aus dem Saarland, die erst mit Zirkussen reiste und dann den Camping-Traum träumte. Der DDR-Flüchtling, der heimkehrte, um zu Hause die Camping-Freiheit zu suchen. Oder der Öko-Bauer, der seine Zeltgäste zum Melken zwangsverpflichtet. Vom Bauwagen bis zum schrägen »Behütum«-Zelt: Immer etwas Besonderes – mit fantastischer Aussicht oder verrückten Zutaten, am glasklaren See oder unter der steilen Kletterwand.

»Camping-Glück« hat eine subjektive Auswahl getroffen, ohne ADAC-Sternchen, dafür mit Freiheit und Abenteuer. Niemand hat für die Aufnahme in dieses Buch bezahlt, und niemand konnte sich in dieses Buch hineinkaufen.

Wir sagen unsere Meinung und beschreiben, was Zelturlauber auf einem Platz erwartet, wo das nächste Restaurant einen grillfreien Abend beschert und wohin Familien sich bei Regen flüchten können. Nicht alle Plätze in diesem Buch machen in jedem Winkel glücklich. Manche Betreiber suchen noch die richtige Idee, manche Plätze verändern sich nur langsam, aber vielversprechend. Wir haben versucht, das in unseren Texten fair zu beschreiben.

Deutschland hat sich auf eine Reise ins Camping-Glück gemacht – Freiheit statt Regelwerk, Romantik unterm Sternenzelt.

Der Grundidee bleiben wir jedoch treu – der Idee von »Camping-Glück«: Ein junger Mann namens Jonathan Knight aus England kehrte eines Tages mit seiner Freundin vom Camping-Urlaub zurück und stellte fest: Die Zeltplätze, die wir suchen, stehen in keinem

Campingführer. Also gründete er kurzerhand selbst einen kleinen Verlag und brachte einen solchen Führer heraus: »Cool Camping England« – mit riesigem Erfolg. Seitdem sind wir eng befreundet – und wir bleiben es auch in Zeiten von »Camping-Glück«.

Deutschlands Zeltplätze sind flügge geworden, haben sich emanzipiert. Die Bewegung zurück zur Natur, zur Freiheit, zum Lagerfeuer unterm Sternenhimmel hat einen neuen Namen: »Camping-Glück«. Denn darum geht es: Glück zu finden, Glück zu geben, glücklich zu sein.

Carry On Camping!
Björn Staschen
Hamburg, im November 2017

Gewidmet meinen wilden Campern Maarten, Lasse und Joon, ihrer Neugier und Freude, und Jessica, meinem (Camping-)Glück.

»Camping-Glück« hat jeden einzelnen Platz in diesem Buch (und noch viele mehr!) besucht und auf vielen übernachtet. Kein Platz hat für seine Aufnahme ins Buch bezahlt oder sich eingekauft: »Camping-Glück« ist unsere ganz persönliche Auswahl der besten Plätze im Land.

Die Symbole bedeuten: Dieser Platz hat Platz …

 … nur für Zelte

 … auch für Bullis

 … auch für Bullis und Wohnwagen

Viele Tipps für die neue Auflage haben wir auch von Euch, unseren Lesern, bekommen. Danke! Aber bestimmt haben wir Fehler gemacht (leider!), und bestimmt haben wir einen Eurer Lieblingsplätze vergessen (oh je!). Also schreibt uns, damit »Camping-Glück« noch besser wird: **bjoern@campingglueck.de** oder **www.campingglueck.de.**

Die Besten der Besten

Es gibt diese Plätze, auf denen schon in der ersten Sekunde alles stimmt. Die spürst die Atmosphäre, riechst die Natur. Du weißt genau, wo Dein Zelt stehen muss.
Und Du weißt: Es wird nicht leicht, wieder abzureisen. Die Auswahl war nicht leicht – aber hier sind unsere Favoriten:

1 Volkertswarft, Hallig Hooge
Natur pur: Einsamer und ausgesetzter wird man sich nirgendwo fühlen. Eine weite Salzwiese auf der Hallig Hooge, autofrei und aufregend karg.

75 Adventure Camp Schnitzmühle, Viechtach
Glamping pur: Urlaub im Hotel-Camping-Wellness-Abenteuer-Land, im Bayerischen Wald, mitten in der Natur. Aber die Thai-Fusion-Küche ist nicht weit.

5 Camp Langholz, Waabs
Camping-Glück pur: Mundharmonika, Cappuccino und Strandräuber – Friede und Freiheit im »Summer of Love« an der Ostsee.

68 Ferienhof Maurus, Röthenbauch
Familiencamping pur: Ein Bauernhof am Ende der Welt, zwischen Almwiesen und Bergbächen. Die Kuhglocken bimmeln Camper in den Schlaf.

69 Hofgut Hopfenburg, Münsingen
Kreativcamping pur: Jedem das Seine, hier das meiste – vom Zirkuswagen über die Jurte bis zum Tipi. Gute Nächte für Häuptlinge, Camping-Artisten und Zelt-Abenteurer.

14 Elbe-Camp, Hamburg
Stadtabenteuer pur: Das Elbe-Camp liegt in Sichtweite der dicken Pötte und in S-Bahn-Weite des Hamburger Hauptbahnhofs: Eine Jugendherberge an der frischen Luft.

53 Rhön-Indianerhotel, Poppenhausen an der Wasserkuppe
Wilder Westen pur: Deutschlands schönstes Tipi-Dorf mit der Wasserkuppe im Blick. Malerisch um einen kleinen See gelegen, mit Bogenschieß-Lehrgang und Biobrot.

Die Besten ihrer Art

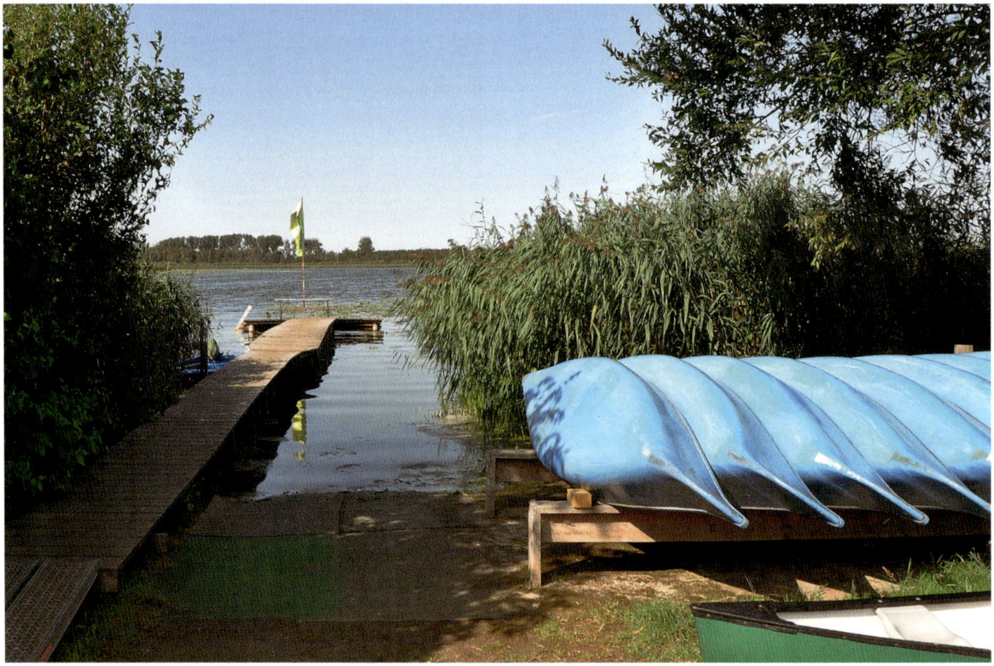

Die besten Köche und Cocktails

75 Adventure Camp Schnitzmühle, Viechtach
60 MIO Minicamping, Ottendorf
32 Biber Ferienhof, Diemitz
14 Elbe-Camp, Hamburg
56 Bergwiese Thüringen, Thalwenden

Der beste Kuchen

15 Camping Land an der Elbe, Stove
2 Wattenmeerhaus Pellworm
30 Naturcamping Ellbogensee, Wesenberg-Strasen

Die coolsten Ideen

41 Das Parkhotel, Bottrop
49 Forsthaus Lauschhütte, Daxweiler
38 Easy-Lodges, Berlin
62 Kulturinsel Einsiedel, Neißeaue
42 Ruhrcamping, Essen

Die cleversten Konzepte

75 Adventure Camp Schnitzmühle, Viechtach
34 Campingplatz am Großen Wentowsee, Fürstenberg
55 Palumpa-Land, Niederdorla
69 Hofgut Hopfenburg, Münsingen
48 Trekking-Camps im Pfälzerwald

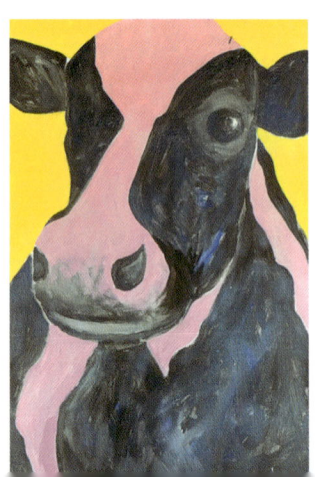

Abenteuer mit dem Blanken Hans

VOLKERTSWARFT, HALLIG HOOGE, SCHLESWIG-HOLSTEIN

Die Vorstellung beunruhigt ein wenig. Auf der Hallig Hooge muss ich mein Zelt dort aufstellen, wo sonst manchmal die Wellen der Nordsee schlagen: auf einer Salzwiese, nicht höher gelegen als der Meeresspiegel. Rundherum kann sich das Auge an kaum etwas festhalten. Schroffe, graugrüne Weite, in der das Gras kratzig aussieht und der Wind mächtig weht. Priele durchziehen die Inselwelt, als wolle die Mordsee mit ihren salzigen Armen die Beute auch im Sommer nicht ganz loslassen. Nur hier und da ragen Hügel aus der platten Insel. Menschen haben sie aufgeworfen, vom »Werfen« haben sie auch ihren Namen: Warften.

So nah, wie Camper hier der Nordsee-Natur sind, so fern sind sie von jedem Komfort: der einzige Camping-Luxus ist die feste Grasnarbe.

Hooges Zeltplatz liegt an der Volkertswarft, einer Art Schullandheim, in dem vor allem Gruppen Unterschlupf finden. Offiziell nennt Warft-Chef Leif Boyens seine Wiese nur »Jugendbehelfszeltplatz«, denn er will den Urlaubern vorbeugen, die Fünf-Sterne-Niveau erwarten: So eng, wie sich Camper hier in die Salzwiese ducken können, so nah, wie sie der Nordsee-Natur sind, so fern sind sie auch von jedem Komfort. Wer morgens den Reißverschluss aufratscht, sieht vielleicht einen Austernfischer auf der anderen Seite des Priels. Auf frischen Kaffeeduft kann er dagegen lange warten, wenn er nicht selbst den Gaskocher anwirft.

Der einzige Campingluxus ist die feste Grasnarbe der »Fenne«, wie sie auf der Hallig ihre Wiesen nennen: Baldrian für nervöse Camperseelen, die den Sturm heranziehen sehen. Ein Hering, der hier feststeckt, rutscht nicht mehr aus der Erde. Die nächste Badebucht ist nur hundert Meter weit entfernt, und auch alles andere erreicht man zu Fuß. Wohnwagen, Wohnmobile und sogar Bullis sind unerwünscht.

In Sichtweite des Zeltplatzes recken sich Ipkenswarft, Kirchwarft und Ockelützwarft in den grauen Nordseehimmel. Letztere beherbergt die kleine Schule der Hallig, die 2011 gerade drei Schüler besuchten. Insgesamt leben noch nicht einmal hundert Menschen auf den Hügeln von Hooge – ein Bergvolk in den Weiten der Nordsee. Unten, am Fuß der Warften, bleiben nur Schafe, Kühe und Camper. Und das ist beunruhigend, wenn man weiß, dass die Nordsee mit »weltenvernichtender Wut« die Hallig Hooge vier bis fünfmal im Jahr überflutet. Das Sturmflutkino auf der Hanswarft zeigt, was dann passiert: Nur noch die Warften ragen aus dem Meer wie Inseln. Und die Zelte?

Wenn man Leif Boyens, den Chef der Volkertswarft, fragt, wie lange im Jahr sein Zeltplatz geöffnet bleibt, dann hofft man auf eine andere Antwort als »ganzjährig«. Doch Camping auf Hooge ist auch im Herbst, auch in der Sturmflutsaison möglich, schließlich lebt Boyens selbst das ganze Jahr über auf der Hallig. Angst vor dem Meer haben sie hier keine, Respekt schon: Mit Flut und Sturmflut haben sich die Hooger arrangiert. Für ein paar Tage im Jahr die Nachbarn auf der eigenen Hallig nur per Boot erreichen zu können, gehört zum Alltag.

Kühe & Co. werden dann schnell noch in ihre Ställe auf den Hügeln getrieben, und man kann nur hoffen, dass bei herannahendem Sturm niemand vergisst, auch die Camper aus ihren Zelten auf die Hügel von Hooge zu retten.

△

Volkertswarft, 25859 Hallig Hooge // T 04849 909960 // www.volkertswarft.de // info@volkertswarft.de

Sonnenseite: Zwischen Salzwiese und Himmel, direkt am Priel.

Schattenseite: Camping pur, ohne Schnickschnack. Und wenn der Wind bläst, bläst er richtig.

Kosten: 6 € pro Person plus 1 € Kurtaxe.

Klo & Co. Toiletten und Duschen im sehr einfachen Bauwagen.

Essen und Trinken: Alles mitbringen – Camper an der Volkertswarft sind Selbstversorger.

Stadtprogramm: »Sansibar« statt Einsamkeit – zum Kontrastprogramm fahren die Adler-Schiffe in der Saison täglich in 90 Minuten nach Sylt, der größten Nordfriesischen Insel.

Landpartie: Die afrikanischen Nationalparks haben ihre »Big Five« (Elefant, Löwe, Nashorn, Büffel, Leopard) – die Nordsee hat ihre »Flying Five«, und auf Hooge sind sie zu Hause: Alpenstrandläufer, Brandgans, Ringelgans, Austern-

fischer und Silbermöwe. Das Wattenmeerhaus Hooge hilft bei der Suche.

Abenteuer: Schatzsuche im Spülsaum der Nordsee – an der Halligkante wird immer wieder Bernstein angespült. Oder mit dem Chef der Volkertswarft, Leif Boyens, auf Wattwanderung gehen.

Grillfrei: Labskaus oder Porrenpann in der T-Stube (Hanswarft). Im ehemaligen Atelier des Malers Peter Lübbers isst man nordfriesisch unter offenem Reetdachgebälk. Zum Nachtisch eine der 41 Teesorten probieren.

Hin & Her: Mit der Reederei Adler ab Nordstrand, Amrum oder Sylt, oder mit der »MS Gebrüder« am Pellworm/Anleger »Hooger Fähre« auf die Hallig Hooge. Autos zu Hause lassen. Zum Zeltplatz laufen – oder Pferdekutsche bestellen.

Geöffnet: Ganzjährig. Bei Flut dürfen Zelte auf die Warft.

Ausweichquartier: Auf Pellworm (s. S. 20) oder Amrum (Inselstraße 125, 25946 Wittdün auf Amrum, T 04682 2254, info@amrum-camping.de).

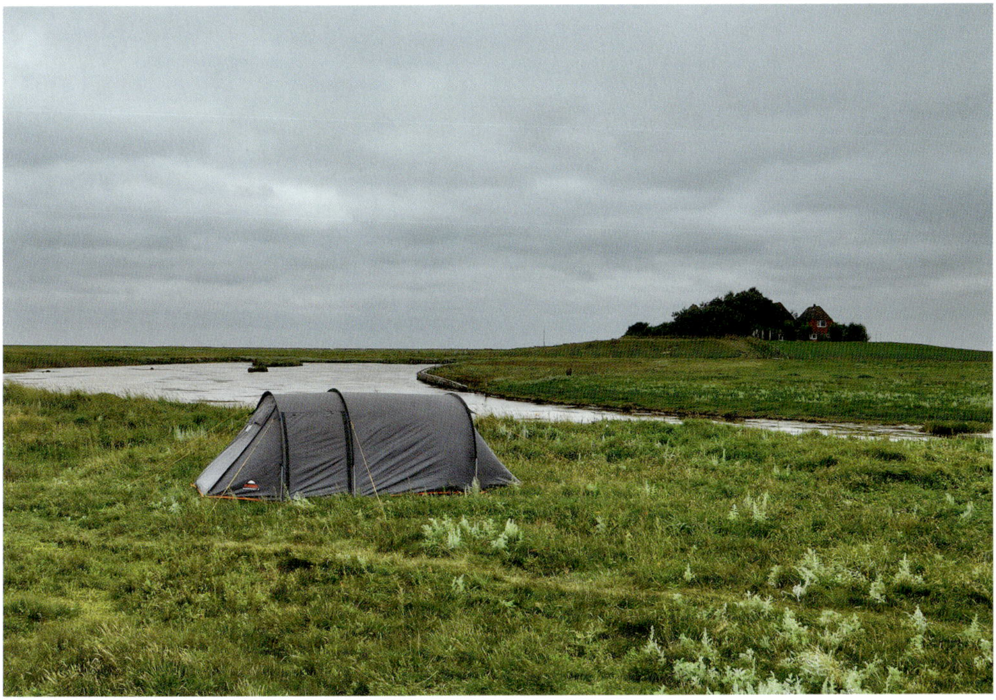

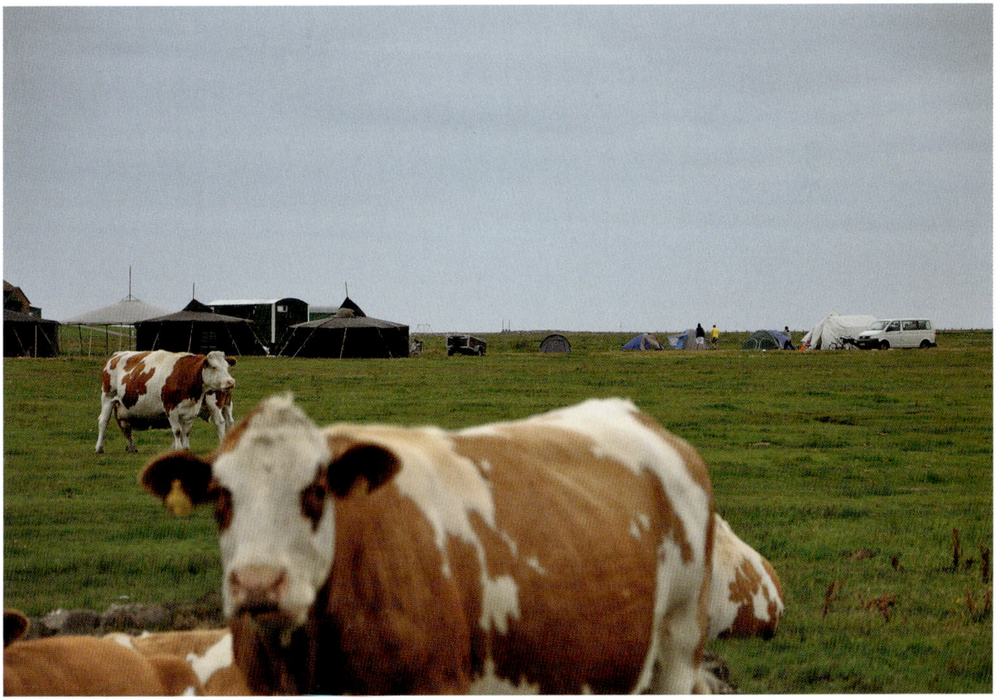

2

Wo Zelturlauber noch eine Sensation sind

WATTENMEERHAUS, PELLWORM, SCHLESWIG-HOLSTEIN

Wer als Zelturlauber nach Pellworm kommt, der spürt schnell: Er ist ganz offensichtlich etwas Besonderes. Noch heute erzählen sie sich auf der Nordfriesischen Insel von jenem Tag kurz vor Ostern 2011, als der erste Camper Pellworm erreichte. Weil die Insel klein ist, war er überall schnell erkannt: »Sind Sie nicht der erste Camper?«, wurde er gefragt, wenn er in der Inselhauptstadt Tammensiel einkaufen ging. »Ah, unsere Rarität«, rief man ihm entgegen, wenn er im Kirchspielskrug an der Alten Kirche einkehrte.

Dreißig Jahre lang hatte sich Pellworm um einen Campingplatz bemüht. Land- und Pensionswirte scheiterten reihenweise bei dem Versuch, ihre Felder und Gärten für Camper zu öffnen. Die Behörden auf dem Festland sagten immer wieder: »Nein.« Erst die resolute Karin Kobauer, ein Kind Pellworms, schaffte es schließlich. Nach vierzig Jahren auf dem Festland kehrte sie mit Ehemann auf ihre Insel zurück. Ein Segen für alle. Karin Kobauer backt nicht nur fantastische Torten in ihrem kleinen Café im Wattenmeerhaus, sie hat auch die Behörden überzeugt und betreibt seitdem den ersten und einzigen Campingplatz Pellworms: klein und fein, kein Vergleich zu den Wohnwagen-Burgen anderswo an der Nordsee. Das Wattenmeerhaus liegt wie viele alte Häuser Pellworms auf einer Warft, ein grüner Hügel, der seine Bewohner einst im Winter aus den Unbilden der Nordseefluten hervorhob.

Rundherum, am Fuße dieses Hügels, können Camper ihre Zelte aufschlagen. Und keine Sorge: Mittlerweile ist Pellworm komplett eingedeicht, sodass eine plötzliche Sturmflut niemanden auf Zeltplatzhöhe null Meter über Normalnull bedrohen würde.

Nahe der Campingwiese erhebt sich ein roter Backsteinkoloss – das Wahrzeichen Pellworms. Der Alte Kirchturm steht für den frühen Reichtum und Stolz der Insulaner. Schon im 13. und 14. Jahrhundert wollten sie zeigen, wozu sie in

der Lage waren. Einzig: Der Boden, auf dem die Pellwormer das Symbol ihrer Schaffenskraft errichteten, konnte dessen Gewicht nicht tragen. Teile des 52 Meter hohen Turmes stürzten

um und ließen eine Ruine zurück, die nur noch halb so hoch ist wie das Original. Zum Glück ist Pellworm so flach, dass man den halben Turm trotzdem von überall sehen kann, auch von der Badestelle jenseits des Deiches, etwa hundert Meter entfernt vom Campingplatz.

Kein Vergleich zu den Wohnwagen-Burgen anderswo an der Nordsee: Am Fuße der Warft ist Platz für Zelte und Bullis – sturmflutsicher.

Leider hat die Insel keinen Sandstrand. Wer in die Nordseefluten tauchen will, muss erst durch Schlamm staksen. Aus diesem Grund kommen seit jeher nicht so viele Urlauber nach Pellworm wie auf andere Nordsee-Inseln. Was wiederum von Vorteil ist: Die Pellwormer sitzen noch vor ihren Häusern auf der Bank und schauen Neuankömmlingen neugierig entgegen, während sie auf Sylt hinter ihren Häusern sitzen, weil sie nichts mehr von Urlaubern wissen wollen. Wer über Pellworm radelt, kann von den Einheimischen viel erfahren, wenn er für einen Plausch anhält: über die Grote Mandränke

Wattenmeerhaus Pellworm, Klostermitteldeich 14, 25849 Pellworm // T 04844 9904288 // www.wattenmeerhaus-pellworm.de // info@wattenmeer-haus-pellworm.de

Sonnenseite: Camping hinterm Deich, ruhig, entspannt und einsam.

Schattenseite: Pellworm erhebt eine Kurtaxe (wie fast überall an der Nordsee) – 2,50 € pro Tag und Nase.

Kosten: 5–7,50 € pro Zelt, 10 € für Bullis, Wohnwagen (Strom nach Verbrauch), 4 € pro Person, 3 € für Kinder bis 14 Jahre.

Klo & Co.: Im Wattenmeerhaus, zweckmäßig – Männer müssen in den ersten Stock.

Essen & Trinken: Karin Kobauer backt leckerste Torten und macht nach Vorbestellung Frühstück im Café.

Stadtprogramm: Konsum in Husum nach Enthaltsamkeit auf Pellworm. »Die graue Stadt am Meer« (Theodor Storm) bietet Einkaufszone, Schloss und Hafen. In Husum wurden Storms »Der Schimmelreiter« und Erich Kästners »Emil und die Detektive« verfilmt.

Landpartie: Einmal um Pellworm herum – 25 km mit dem Fahrrad auf dem asphaltierten Außendeich. Wer am Anfang in der richtigen Richtung fährt, hat am Ende Rückenwind.

Abenteuer: Zweimal wöchentlich wandert der Halligpostbote Knut Knudsen durchs Watt nach Süderoog und nimmt gern Urlauber mit. Süderoog ist die südlichste Hallig, auf der ein einzelnes Ehepaar nach dem Rechten sowie nach 25 Schafen, drei Pferden, zwei Kühen und einem Hund sieht.

Grillfrei: Seit über 100 Jahren, in vierter Generation, wird im Gasthaus »Hooger Fähre« gekocht. Auf den Tisch kommen für Pellworm exotische Dinge – Pasta statt panierter Fisch. (ca. 2 km vom Campingplatz – Hooger Fähre 5, T 04844 992323).

Hin & Her: Mit der Neuen Pellwormer Dampfschifffahrtsgesellschaft (N.P.D.G.) mehrmals am Tag ab Nordstrand (Strucklahnungshörn) – für Autos sollte man reservieren. Der Zeltplatz liegt im Westen nahe der Alten Kirche, also einmal quer über die Insel radeln, wandern oder Sammelmietwagen, Taxi und Inselbus nutzen. Weiterfahrt ab »Hooger Fähre« mit dem kleinen Bötchen »MS Gebrüder« (ohne Auto) auf die Hallig Hooge.

Geöffnet: April bis Oktober.

Ausweichquartier: Auf Hallig Hooge (s. S. 16) oder Amrum (Inselstraße 125, 25946 Wittdün auf Amrum, T 04682 2254, info@amrum-camping.de).

zum Beispiel, eine Jahrhundertflut, bei der die Stadt Rungholt versank und mit ihr 7600 Menschen. Oder über den Seeräuber Cort Wiederich, der in der Turmruine der Alten Kirche hauste, gleich neben dem Zeltplatz.

Urlauber sehen sie auf Pellworm gern als Einheimische auf Zeit. Und wenn Touristen dann noch mit dem Zelt kommen, soll es vorkommen, dass der Kurdirektor persönlich sie mit Handschlag begrüßt. Das mag daran liegen, dass Kurdirektor Andreas Kobauer mit Zeltplatz-Chefin Karin verheiratet ist und abends ohnehin am Wattenmeerhaus vorbeischaut. Es liegt aber auch daran, dass Zelturlauber auf Pellworm noch immer eine kleine Sensation sind.

3

Die Chefin badet gerade

FERIENHOF FOLGER, WESTERKOOG, SCHLESWIG-HOLSTEIN

Wer auf dem Ferienhof Folger einchecken will, muss manchmal ein wenig warten. Die Chefin badet gerade. »Die ist zum Deich gefahren«, vertrösten Nachbarn Neuankömmlinge mehrmals am Tag. Dann wartet man vor dem Hof der Folgers, bis eine kleine Frau auf dem Drahtesel herbeigeflitzt kommt. Der Gepäckträger hält das Handtuch fest – ein paar feuchte Flecken im T-Shirt, das Haar klitschnass, das Gesicht leuchtet vom kühlen Nordseewasser.

Carmen Folger wäre schön blöd, würde sie nicht regelmäßig diesen kleinen Ausflug machen. Denn sie und ihre Gäste leben in Sichtweite des Nordseedeichs nördlich von Büsum. Die Energie, die Carmen Folger im Salzwasser tankt, braucht sie ohne Frage, um ihren Hof zu schmeißen. Sie sitzt nicht nur dem Fremdenverkehrsverein von Hedwigenkoog vor. Seit dem Tod ihres Mannes wacht sie auch allein über Kühe, Schafe, Hängebauchschweine, Enten, fünf Ferienwohnungen und eben ihren Campingplatz. Und sie macht das mit viel Hingabe und Freude.

Camping am Deich – auch die Nachbarn von Carmen Folger vermieten ihre Gärten, und so ist Westerkoog ein kleines Camping-Dorf.

Jeden Abend gegen 17 Uhr füttert Carmen Folger mit allen urlaubenden Kindern die Tiere. Ihre Ponys stehen ständig neben den Zelten auf der Nachbarwiese und dürfen fast rund um die Uhr von Reitermädchen und Cowboyjungs ausgeführt werden – in welche Himmelsrichtung auch immer –, denn Verkehr und Gefahren sind ganz weit weg von Westerkoog.

Das Land ist hier so flach, dass man glaubt, anreisende Besucher schon am Vortag in der Ferne sehen zu können. Durchs platte Grün der Wiesen ziehen sich nur die mächtigen Deiche. An einem solchen Deich liegt auch der Garten von Carmen Folger. Nicht nur bei ihr finden Zelturlauber ihre Ferienheimat. Auch

die Nachbarn vermieten ihre Gärten, und so ist Westerkoog ein kleines Campingdorf, dessen schlauchförmige Gärten im Sommer jeweils fünf oder sechs Zelten, Bullis oder Wohnwagen eine Heimat bieten.

Ein paar hundert Meter weiter liegt der Strand so wunderbar entlegen, dass man ihn manchmal ganz für sich hat. Manche vermissen vielleicht den Sand, aber es hat seine Vorteile, auf dem Gras des sanft abfallenden Deiches in der Sonne zu schlummern. Denn der Sand rieselt nicht in jede Ritze. Und das Wasser ist zwar bei Ebbe weit, dafür aber kinderfreundlich flach: Über Hunderte Meter ist die Nordsee hier nur knöchel- bis knietief (und herrlich matschig), bevor man wirklich

schwimmen kann. Das sind Zutaten für einen perfekten Urlaub.

Dabei war Westerkoog nicht als Feriendorf geplant, im Gegenteil. Auf alten Karten taucht es nur als »Sommerkoog« auf. Damals waren die Deiche noch zu niedrig, um den Hochwassern im Winter standzuhalten. Schon im 17. Jahrhundert hatten die Dithmarscher den Sommerkoog der Nordsee abgetrotzt, doch es sollte bis zum Zweiten Weltkrieg dauern, dass das Gebiet ganzjährig besiedelt werden konnte. Erst den nationalsozialistischen Blut-und-Boden-Ideologen schien es vernünftig, die Deiche zu erhöhen – auch aus militärischen Erwägungen. Gleich nebenan entstand der »Luftwaffenkoog«, wo die Luftabwehr ihre Geschütze gegen alliierte Kampfflieger aufbaute. In den großen Baracken von Westerkoog wurden erst Soldaten und später Kriegsversehrte untergebracht. Denn schon damals wusste man: Das Nordseeklima hilft zu heilen.

Auch Carmen Folger schwört auf die gute Luft an ihrem Deich, insbesondere im Frühjahr und im Herbst. Dann hat sie auch ein wenig mehr Zeit, um Energie für die nächste Saison zu tanken. Sie springt einige Male öfter aufs Fahrrad und radelt die paar Meter zum Deich. Ihr Handtuch bleibt zur Sicherheit tagsüber gleich auf dem Gepäckträger.

Ferienhof Folger, Westerkoog 14, 25761 Hedwigenkoog // T 04834 9270 // www.bauernhofferien-nordsee.de // info@bauernhofferien-nordsee.de

Sonnenseite: Die Nordsee vor der Tür, aber trotzdem entspannt (fast einsam).

Schattenseite: Der Platz ist klein und schnell ausgebucht – telefonisch reservieren!

Kosten: Erwachsene 3 €, Kinder 1,50 €, Zelt oder Bulli 11–14 € nach Saison (inkl. Strom).

Klo & Co.: Sehr einfach im Ferienhaus.

Essen & Trinken: Vor Ort gibt's nichts – alles mitbringen.

Stadtprogramm: Am grauen Strand, am grauen Meer / Und seitab liegt die Stadt. / Der Nebel drückt die Dächer schwer / Und durch die Stille braust das Meer ... Theodor Storms »graue Stadt« Husum liegt 50 km nördlich, die kleine Schwester Büsum liegt 10 km südlich – beides typische Nordsee-Städte, die im Sommer von Touristen überrannt werden.

Landpartie: Am Eidersperrwerk (13 km mit dem Fahrrad) drehte Wim Wenders in den 70ern die Schlussszene von »Der amerikanische Freund«. Heute öffnet sich vom Fußweg über das Sperrwerk ein toller Blick auf Westküste und Eider.

Abenteuer: Erste Surfschritte lassen sich in Büsum gehen – wortwörtlich, denn der kleine Binnensee am Hafen ist als Stehrevier perfekt für Einsteiger. (Wassersportschule Büsum, Am Sandstrand, 25761 Büsum, T 0172 6727087, info@wassersport-buesum.de).

Grillfrei: Zartes Lamm, fangfrischer Fisch und Nordseekrabben im »Café Wiesengrund« in Büsum/Stinteck (Stinteck 16, T 04834 2147, info@nordsee-wiesengrund.de).

Hin & Her: A23 bis Abfahrt Heide/West, dann B203 Richtung Büsum. Kurz hinter Oesterdeichstrich rechts ab nach Westerdeichstrich, am Restaurant »Landhaus« rechts ab bis Hedwigenkoog. Durch den alten Deich hindurch, der Hof liegt links vor der Badestelle Westerkoog. Ohne Auto vom Bahnhof Heide mit dem Bus 2712 (bis Westerkoog).

Geöffnet: April bis September.

Ausweichquartier: In den Gärten nebenan ist auch Platz für Zelte – »Camping Am Alten Seedeich«, Familie Witt, Westerkoog 19, T 04834 962623, »Camping Von Der Geest«, Westerkoog 13, T 04834 2365 oder »Deichtraum Hedwigenkoog«, Meike Voigt-Rohde, Westerkoog 21, T 0160 97958082, deichtraum-hedwigenkoog@gmx.de.

4

Zelten zwischen den Wassern

ALTE LOTSENINSEL, SCHLEIMÜNDE, SCHLESWIG-HOLSTEIN

Das Abenteuer beginnt abenteuerlich: Der Raddampfer »Schleiprincess« hat nicht nur einen eindrucksvollen Namen, sondern auch eindrucksvolle Fahrgäste. Als wir in Kappeln ablegen, fühlen wir uns wie auf Kaffeefahrt, inklusive »auf der Terrasse« (hier: Oberdeck) »nur Kännchen«. Wir sind die Einzigen, die Zelt und Rucksack mitgebracht haben. Dann beginnt das rote Antriebsrad sich zu drehen, irgendwo zwischen Wildwest-Romantik und Pauschalurlaub.

So speziell die Sicht auf Schiff und Mitreisende ist, so schön ist sie gen Ufer. Wir überholen kleine Segelboote, die die windstille Passage bis zur Ostsee mit Motor überbrücken: »Nanny«, »Tini« und »Work-Out«. In der Ferne Schilffelder, dahinter reetgedeckte Häuser. Immer flacher wird das Ufer. Unser Reiseziel hebt sich nur als schmaler Streifen aus dem Wasser, den man kaum vom Meer unterscheiden könnte, wüchsen nicht einige Bäume darauf: die Alte Lotseninsel.

Ein ungewöhnlicher Mikrokosmos, abgeschieden vom Rest der Welt: Basis für Naturschützer, Herzensziel vieler Segler.

Manche nennen sie »Schleimünde«, weil hier die Schlei in die Ostsee mündet. Kaum fünf Meter höher als das umgebende Wasser, eine Hochflut setzt die Insel bisweilen »Land unter«. Genau betrachtet ist sie keine Insel, sondern eine Landzunge. Nach Norden schließt sich an den kleinen Hafen mit Leuchtturm und Lotsenhaus das Naturschutzgebiet Oehe-Schleimünde an (eines der ältesten Deutschlands), das nicht durchquert werden darf. Damit macht der Naturschutz Schleimünde zu so etwas wie einer Insel.

Die Zeltwiese liegt an der Grenze des Naturschutzgebietes mit Sicht auf den kleinen Hafen, in dem einige Segelboote für die Nacht festgemacht haben. Die Wiese ist nicht die schönste der Republik, sandig, mit Dünengras.

Aber sie liegt fantastisch, direkt an der Schlei, die Ostsee in Sichtweite. Die Hafenmeister sind freundlich, aber norddeutsch-wortkarg. Wir dürfen unser Zelt aufstellen, wo wir wollen. Als unser Zuhause für eine Nacht steht, legt auch die »Schleiprincess« wieder ab: Touristen auf Stippvisite verlassen die Lotseninsel nach einer knappen Stunde. Und sofort ändert sich die Atmosphäre.

Ein warmer Wind weht über das Watt, die Sonne steht tief über den Segelbooten. Vor der »Giftbude«, dem kleinen Restaurant, sitzen nur ein paar Segler. Die Nordmole ist menschenleer, an ihrem Ende hockt das Wahrzeichen der Lotseninsel: der etwas dickliche, weiß-schwarze Leuchtturm. Ruhe, die durch nichts gestört wird, einen ganzen Abend lang, eine ganze Nacht.

Die Alte Lotseninsel gehörte jahrzehntelang dem Bund, bis sie 2008 in einer Auktion von

einer Stiftung erworben wurde, der »Lighthouse Foundation«. Sie hat sich die nachhaltige Entwicklung von Meeren und Ozeanen zum Ziel gesetzt, und nachhaltig versucht sie auch, die Lotseninsel zu entwickeln – ohne ihren Charakter zu sehr zu verändern. Das Lotsenhaus wurde mit ökologischen Baustoffen saniert, gedämmt mit Flachs, energieeffizient und umweltfreundlich. Heute kann es als Tagungshaus gemietet werden.

Es ist ein ungewöhnlicher Mikrokosmos, abgeschieden vom Rest der Welt: eine Basis für Naturschützer, ein Hafen mit Arbeitsplätzen, aber auch das Herzensziel vieler Segler. Camper spielen nur eine Nebenrolle auf der Lotseninsel, trotz der grandiosen Lage und Aussicht. An den Rest der Welt wird man nur erinnert, wenn es nach Tagen der Ruhe wieder nach Hause geht. Denn zurück nach Kappeln geht es nur per Ausflugsschiff. Es muss nicht die »Schleiprincess« sein – auch die »Wikinger Princess« fährt (neben anderen) Schleimünde an. Damit das große Abenteuer auch abenteuerlich endet. Abenteuer ist eben nicht gleich Abenteuer.

Alte Lotseninsel, Schleimünde // T 04642 921133 // www.lotseninsel.de

Sonnenseite: Fantastisch – ein dünner Streifen zwischen Schlei und Ostsee, keine Autos, kein Lärm, kein Stress.

Schattenseite: Die Zeltwiese ist etwas karg, und die Hafenmeister finden Zelturlauber etwas seltsam – die Lotseninsel ist vor allem ein kleiner Hafen für Segler.

Kosten: 4 € für Erwachsene, 1,50 € für Kinder. Dazu kommt die Fährfahrt (pro Tour rund 14 €). Keine Reservierung möglich – der Hafenmeister informiert telefonisch, ob der Platz voll ist (T 04642 921133).

Klo & Co.: Im Hafen, nicht weit vom Zeltplatz, völlig in Ordnung.

Essen & Trinken: Alles mitbringen. Die Hafenmeisterei macht Frühstücksbrötchen (»Stullenservice«), wenn man nett fragt.

Stadtprogramm: Kappeln (per Boot) braucht mutmaßlich keine Einwohner, so viele Touristen kommen im Sommer in das Städtchen. Hübsche Fußgängerzone, aber etwas überlaufen.

Landpartie: Nur wenige Schritte, aber viele Tiere – von der Lotseninsel aus lassen sich Säbelschnäbler, Austernfischer, Großer Brachvogel oder Rotschenkel genauso beobachten wie (mit ein bisschen Glück) Schweinswale.

Abenteuer: Auf Vogelpirsch mit dem Vogelwärter des Vereins Jordsand: Treffpunkt ist die Hafenmeisterei, Di um 12.45 Uhr (45 Minuten), Mi, Do, Sa und So um 12 Uhr (20 Minuten), Anmeldung unter T 04642 6817.

Grillfrei: Die einzige Kneipe auf der Lotseninsel heißt »Giftbude«, nicht, weil man vom Essen Bauchweh bekommt, sondern weil »Gift« auf althochdeutsch »Gabe« bedeutet. Die Gaben sind deftig: Fisch, Pommes – das Übliche.

Hin & Her: Bis Bahnhof Eckernförde oder Süderbrarup, dann weiter mit dem Bus bis Kappeln. Mit dem Auto: Ab Kiel über die B76, B203 oder A7, Abfahrt Rendsburg-Büdelsdorf, dann B203. Ab Kappeln fahren vier Ausflugsdampfer mehrmals täglich die Alte Lotseninsel an, Fahrpläne unter www.lotseninsel.de.

Geöffnet: Mai bis Ende Oktober.

Ausweichquartier: Schleiaufwärts warten auf dem Campingplatz Lindaunis (Schleistraße 1, 24392 Lindaunis, T 04641 7317, info@campinglindaunis.de) direkt am Wasser zwar viele Wohnwagen, aber auch Plätzchen für Zelte.

5

Strandräuber im »Summer of Love«

CAMP LANGHOLZ, WAABS, SCHLESWIG-HOLSTEIN

Ohne Opa Hermann wäre heute manches anders in Camp Langholz. Vielleicht gäbe es den Platz in der ersten Reihe, direkt an der Ostsee, gar nicht. Die Geschichte beginnt schon vor dem Zweiten Weltkrieg. Damals baute Hermann selbst Kajaks – so gut, dass er mit ihnen auf eine waghalsige Tour ging: Als das Wetter stimmte, paddelte er zusammen mit einem Freund quer über das Skagerrak nach Norwegen – einen Tag und eine Nacht lang. Ohne diese Erfahrung und den festen Glauben an die Qualität seiner selbstgezimmerten Boote hätte er nach dem Krieg vielleicht nie seinen kleinen Bretterkiosk an der Schwentine in Kiel gebaut, aus dem heraus er dann Kajaks vermietete.

Es war die Zeit, in der man die Nachrichten noch im Kino in der Wochenschau sah. Und Hermann nahm aus dem Kino mit nach Hause, dass es in den USA einen neuen Trend gab: organisierte Zeltplätze. So einen wollte er auch gründen, dachte der erfolgreiche Jungunternehmer, und begann zu suchen. Zwei Jahre später kaufte er dem Gut Lehmberg bei Waabs mit dem Geld aus der Kajak-Vermietung dessen Schafwiese an der Ostsee ab – den heutigen Zeltplatz.

Vor uns die Ostsee, in der Hand der Cappuccino aus dem Strandräuber-Café hinter uns – die Sonne geht unter und das Leben ist schön.

Einige der Hütten, in denen die Fischer von Waabs damals ihre Netze aufbewahrten, stehen bis heute auf dem Platz. Vorn am Steinstrand liegen noch immer einige alte, verrostete Bötchen aus Opa Hermanns Zeiten. Direkt dahinter aber hat sich vieles verändert: Es gibt viel Platz für Zelte, Bullis, Zirkuswagen und sogar ein Safarizelt. Entspannte Ruhe, genug Raum, wenig Regeln, regelmäßig Lagerfeuer – das Werk von Hermanns Enkel Christof. Der war erst zwei Jahre alt, als der Opa starb. Aber trotzdem haben die beiden offenbar einige Charakterzüge gemeinsam.

Denn wie Hermann glaubt auch Christof fest an sich und seine Ideen. Er wuchs auf dem Platz auf, den seine Eltern viele Jahre lang betrieben. Dann zog er nach Hamburg, studierte, arbeitete als Konzert-Roadie und baute unter anderem für die Rolling Stones eine Bühne im Volksparkstadion auf. Der Campingplatz zu Hause war verpachtet, aber Christof wusste: Irgendwann wollte er da wieder hin. Der Tag kam schneller als gedacht: Der Pächter ging pleite, Strom und Gas waren abgestellt. »Ich wollte eigentlich nur die Kohlen aus dem Feuer holen«, erinnert er sind, »und bin hängen geblieben.«

Mehrere Jahre hat er versucht, sich mit dem Platz so zu arrangieren, wie er bei der Übernahme war. Aber 2013 hatte er schließlich keine Lust mehr auf Klischee-Dauercamper, Cliquen und Konflikte. Auf den Schrebergarten-Charakter des Platzes, auf Gartenzwerge, Friedhofshecken, Trainingsanzug- und Goldkettchenträger, auf Ballermann-Kultur und schlechte deutsche Schlagermucke.

Er war kurz davor, hinzuschmeißen. »Dann hab ich mich überreden lassen, weiterzumachen«, sagt er heute. »Vor allem von meiner Mutter. Aber klar war: Wenn ich weitermache, dann fern von Prolligkeit und Spießertum. Abseits des Mainstreams. Und ohne Fremdschämen.« Christof machte Tabula rasa, trennte sich von einigen Dauercampern. Die, die geblieben sind, klopften ihm auf die Schulter.

Nach und nach hat Christof die Atmosphäre auf dem Platz – und damit den ganzen Platz – verändert, unterstützt von seiner Familie:

Das tolle Strandräuber-Café bekocht die Camper. Der kleine Bio-Laden hat Charme und die nötigen Zutaten zum Frühstück vom Koffergrill. In den vielen schönen Ecken auf dem Platz trifft man die vielen netten Leute, die seit dem Neuanfang Sommer für Sommer kommen. Manche bleiben sogar hängen, wie Holger, Spitzname »Hobo«, ein begnadeter Blues-Mundharmonikaspieler, der schon mit Abi Wallenstein auf der Bühne stand. Er arbeitete früher im Hamburger »ElbeCamp« (s. S. 68). Jetzt bringt er im Sommer viele Musiker nach Langholz zu einer losen Konzertreihe, dem »Summer of Love«. Geliebt und musiziert wird auf einer kleinen Paletten-Bühne vor dem Café, open air, meist akustisch, mit Cajon. Manchmal trifft man Hobo auch am Strand, neben ihm spielt ein Freund Gitarre – der Blick hinaus auf die Ostsee. Die große Freiheit.

Irgendwo da draußen paddelte vor bald einhundert Jahren auch Christofs Opa Hermann. Damals begann sein großes Abenteuer. Heute hat es Enkel Christof in seinen Bann gezogen: die Freiheit, auf sich selbst zu hören, die eigene Idee zu verwirklichen und daran festzuhalten.

Camp Langholz, Fischerstraße 9, 24369 Waabs // T 04352 9 11 484 // www.camp-langholz.de // info@ camp-langholz.de

Sonnenseite: Cool & entspannt campen im Fischerdorf. Sogar eine Massage gibt's auf Bestellung.

Schattenseite: Ein paar Dauercamper beharren noch auf Sichtschutz & Satellitenschüssel.

Kosten: Zeltplatz ab 4 €, mit Bulli oder Auto 7 bis 13 € pro Nacht, Camper ab 14 Jahren 3,50 €, Kinder 2 €. Safarizelt oder Zirkuswagen (4 Pers.) ca. 460–700 € pro Woche, Holzhaus (2 Pers.) 34–44 € pro Nacht, plus Endreinigung, Warmwasser leider nur per Duschmünze (50 Cent)

Klo & Co.: atmet noch ein wenig den Charme der 50er, aber sauber.

Essen & Trinken: Im »Proviantamt« gibt's unter anderem frische Brötchen, Bio-Milch und Campinggas. Nebenan kochen die »Strandräuber« fairen Bio-Cappuccino und frische Pasta. Dazu gibt's Limo nach Omas Rezept.

Stadtprogramm: Über 100 Bonbonwalzen drehen sich in der Bonbonkocherei Hermann Hinrichs (Frau-Clara-Straße 22 , T 04351 88 99 86 www.bonbonkocherei.de) in Eckernförde (15 km), darunter die »Sprottenwalze« für leckere Lakritzfische. Echte Fische lassen sich im Ostsee-Infocenter berühren (Jungfernstieg 110, T 04351 726266, www.ostseeinfocenter.de), neben Seesternen, die aus Strohhalm-Gefängnissen ausbrechen.

Landpartie: Der Seeadler kreist schon mal über dem Naturschutzgebiet Schwansener See (15 km die Ostseeküste Richtung Norden). Frühaufsteher treffen häufig zudem Rotschenkel, Kiebitz, Brand- und Graugans. Parkplatz in Schönhagen, dann ca. eine halbe Stunde zu Fuß bis zum windgeschützten NABU-Aussichtshäuschen.

Abenteuer: Rauf aufs Brett (modern) oder die Bretter (old school) – der Wasserskilift Damp zieht Mono-, Duoskier und Wakeboarder auf einem Kurs hinterm Deich so lange in die Runde, bis die Arme schmerzen – oder man reinfällt (Parkstraße 1, T 04352 9529852, www.wasserski-damp.de). Etwas trockener, weniger abenteuerlich und ganz ohne Platzreife kann auf Gut Sophienhof SwinGolf gespielt werden (Gut Sophienhof, Waabs, T 04358 1025, gut-sophienhof.de).

Grillfrei: Die große Welt ist zu Gast in Klein Waabs – sowohl die Pizzeria Angelo (Dorfstraße 21, T 04352 9567676) als auch Khao Thai (Kirchstraße 5, T 04352 9113740) kochen gut & lecker.

Hin & Her: Bahn bis Eckernförde, Bus Autokraft 3010 bis Zollhaus, dann 1 km zu Fuß (Hinweg bergab).

Geöffnet: Spätestens 1. April bis Sonntag nach 3. Oktober.

Ausweichquartier: Platz für Zelte in der ersten Reihe, direkt an der Schlei, hat auch der Campingplatz Wees in Missunde (24 km, An de Wees 16, T 04354 984 30, info@camping-schlei.de).

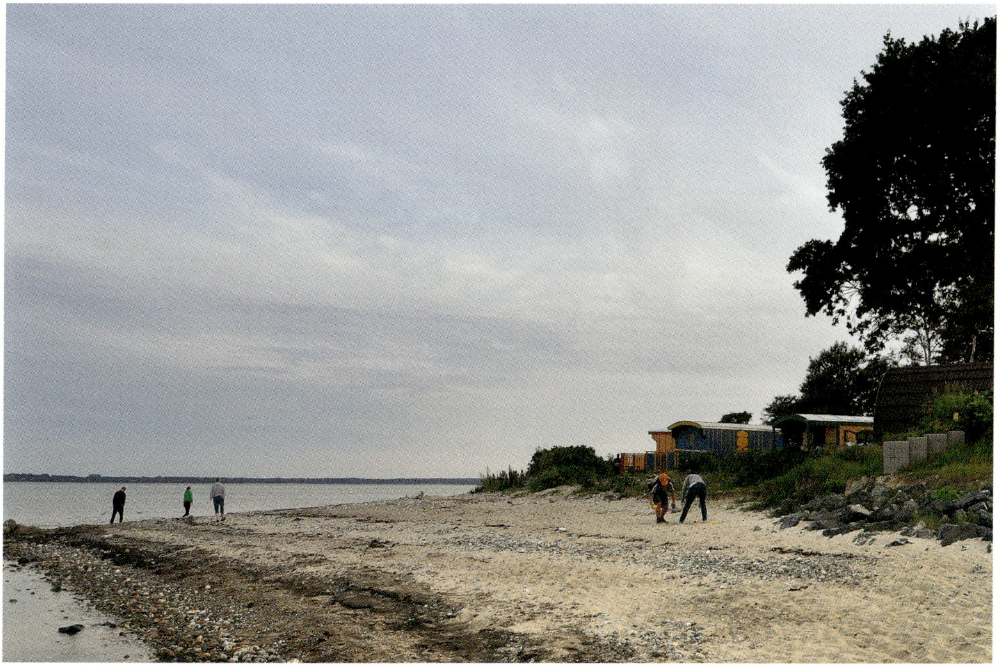

Proviantamt
Lebensmittel Presse Süsswaren

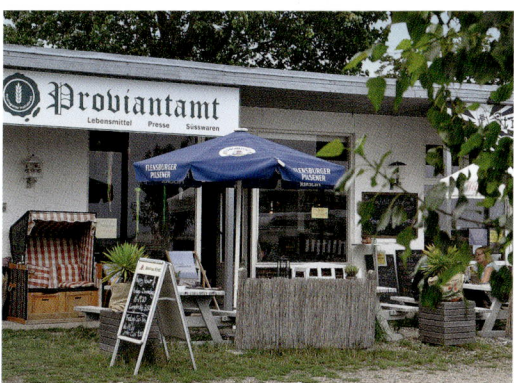

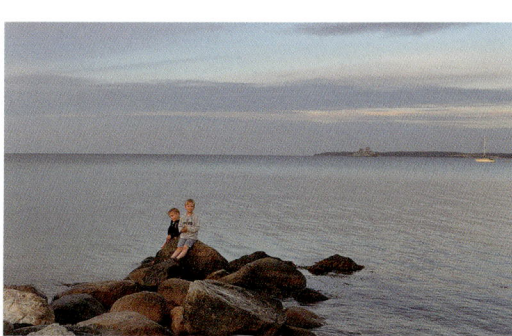

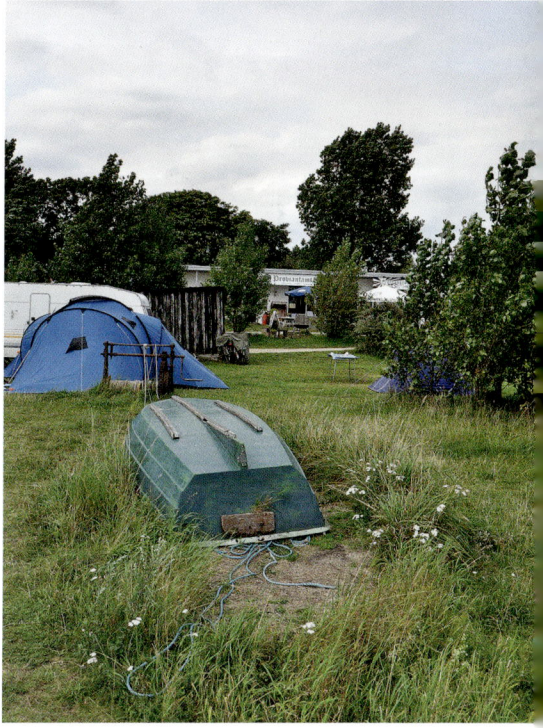

6

Klein, fein, hier will ich sein

MINICAMPING KLEINGARN, FEHMARN, SCHLESWIG-HOLSTEIN

Niko Kleingarn ist, was er ist: ein Landwirt, der sein Fach versteht. Nebenbei beherbergt er noch Camper auf einer kleinen Wiese am Bauernhaus. Aber das ändert nichts daran, dass für ihn bestimmte Dinge eben sind, was sie sind. Und wer auf der hoch geschwungenen Brücke den Fehmarnsund überquert und die Bundesstraße verlässt, wer sich dann über Landstraßen langsam Nikos Heimat Sulsdorf nähert, dem mag zwar der Atem stocken vor Schönheit – der rote Mohn am Rand der Felder, dazwischen die blauen Kornblumen –, Niko Kleingarn jedoch antwortet dem schwärmenden Touristen nur: »Ach, das Unkraut?«, und geht zum nächsten Thema über. Er ist eben vor allem Landwirt, und herrlich direkt.

Mini-Campingplätze wie Nikos Nische haben Tradition auf Fehmarn. Formal genehmigt wurden sie. Aus Gewohnheit erlauben die Behörden vier bis fünf Besucher pro Hof.

Insofern lernen Urlauber bei Niko Kleingarn ein Fehmarn kennen, das sich von den großen Campingplätzen in den Dünen rings um die Insel nicht erschließt: ein Fehmarn, das nicht nur aus Strand besteht, sondern auch aus den weiten Flächen im Inneren. Dank des mächtigen, humusreichen Oberbodens sind sie besonders fruchtbar. Diese Fehmarner Schwarzerde hält übrigens auch Heringe gut fest (aber das ist für Niko Kleingarn nur Nebensache). Vor allem machte sie Fehmarn zur Kornkammer Schleswig-Holsteins. Niko ist einer der Vorarbeiter in dieser Kornkammer, und in der Erntezeit sitzt er manchmal Tag und Nacht auf dem »Bock« – im Trecker oder Mähdrescher –, um vor dem Regen noch die letzten Ähren »vom Feld zu stehlen«, wie er sagt.

Zur Erntezeit ist zwar meist auch Hochsaison auf seinem Campingplatz. Aber den lässt Niko nebenherlaufen, weil ohnehin nur fünf Bullis, Wohnwagen oder Zelte Platz in seinem Garten

finden – wenn überhaupt. Da leuchten Nikos Augen plötzlich, und er erzählt die Geschichte von dem Berliner Brauereibesitzer, der plötzlich mit einem Tieflader vor seinem Gartentor stand. Er schleppte einen wuchtigen Anhänger in den Garten und drückte einen Knopf: Zu beiden Seiten surrte der Aufbau in die Breite. Und Nikos Garten war schon mit einem Camper voll – wenn auch einem außergewöhnlich raumgreifenden. Große Maschinen beeindrucken den Landwirt Niko Kleingarn dann doch, selbst wenn sie nicht unmittelbar mit der Ernte zu tun haben.

An normalen Tagen ohne Ausnahme-Wohnwagen findet der Zelturlauber in Nikos Garten seine kleine Nische unter Obstbäumen. Büsche rahmen die Wiese mit der kleinen Feuerstelle ein. Zwischen Campingplatz und Bauernhaus

Minicamping Kleingarn, Am Dorfteich 10, 23769 Fehmarn, Ortsteil Sulsdorf // T 04372 707 // www.bauernhof-kleingarn.de // N.Kleingarn@t-online.de

Sonnenseite: Camping abseits der Riesenplätze, mit Bauernhof-Anschluss.

Schattenseite: Nicht direkt am Meer – und schnell ausgebucht (nur zehn Plätze).

Kosten: 5 € pro Platz, 5 € pro Person.

Klo & Co.: Sehr einfach in der Scheune.

Essen & Trinken: Vor Ort gibt's nichts, also alles mitbringen! Die nächsten Supermärkte sind in Petersdorf (ca. 3 km).

Stadtprogramm: Burg auf Fehmarn (14 km) bietet einen schönen Marktplatz mit altem Rathaus und dem üblichen Nepp & Schlepp norddeutscher Küstenorte.

Landpartie: Das Wasservogelreservat Wallnau (6 km) ist eines der bedeutendsten Schutzgebiete für Zugvögel. Mithilfe des Naturschutzbundes (Wallnau 4, 23769 Fehmarn, T 04372 1002, wallnau.nabu.de) können Rothalstaucher und Zwergseeschwalbe beobachtet werden.

Abenteuer: Im Hafen von Burg auf Fehmarn wartet ein 40 m hohes Silo auf Gipfelstürmer – angeblich die höchste Top-Rope-Anlage Europas (Burgstaaken 50, 23769 Fehmarn/ Burg auf Fehmarn, siloclimbing@online.de, T 04371 503102 oder 0170 331764).

Grillfrei: In der »Villa« in Orth gibt's Sommernachtspartys mit Jam-Sessions und Cuba Libre, tagsüber kann man bei sensationellen Eisbechern und selbstgebackenem Kuchen die Schiffe im Hafen beobachten (Am Hafen 3, Orth, 23769 Fehmarn).

Hin & Her: Mit dem Zug bis Burg auf Fehmarn, dann Bus Nr. 5754 bis Sulsdorf. Mit dem Auto auf der B207 über den Fehmarnsund, dann über Lemkendorf und Petersdorf nach Sulsdorf.

Geöffnet: März bis Oktober.

Ausweichquartiere: Weitere Minicampings auf Fehmarn: Minicamping Eckhoff, Gollendorf 11, 23769 Fehmarn, T 04372 375, info@eckhoff-fehmarn.de und Ferienhof Johannes Höpner, Püttsee Nr. 4, 23769 Fehmarn, T 04372 201, johanneshoepner@web.de

liegt ein Spielplatz, den Urlaubskinder und Kleingarn-Nachwuchs gleichermaßen nutzen. Nikos Kinder Kristina, Elisa und Tobias kümmern sich zudem darum, dass Gastkinder auf dem Pony durchs Dorf reiten dürfen. Die Scheune ist immer offen, damit Urlauber die jüngsten Neuankömmlinge der Katzenfamilie begutachten können. Und die nächste Surfstelle ist nur 700 Meter weit entfernt – ein knietiefes Revier für Anfänger.

Minicampingplätze wie Nikos Nische im Garten haben Tradition auf Fehmarn. Formal genehmigt wurden sie nie. Aus Gewohnheit erlauben die Behörden vier oder fünf Gäste pro Hof, und viele Bauern machen davon Gebrauch. Der Garten der Kleingarns ist ein besonders schönes Beispiel dafür – mit wenig Touristen-Tamtam und viel Ursprünglichkeit. Eben Camping auf dem Bauernhof, mit einem Gastgeber, der Urlauber und ihre Sorgen nicht immer ganz ernst nimmt. Schließlich ist Niko Kleingarn vor allem eines: Landwirt. Und so soll es auch bleiben.

7

Camping nach Gutsherrenart

CAMPINGPLATZ AM DEICH , FEHMARN, SCHLESWIG-HOLSTEIN

Als der Gutsherr Opitz Anfang der 1920er-Jahre nach Fehmarn kam, vermochte er sich wohl nicht auszumalen, dass auf seinem Land ein mal Zelte aufgeschlagen würden. Denn zum einen war die Campingwelle der 1950er-Jahre noch nicht durch die Republik geschwappt. Und zum anderen hatte sich Opitz darauf eingerichtet, etwas länger zu bleiben und sein Land zu genießen, ohne es mit Urlaubern zu teilen. Aber es sollte anders kommen.

Fünfzig Zelte, Bullis oder Wohnwagen finden heute Platz »Am Deich«, einen schmalen Streifen Land östlich des eigentlichen Gutshauses; luxuriös klein im Vergleich zu den Wohnwagen-Siedlungen am Rest der Küste. Dazu liegt der Platz direkt hinter dem Deich, Bäume spenden im Sommer Halbschatten – ein kleines Paradies. Das hatte auch Opitz schon erkannt.

In kurzer Zeit kaufte er riesige Ländereien auf, von Niobe im Osten bis zu der Landspitze, mit der sich Fehmarn bei Westermarkelsdorf in Richtung Dänemark streckt – der Mann richtete sich offensichtlich ein auf Fehmarn. Damit seine Bauern ihr Land beackern können, legte Opitz nach niederländischem Vorbild ein Kanalsystem an. Den gesamten Nordwesten der Insel machte er urbar. Eine der Pumpen, die Regenwasser zurück in die Nordsee beförderten, steht noch heute auf dem Teichhof.

Opitz hatte seine Rechnung jedoch ohne die Behörden gemacht. Die erwarteten schon in den 1920er-Jahren, bei derart umwälzenden Landschaftsveränderungen befragt zu werden. Ein Streit entspann sich, an dessen Ende Opitz die Insel wutentbrannt nur vier Jahre später wieder verließ. Sein Wirken hat jedoch bis heute Folgen: Das Vogelschutzgebiet der Wallnau wäre ohne seine Kanäle nicht entstanden, ebensowenig die kleinen Binnensee, die den Teichhof heute in Richtung Süden begrenzen.

Im Brackwasser dieser Seen wachsen zwar Mücken heran, aber mit ein wenig Glück piesacken die Biester Zelturlauber nicht zu sehr. Denn die Natur ist hier noch im Lot – den Mücken hat sie flitzende Feinde beschert: Rauch- und Mehlschwalbe sausen durch die Luft und genehmigen sich dabei manchen Snack. Seeadler nisten nahebei, und im Meer vor dem Campingplatz lassen sich immer mal wieder Tümmler sehen. Das Gutshaus strahlt weiß, ein Fixpunkt an der Nordküste Fehmarns – hinter den großen Toren verbarg Opitz einst seine Boote, die die Pferde bei Bedarf auf den Strand schleppten.

Der Strand liegt abseits der großen Touristenströme, und niemand beschwert sich, wenn Camper abends ihr Lagerfeuer entzünden.

Seitdem Opitz sich davonmachte, wird die Ecke touristisch genutzt. Selbst das Gutshaus beherbergte zunächst eine Gaststätte, später kamen dann die Camper. Bis vor kurzem durften sie sogar direkt am »Teichhof« ihre Zelte aufschlagen. Derzeit werden im Gutshaus aber nur Zimmer vermietet, der Camingplatz »Teichhof« ist geschlossen. Nebenan hat dafür Familie Hinz ihr Land für Urlauber geöffnet. Es gibt einige Dauercamper, aber vor allem viele Zelte und Bullis, die nebeneinander in langer Reihe hinter

dem Deich entspannen. Manche tragen ihre Stühle morgens hinüber an den weiten Strand.

Dieser Strand ist ein großer Pluspunkt: Er liegt abseits der großen Touristenströme, und niemand beschwert sich, wenn Camper abends ihr Lagerfeuer entzünden. Und dann sitzt man im weißen Sand und schaut zu, wie sich die großen Ostsee-Fähren den Horizont entlang mühen. Die Linie zwischen Himmel und Meer verschwimmt langsam und verschwindet schließlich ganz. Das Lagerfeuer wärmt das Gesicht, und im Rücken wartet, vielleicht zwanzig Meter entfernt, ein warmer Schlafsack im Zelt. Dass wir hier heute unseren Nerven Freilauf geben können, hat viel damit zu tun, dass in den 1920ern ein Gutsherr vier Jahre lang wirbelte, bevor er entnervt wieder verschwand. Kein Vergnügen nach Gutsherrenart, aber doch ein großes Vergnügen.

Campingplatz Am Deich, Wenkendorf 1, 23769 Fehmarn // T 04372 777 (im Sommer), 04371 8890450 (im Winter) // www.urlaub-in-der-ersten-reihe.de // info@urlaub-in-der-ersten-reihe.de

Sonnenseite: Camping mit Meerblick, direkt am Strand.

Schattenseite: Gemischtes Publikum – und konventionelle Parzellen.

Kosten: 13 € pro Stellplatz, Kinder 3 €, Erwachsene 6,50 €.

Klo & Co.: Nicht großartig, aber ausreichend.

Essen & Trinken: Das Restaurant auf dem Campingplatz kocht norddeutsch-handfest und hilft mit Eiern, Milch und Brötchen aus.

Stadtprogramm: Seit Puttgarden zum ICE-Bahnhof aufgewertet wurde, ist die dänische Hauptstadt Kopenhagen nicht mehr weit: 3 Stunden dauert die Zugfahrt, bei der die Waggons einfach auf die Fähre verladen werden.

Landpartie: Steine sammeln am Strand – auf Fehmarn versteckt sich im Spülsaum nicht nur Bernstein, das »Gold der Nordsee«. Es gibt auch Klappersteine (kugelförmiges Feuersteingeröll), Feuersteine, »Hühnergötter« (volkstümlich für Steine mit einem ausgewaschenen Loch in der Mitte) und Donnerkeile (spitz zulaufende Fossilien).

Abenteuer: Beim Adventure-Minigolf in Meeschendorf (T 04371 8888574, info@adventure-golf-fehmarn.de) wird der Ball unter anderem über einen nachgebauten Fehmarnsund geschlagen. Wer selbst höher fliegen will, bucht einen Rundflug ab Neujellingsdorf (Pilot Klaus Skerra: T 0171 9910931, ab 17 €).

Grillfrei: Essen in der alten Südermühle (Mühlenweg 2, 23769 Fehmarn, T 04372 636) in Petersdorf – im Sommer ab 22 Uhr Cocktails im Strandkorb.

Hin & Her: Der nächste Bahnhof ist in Puttgarden (14 km). Mit dem Auto über den Fehmarnsund, dann von der B207 in Richtung Landkirchen abbiegen, über über Lemkendorf und Dänischendorf zum Campingplatz Am Deich.

Geöffnet: April bis Oktober.

Ausweichquartier: Der »Teichhof« nebenan war bis vor kurzem der entspanntere Platz, hat aber leider derzeit geschlossen. Wenn sich das nicht ändert: Minicamping Kleingarn (s. S. 38).

8

Schlafen auf Schienen

EISENBAHNHOTEL SCHMILAU, SCHLESWIG-HOLSTEIN

Draußen Wald und drinnen Wald: ein Regal aus jungen Birkenstämmen, metallene Ranken als Geländer am Balkon, Waldtapete und Buchenzweige an der Decke. Eine Schlange züngelt den Ast entlang, ist sie aus Stoff? Drinnen Waggon – eine Sitzecke wie im Regionalzug – und draußen Waggon: Die schweren Räder stehen still auf Gleisen, die Gras und Zeit langsam überwuchern. Die Äste der Bäume strecken sich nach den Wagen aus, ganz vorsichtig, weil sie sich erinnern, dass diese Waggons früher vorbeirasten und schmerzhaft gegen sie knallten. Sie ahnen aber: Heute wollen sie bleiben.

Es rumpelt, ruckelt und rüttelt nicht im Erlebnisbahnhof. Der alte, rote Mitropa-Wagen, Heimatbahnhof: Berlin-Lichtenberg. Der Aufenthalts- und Werkstattwagen der Deutschen Bahn. Einar, die entgleiste Sauna-Lok. Die Spielzimmer-Straßenbahn mit optischen Täuschungen, oder der Waggon aus Barmbek und einer Zeit, in der noch eine Straßenbahn durch Hamburg gondelte. Sie alle haben hier ihre letzte Ruhe gefunden, aber auch ein neues Leben. Oliver Victor, ein unverbesserlicher Bastler mit vielen Ideen und festem Glauben an diese, hat zwischen Ratzeburg und Hollenbek 13 Kilometer Bahnanlage gekauft und in eine Wunderwelt aus Schlafwagen, verrückten Gefährten und Abenteuer auf Gleisen umgebaut.

Wer je versucht hat, in einem rollenden Zug zu schlafen, wird es hier lieben: Denn hier dösen selbst die Waggons auf Abstellgleisen, friedlich in der Natur.

Der Reisekaiser Wilhelm II. ließ die Strecke einst von der Königlichen Eisenbahndirektion Altona bauen, als direkte Verbindung zwischen dem Regierungssitz in Berlin und dem Marinehafen Kiel. Es gab zwar schon zwei Strecken, eine nördlich, eine südlich, aber eben keine direkte. 1897 wurde sie eröffnet, nach der deutschen Teilung aber in Teilen demontiert. Es

blieben die 13 Kilometer um Schmilau, die die Zuckerrübenbauern nutzten, um ihre Ware in die Fabriken zu schaffen. Dass auch noch andere Dinge transportiert wurden, zeigt der Name,

den die Anwohner den Schienenbussen gaben, die ab und an rollten: »Ferkeltaxis«. Als weder sie noch die Rübenzüge mehr rollten, hatte Victor seine gute Idee.

Seitdem rumpelt, ruckelt und rüttelt es nicht mehr, aber es saust und braust an allen Ecken. Erwachsene Besucher können gar nicht ausreichend vor ihre Füße schauen, um nicht über Minigleise, Zwergdraisinen und Winzlingsräder zu stolpern, auf denen Kinder umherflitzen. Ein riesiges Areal, halb im Wald, in dem sich überall Schlafplätze verbergen: Ein »Kofferhotel« zum Beispiel – ein überdimensionierter Koffer mit Bett und Tisch auf dem Dach eines Schlafwagens. Oder die »Vogelhäuschen« – kleine Baumhäuschen mit Matratze für zwei. Dann die vielen Waggons und Wagen, die schönsten von ihnen sicherlich die Doppelstocksuiten mit Balkon in den Baumwipfeln, auf dem Gleis zwischen der Pizzaofenlok und dem Froschteich. Innen wie außen Wald, der Frühling oder Herbst das Thema von Wand, Geländer, Treppe und Küche. Daneben einstöckig die »Gleisbauersuiten«. Steine funkeln bunt, ein Buddha meditiert an der Badtür – eine Ferienwohnung mit Küche,

WC und Dusche. Die Nachbarabteile nehmen Schlafende mit nach Afrika, Japan, Hawaii oder an den Amazonas.

Jeder einzelne Wagen ist der perfekte Schlafplatz – auch, weil der Erlebnisbahnhof eine fantastische Möglichkeit bietet, die Glieder ausreichend zu ermüden. Täglich brechen waghalsige Familien, Paare und Grüppchen in Gefährten, die aussehen wie große Einkaufswagen auf Schienen, zu Draisinen-Touren auf. Die Einweisung ist ernsthaft, die Warnweste auch: »Bitte Abstand halten, und in Ratzeburg nicht in der scharfen Kurve bremsen.« Bahnübergänge werden abgesichert, und schon rollen wir langsamer als jeder Bummelzug durch die Landschaft. Unsere Jungs sind noch ein wenig zu kurz für den großen Hebel der Draisine, also geben Jessica und ich Gas, so gut wir können. Es dürften mehr Bahnübergänge sein, meint Lasse, der es kaum erwarten kann, Schranken zu schließen oder dem Verkehr gravitätisch Kelle schwenkend zu bedeuten: Wir kreuzen, bitte warten. Das kennen sie hier auf den Landstraßen rund um Ratzeburg schon.

Zurück auf dem Erlebnisbahnhof verschwindet erst die Sonne, und dann wir in unserem Waggon. Abteil dicht, Augen dicht, Tiefschlaf. Es rumpelt, rüttelt und ruckelt noch ein wenig beim Einschlafen, die Folgen der Draisinenfahrt. Doch langsam, langsam nimmt der Traum an Fahrt auf. Unser Waggon saust durch sein altes Leben, durch den Wald vor Ratzeburg, schlägt Äste weg und lässt das Grün am Fenster verschwimmen. Die schweren Räder auf blitzenden Gleisen, eine Reise wie zu Kaisers Zeiten.

Erlebnisbahn Ratzeburg, Am Bahnhof im Zug, 23911 Schmilau // T 04541 898074 // www.erlebnis-bahn-ratzeburg.de // schmilau@erlebnisbahn-ratze-burg.de

Sonnenseite: In jeder Ecke eine neue Über-raschung auf Schienen – gebastelte Fantasie im Überfluss!

Schattenseite: Kein Platz für Zelte oder Bullis – und eine schrecklich unübersichtliche Website.

Kosten: Doppelstocksuite pro Erwachsenem knapp 45 € zzgl. 45 € Reinigung, Vogelhäuschen 30 €, Kofferhotel für zwei 110 € pro Nacht.

Klo & Co.: Natürlich angemessen auch im Bahnwaggon, aber es rüttelt und ruckelt nicht, der Zug steht. Puh.

Essen & Trinken: Im »Gläsernen Speise-wagen« gibt's Frühstücksbüfett (7,50 € pro Per-son), »1. Klasse Kaffeekränzchen« und »3-Muskel-Teller« (Rahmgeschnetzeltes mit Salat).

Stadtprogramm: Der umherstreifende Schalk »Dyl Ulenspegel«, heute als Till Eulenspiegel bekannt, gibt dem hübschen Städtchen Mölln (8 km) seine größten Attraktionen: Eulenspiegel-Museum und Gedenkstein (den manche für Eulen-spiegels Grabstein halten) – angeblich wurde der Narr stehend begraben, aber das ist eine andere Geschichte …

Landpartie: Der »Oldenburger Wall« bei Lehmrade (10 km), ein slawischer Ringwall aus dem 8. Jahrhundert, ist der perfekte Aussichts-punkt, um Kraniche zu beobachten. Von Ende September bis Mitte November sammeln sich Hunderte zur Übernachtung am »Oldenburger See«.

Abenteuer: Mal selbst die Bahnschranken bedienen? Der Bahnhof Schmilau ist Startpunkt für Draisinen-Touren nach Ratzeburg (knapp 5 km) und Hollenbek (9 km) samt Warnweste, Eisen-bahner-Kelle und echten Bahnübergängen.

Grillfrei: Der »Seehof« in Ratzeburg (Lüne-burger Damm 1–3, T 04541 860101, info@der-seehof.de) kocht »Lauenburger Saucerei« und »Wilde-Kerle-Kost« für Kinder, mit Terrasse direkt am Küchensee.

Hin & Her: Schmilau mag ein Bahnhof sein, Züge rollen nur noch als Attraktion auf den Gleisen. Der nächste Bahnhof mit Verkehr nach Fahrplan ist in Mölln, von dort fahren wenig zünftig Busse nach Schmilau. Mit dem Auto: von Hamburg A24 bis Talkau, dann B207 Rich-tung Ratzeburg.

Geöffnet: April bis Oktober.

Ausweichquartier: Zelte und Bullis sind im Schaalsee-Camp (s. S. 50) willkommen (10 km).

9

Wildwestbetten für Kanu-Cowboys

SCHAALSEE-CAMP, STERLEY-PIPERSEE, SCHLESWIG-HOLSTEIN

Heutzutage kann man im Schaalsee-Camp vor seinem Zelt sitzen und aufs Wasser schauen. Man kann nach einem kleinen Fußmarsch in einen der Seen springen und unbegrenzt schwimmen. Oder direkt am kleinen Anleger ein Kanu besteigen und lospaddeln. Vor wenigen Jahren noch war daran nicht zu denken, denn die innerdeutsche Grenze hatte das Leben am Schaalsee fast zum Stillstand gebracht.

Kaum ein Mensch wird wohl behaupten, dass diese Grenze zwischen DDR und BRD ihr Gutes hatte. Streckmetallzäune und Selbstschussanlagen, Wachtürme und Minen hielten Menschen voneinander fern, ohne Rücksicht auf Leben und Lieben. Andere Lebewesen jedoch profitierten von Grenzstreifen und Sperrzonen: Kraniche zum Beispiel, die sich vor ihrem Zug in den Süden ungestört auf den feuchten Wiesen rund um den Schaalsee sammeln konnten. Wilde Orchideen wuchsen in Hülle und Fülle. Seeadler hielten sich an den rund dreißig Fischarten in den Seen schadlos. Fischotter und Teichmolche lebten ihr Leben fern von Menschen, manchmal mussten sie sich allerdings ducken, wenn eines der beiden Patrouillenboot auf dem Schaalsee vorbeirauschte.

Der See erwacht nur langsam aus seinem Dornröschen-Schlaf – die Zahl der Boote ist streng limitiert.

Für die Menschen war es ein seltsam begrenztes Leben an diesem See, in dessen Mitte Bojen den Grenzverlauf markierten. Dorfgemeinschaften mussten umsiedeln, weil die Westalliierten mit der Sowjetunion ganze Landstriche zur besseren Grenzkontrolle austauschten. Das Ostufer war Sperrzone – hier lebten und arbeiteten zwar Menschen, die aber ständig kontrolliert wurden. Wenn die Fischer von Zarrentin auf den See fuhren, mussten sie sich den Grenztruppen mit besonderen Flaggensignalen zu erkennen geben. Und selbst, wer am Westufer des Sees schwimmen wollte, konnte dies nur an abgezäunten Badestellen.

Wer heute im Schaalsee-Camp sein Zelt aufbaut, der spürt, dass der See nach den Jahren der Teilung nur langsam aus seinem Dornröschenschlaf erwacht. Er ist der tiefste Klarwassersee der Republik, eine Stunde vor Hamburg – und trotzdem ist der Landstrich kein Magnet für wochenendliche Touristenströme. Denn zum einen erklärte die Politik den Schaalsee schon im Jahr der Einheit 1990 zum Naturschutzgebiet. Und seit 2000 führt die UNESCO ihn als Biosphärenreservat – Massentourismus hat hier keinen Platz. Zum anderen sind gute Teile der Ufer, aber auch des Sees selbst, (wieder) in Privatbesitz. Die Zahl der Boote ist streng limitiert – niemand darf sein eigenes Kanu einfach auf dem Schaalsee aussetzen. Die Mietboote tragen kleine Aufkleber, die den Zugang zum See erlauben.

Auch das Gelände des Schaalsee-Camps (im ehemaligen Westen) ist in Privatbesitz. Ein Hamburger Grundbesitzer profitiert davon, dass der Kanuvermieter Lothar Krebs hier ein Abenteurerlager aufgebaut hat. Direkt an einem kleinen Kanal gelegen, der den benachbarten Phulsee mit dem Pipersee verbindet – für Kanutouren gibt es kaum eine bessere Basis.

Schaalsee-Camp, Sterleyer Heide 2, An der Piperseebrücke, 23883 Sterley-Pipersee // T 04501 412 // www.kanu-center.de // info@kanu-center.de

Sonnenseite: Wildwest-Betten in wilder Natur – mit Kanal-Anschluss für Kanu-Cowboys.

Schattenseite: Der Platz liegt in einer Senke am Kanal, also: viel Schatten, wenig Sonne – und je nach Jahreszeit Mücken.

Kosten: Erwachsene 7 €, Kinder 5 €, Übernachtung im Planwagen 18 €, Tipi 12 €, Kinder 5 €, Zelt oder Bulli 5 €.

Klo & Co.: Das ältere Waschhaus ist nicht hübsch, aber man kann drin duschen.

Essen & Trinken: Auf dem Platz selbst gibt's nichts. Die Gaststäte »Fuchsbau« gegenüber hat seit drei Jahren geschlossen, also: alles mitbringen.

Stadtprogramm: Die Inselstadt Ratzeburg (10 km) ist nur durch drei Dämme mit dem Festland verbunden. Ratzeburg steht voller Linden, und selbst die mehr als 300 Jahre alte Friedenslinde hat überlebt, obwohl die Stadt sie zugunsten eines neuen Marktplatzes fällen wollte.

Landpartie: Ab Campingplatz können Eifrige durch Piper- und Salemer See sowie Schaalseekanal bis zum Küchensee südlich von Ratzeburg paddeln. Oder wandern: Am Oldenburger Wall zwischen Neuhorst und Lehmrade (knapp 8 km) sammeln sich die Kraniche, bevor sie im Herbst gen Süden fliegen.

Abenteuer: In Bergrade (28 km) wird »SwinGolf« gespielt – Golf mit nur einem Schläger und größeren Löchern für Anfänger. Angeblich ein neuer Trendsport. (Bergrade 4, 23898 Bergrade, T 04543 888717, info@swingolf-hergrade.de).

Grillfrei: Auf dem Schaalseehof (Alte Dorfstraße 1, 23883 Dargow, T 04545 791100, www.schaalseehof.de) wird täglich Fisch geräuchert (mittwochs Ruhetag) – leckerer geht's nicht.

Hin & Her: Ab Bahnhof Mölln oder Büchen fahren Busse (Nr. 8850, 8974) nach Salem und Sterley. Mit dem Auto über A24, Abfahrt Zarrentin, dann Richtung Lüttow, Zarrentin, Groß Zecher. Der Platz liegt direkt an der Straße, kurz vor dem Abzweig Richtung Salem/Dargow.

Geöffnet: Anfang April bis Anfang Oktober (auf Anfrage länger).

Ausweichquartier: Lothar betreibt auch das »Wakenitz-Camp«, eine Zeltwiese mit Miet-Bauwagen und Zelthotel (ca. 20 km, Rothenhusener Weg 2, 23627 Groß Sarau, T 04501 412). Einige Kilometer weiter südlich, direkt am Schaalsee, wird herkömmlich gecampt: Bokop 14, 23883 Groß Zecher, T 04545 789787 oder 0172 4150744, www.camping-schaalsee.de.

Das Schmuckstück des Schaalsee-Camps sind ein halbes Dutzend Planwagen, die Lothar Krebs vermietet: Holzkarren unter einer beigefarbenen Zeltplane wie im Wilden Westen, Schlafsack und Isomatte bringen die Urlauber selbst mit. Wer lieber im eigenen Zelt schläft, findet schattigen Waldboden für seine Heringe. Und wer mit Freunden kommt, kann unter dem Riesen-Kite (einer Art Zeltdach) hocken und ins Lagerfeuer schauen. Für Familien gibt es sechs Indianerzelte mit Platz für acht Häuptlinge. Zusammen mit einem großen Outdoor-Handel organisiert Lothar Krebs sogar Wochenendabenteuer, bei denen man lernt, Feuer zu machen und in der Natur zu überleben.

Denn hier, am Schaalsee, ist man wirklich mitten in der Natur. Auch dank der Grenze, die Adler & Co. jahrelang ein ungestörtes Dasein erlaubte. Dass heute keine Grenze mehr die Menschen fernhält, das gefällt uns Campern zwar sehr gut. Hoffentlich werden sich aber Rohrdommel, Schwarzspecht und Molch in einigen Jahren nicht die alten Grenzzäune zurückwünschen, samt Wachturm und Selbstschussanlage.

10

Eine Handbreit Düne unterm Zelt

ZELTPLATZ SPIEKEROOG, NIEDERSACHSEN

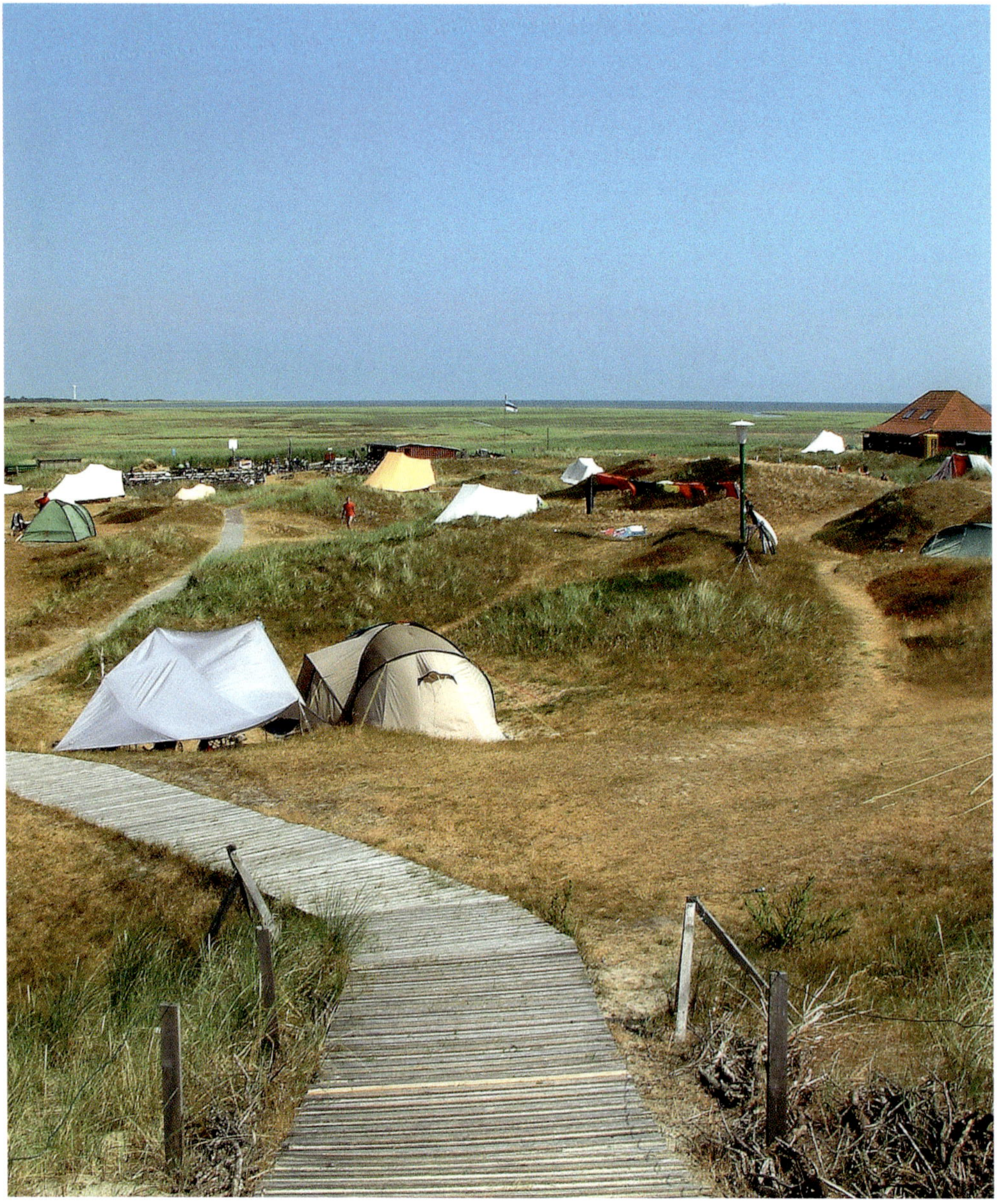

Zeltplatz Spiekeroog, Noorderpad 25, 26474 Spiekeroog // T 04976 9193226 // www. spiekeroog.de/urlaub-buchen/zeltplatz.html // zeltplatz@spiekeroog.de

Man muss nicht viele Worte verlieren, wenn man auf dem Zeltplatz Spiekeroog ankommt. Die Rezeption ist in einem kleinen Kiosk untergebracht, der an Pippi Langstrumpfs Villa Kunterbunt erinnert: ein blaues Häuschen hinter gelb-blau-rotem Bretterzaun, und innen drin kommen sie mit dem Nötigsten aus. »Moin« zum Beispiel ist der karge Gruß der Spiekerooger – wie überall hier oben. Und man sollte gar nicht erst auf die Idee kommen, schief zu gucken, wenn sie nachmittags noch »Moin« sagen. Denn »Moin« ist dem Holländischen entlehnt und steht für »Moje Dach«, also: »Guten Tag!«. Sobald man also Guten Tag gewünscht hat, kann man auch schon fast sein Zelt aufbauen.

Die Nonnengänse zetern, Austernfischer picken und Mantelmöwen finden Delikatessen in den Weiten des Watts.

Spiekeroogs Zeltplatz liegt knapp drei Kilometer abseits des Dorfkerns, hinter den Dünen. Vom eigenen Strand kann man bei Flut in die Nordsee springen oder bei Ebbe stundenlang hinausschauen über das spiegelnde Watt. Die Nonnengänse zetern, Austernfischer picken mit roten Schnäbeln, Mantelmöwen finden Delikatessen in den Weiten des Watts. Delikatessen für Camper lassen sich auf dem zentralen Grillplatz zubereiten, Spiel- und Bolzplatz helfen, die Zeit zu vertreiben, die aber ohnehin nie lang wird. Und es gibt nichts als Zelte, weil Autos auf Spiekeroog nicht zugelassen sind.

Daher also: Nicht viele Worte verlieren und loslegen. Lange Heringe helfen auf dem sandigen Boden. Und ein ordentliches Zelt hilft gegen den manchmal kräftigen Nordseewind. Moin, moin, Spiekeroog!

Sonnenseite: Zelten mitten in den Dünen, ruhig, entspannt und einfach.

Schattenseite: Im Sommer meist ausgebucht. Und Spiekeroog ist autofrei – Bullis müssen leider draußen (drüben auf dem Festland) bleiben.

Kosten: Erwachsene 6 €, Kinder 4 €, Zelte 4–10 €.

Klo & Co.: Das Sanitärhaus ist einfach, es gibt keine Kochgelegenheit.

Essen & Trinken: Der Zeltplatz-Kiosk verkauft Kaffee, Gasflaschen und Frühstücksbrötchen.

Stadtprogramm: Nun ja, Spiekeroog?

Landpartie: Der Dünenrundgang beginnt im Osten des Inseldorfes, ist 4 km lang und dauert 2,5 Stunden: quer durch Dünengärten und Inselwäldchen. Oder man sucht die Überbleibsel der Schiffswracks »Verona« und »Moltke«, irgendwo da draußen im Watt.

Abenteuer: Mit dem Fischkutter »Gorch Fock« ins Watt – und zu Fuß zurück. Wattführer Carsten Heithecker macht's möglich (Lütt Slurpad 8, 26474 Spiekeroog, T 04976 912070, C.Heithecker@watt-erleben.de).

Grillfrei: Kultstatus hat die Strandbar »Old Laramie« – nachmittags Kaffee & Kuchen, abends Disko und mehr (Westend 5, 26474 Spiekeroog, T 04976 318). Das »Alte Inselhaus« (Süderloog 4, 26474 Spiekeroog, T 04976 473) verköstigt nach kleiner, rustikaler Karte.

Hin & Her: Die Fähren Spiekeroog I und II fahren tideabhängig ab Hafen Neuharlingersiel in 50 Minuten auf die Insel. Zum Hafen gelangen Urlauber ab Oldenburg mit der Nordwest-Bahn, Umsteigen in Sande, dann Busfahrt ab Esens.

Geöffnet: 1. Mai bis 15. September.

Ausweichquartier: Der Langeooger Zeltplatz mitten im Nationalpark ist der Jugendherberge angeschlossen, buchbar nur mit Vollverpflegung: Herbergseltern Ilka und Heinz Hohmann, T 04972 276, langeoog@jugendherberge.de.

11

Auf Großer Fahrt

HARRIERSAND, SCHWANEWEDE, NIEDERSACHSEN

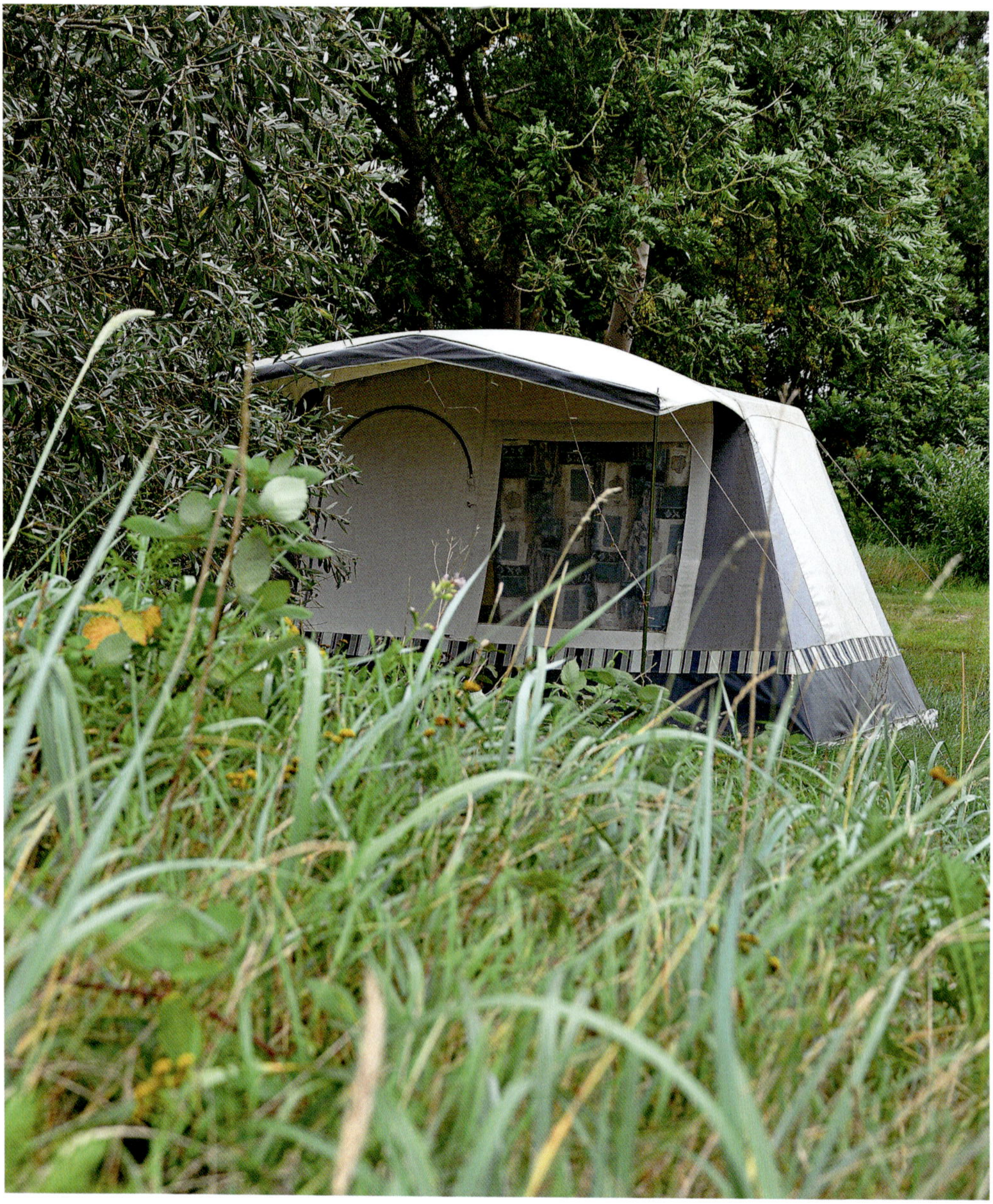

Wie ein langes, schlankes Schiff hat Harriersand im Weserstrom festgemacht. 20 Kilometer von Nord nach Süd, nur wenige hundert Meter breit. Im Osten taugt der Weserarm zu wenig mehr als einem Fußbad: Ohne den großen Namen wäre er nur ein gewöhnlicher Graben. Im Westen zieht dagegen der Weser-Hauptarm an Harriersand vorbei, tief genug für einigermaßen dicke Pötte auf dem Weg in den Braker Hafen gegenüber. Die Flut drückt das Nordseewasser bis hier die Weser hinauf, die Ebbe zieht es wieder hinaus: wie ein Uhrwerk, aber doch roh und unberechenbar genug, um Harriersand immer wieder in Teilen zu überfluten.

Ein raues Idyll voller Kontraste: Camper schlagen ihre Heringe mitten in der Natur ein und träumen zur Klangkulisse des Braker Hafens.

Wenn auf einer solchen Insel ein Campingplatz liegt, direkt hinter dem schmalen Strandstreifen, wenn die Weser sich die Wiese immer mal wieder zurückholt, wenn Ebbe und Flut sich direkt vor dem Zelt-Reißverschluss unaufhörlich abwechseln und der Wind an den Stangen rüttelt, dann muss der Campingplatzbetreiber aus besonderem Holz geschnitzt sein. Wie gut also, dass hier auf dem Campingplatz Harriersand Carsten Renken das Sagen hat. Im Hauptberuf ist er Kapitän zur See. Ein Seebär von einem Mann, jung genug, um mit Kapuzenpulli über den Platz zu stapfen. Jahrelang kümmerte er sich beim »Havariekommando« in Cuxhaven um Schiffe wie die »Mellum« und die »Neuwerk«, die auch Kähnen halfen, die weit draußen auf der Nordsee in Seenot gerieten. Mit 35 oder 36 dachte Carsten dann – die Dinger will ich selbst fahren. Und machte sein Kapitänspatent.

Im Oktober, wenn der Campingplatz schließt, heuert Carsten seitdem auf einem der dicken Pötte an, die er ins Mittelmeer steuert oder durch den Ostseeraum. »Australien fehlt mir

noch, und Südamerika«, erzählt er. Im Mai ist er dann zurück, um die drei Fußballfelder große Zeltwiese in Ordnung zu halten – die Kapitänskollegen auf ihren Schiffen drüben im Braker Hafen fest im Blick.

Mit diesem Blick ist Renken auch aufgewachsen – ein Junge von Harriersand. »Meine Großeltern hatten eine der ersten Buden hier.« Vielleicht zwölf Bauernhöfe, ein paar Dutzend Einwohner, keine Schule. Früher gehörte die Insel zur Stadt Brake auf der Westseite. Carsten musste die Fähre nehmen, um zur Schule zu kommen. Später wurde Harriersand Schwanewede östlich der Weser zugeschlagen, denn in die Bremer Umlandgemeinde führt die einzige Brücke, die die Insel mit dem Festland verbindet. Aber trotz Brücke und Kapitänspatent – Renken ist geblieben. Harriersand ist seine Heimat, die Seefahrt seine Leidenschaft.

Die Zeltwiese gehört dem Verein der »Inselfreunde Harriersand«. Auch Renken ist »Inselfreund«, wie alle hier, und wie die, die anderswo zu Hause sind und auf der Insel ein kleines, flutsicheres Ferienhaus auf Stelzen errichtet haben. Rund um die Zeltwiese stehen diese Häuser. »Sie gehören zu Harriersand wie der Zeltplatz, seit ich denken kann.« Nachdem sich der alte Platzwart (Albert, »der Älteste der Republik«, meint Carsten) verabschiedet hatte, lief es nicht mehr rund. 2014 stand der Platz vor dem Aus. Renken

Zeltplatz Harriersand, Inselstraße 30, 28790 Schwanewede // T 04296 1393 // www.zeltplatz-harriersand.de // info@zeltplatz-harriersand.de

Sonnenseite: Der Weserstrand beginnt vor dem Zelt-Reißverschluss.

Schattenseite: Brakes Hafenklänge poltern auch nachts schon mal über die Weser.

Kosten: Zelt nach Größe 4 bis 24 €, Erwachsene 5 €, Kinder ab 6 Jahren 3 €. Warmduscher brauchen Münzen (1 €).

Klo & Co.: Gibt's auch, weder hübsch noch hässlich. Sauber.

Essen & Trinken: Kapitän Carsten bietet Eis, Brötchenservice und »Notfallversorgung«, frische Milch gibt's vom Inselbauern, den Rest aus Brake.

Stadtprogramm: Weseraufwärts freuen sich in Bremen (50 km) neben dem einzigen deutschen »Pannekoekschip«, der »Admiral Nelson« (50 km), auch die Stadtmusikanten über Besuch. Flussabwärts lockt Bremerhaven (50 km) mit drei großartigen Museen: Auswanderer- und Klimahaus sowie Deutsches Schifffahrtsmuseum mit U-Boot und Hansekogge.

Landpartie: Ab ins Weserwatt – zu Fuß an die Nordspitze von Harriersand (für Bergexperten – sichtbar nur bei Niedrigwasser).

Abenteuer: Die »MS Guntsiet« (plattdeutsch für »andere Seite«) fährt auf ebendiese andere Seite – eine Hafenrundfahrt in Brake ist mit das Aufregendste, was Harriersand bietet.

Grillfrei: Die Strandhalle Harriersand (400 m, www.strandhalle-harriersand.de) ist die einzige Alternative zum eigenen Gaskocher – Nordseekrabben, Schnitzelpommes und Burger).

Hin & Her: Mit dem Zug bis Brake, dann zu Fuß (10 Minuten) zur »Stadtkaje«. Von dort setzt Euch die »MS Guntsiet« von April bis Oktober bis zu zehnmal nach Harriersand über. Mit dem Auto (Parken gerade am Wochenende schwierig) über Bremen (A270, B74), Rade auf die »Inselstraße«.

Geöffnet: Mai bis Oktober.

Ausweichquartier: Auf der Wiese neben der »Strandgaststätte« in Elsfleth ist Platz für Dauercamper und einige Zelte (Am Weserufer 1, 26931 Elsfleth, T 04404 3028, info@strandgast-staette.de).

sprang ein. »Der durfte nicht zumachen.« Mit seiner Ehefrau und einem befreundeten Ehepaar von der Insel pachtete er die Wiesen. »Wir wollen das hier so betreiben, dass Zelter sich wohlwühlen«, sagt er. Mit dem einen oder anderen Dauerzelter hat er sich deswegen schon mal angelegt. »Gartenzäune und Privilegien gibt's hier nicht.« Gut für alle, die nur für ein Wochenende oder eine Ferienwoche kommen.

Harriersand ist ein Idyll voller Kontraste. Schön, rau, entlegen, ausgesetzt. Auf der Insel stört kaum ein Automotor die Ruhe, während von der anderen Weserseite die Hafengeräusche herüberklingen. Camper schlagen ihre Heringe mitten in der Natur ein. Wenn sie nachts den Reißverschluss zuratschen, nimmt die Klangkulisse sie in ihren Träumen mit auf die Fahrt. Zum Frühstück können sie dann beim Brötchenholen einen Klönschnack mit Kapitän Carsten Renken halten. Übers Schiffstuten, übers Kranknarzen und Motorenwummern, und über die Freiheit, die Carsten Renken auf großer Fahrt erlebt, und die er hier auf Harriersand jeden seiner Gäste spüren lässt.

Zelten, wo einst der Teufel saß

CAMPINGPLATZ WAAKHAUSEN, TEUFELSMOOR, NIEDERSACHSEN

Campingplatz Waakhausen, Waakhauser Straße 20 // 27726 Worpswede // T 04792 5841007 // www.camping-waakhausen.de // info@camping-waakhausen.de

Sonnenseite: Eine Zeltwiese mit Paddelhafen und viel Potenzial.

Schattenseite: Schattig ist's im Wald, und bei Regen wird's schnell moorig.

Kosten: Zeltplatz 4 bis 9 €, Bulli 8 €. Kinder bis 14 Jahre 3,50 €, Erwachsene 5 €. Strom 2 € am Tag.

Klo & Co.: Gibt's im Stile der 70er.

Essen & Trinken: Am kleinen Kiosk verkauft Pascal Bier, Limo und Snacks. Supermarkt in Worpswede (5 km).

Stadtprogramm: Licht, Landschaft und ländliche Verklärung lockten Maler wie Paula Modersohn-Becker nach Worpswede. Der ortsansässige Buchbinder Friedrich Netzel stellte ihre Bilder in seinem Laden aus, der später zur »Worpsweder Kunsthalle« umgebaut wurde (Bergstraße 17, 27726 Worpswede, T 04792 1277).

Landpartie: Entweder per Kanu oder Gummistiefel – nass wird's immer. Fußwanderer steuern die schicken Design-Aussichtstürme Neu Helgoland, Postwiesen oder Linteler Weiden an.

Abenteuer: Schätze finden im Moor – die Touristeninformation Worpswede (Bergstraße 13, T 04792 935820) verleiht GPS-Geräte zum Geo-Cachen. Traditioneller sind die Adelsdorpher Torfschiffer unterwegs (www.torfschiffe.de, T 04792 951200).

Grillfrei: Das Vater-Sohn-Gespann Baier haucht der Hamme-Hütte in Neu Helgoland mit Labskaus und Currywurst-Flammkuchen neues Leben ein (Hammeweg 29, 27726 Worpswede, T 04792 7606, info@hammehuette.de).

Hin & Her: Im Sommer fährt der »Moorexpress« ab Bremen und Stade bis zu viermal täglich nach Worpswede (www.moorexpress.de), per Bus oder zu Fuß weiter nach Waakhausen. Mit dem Auto über Bremen, Lilienthal oder Osterholz-Scharmbeck.

Geöffnet: 1. April bis 31. Oktober, sonst nach Absprache.

Ausweichquartier: Auf der anderen Seite der A1 versucht die »Alte Löweninsel« in Lauenbrück (50 km) den Sprung vom Dauercamper- zum Camping-Glück-Platz (Schmiedeberg 1, T 04267 8238, info@campingplatz-lauenbrueck.de.)

»Ins bremische Moor?«, fragte der Fährmann die jungen Siedler entsetzt. »Bleibt lieber auf dem Sand, im Moor sitzt der Teufel.« Über Generationen mussten sie das unwirtliche, nasse, kalte Moor bei Bremen urbar machen, um zu überleben. Elke Loewe beschreibt in ihrem Roman »Teufelsmoor« das Leben einer Bauernfamilie so, wie sie es hier bis heute sagen: »Den eersten sien Dot, den tweeten sien Not, den drütten sien Brot.« Also: Dem Ersten der Tod, dem Zweiten die Not, dem Dritten das Brot.

Hyggelig zwischen Nadelbäumen und Kanuheim – der perfekte Zeltplatz für Paddeltouren über Hamme, Wümme und Lesum

Auf dem Campingplatz Waakhausen hoffen sie nun auch darauf, endlich ihr »Brot« zu verdienen. Über Jahre war der Platz verkommen, dabei liegt er »hyggelig« zwischen Nadelbäumen und dem früheren, reetgedeckten Wanderheim des Deutschen Kanu-Verbandes (Baujahr 1933) auf einer Lichtung. Der Kanu-Verband kam nicht zufällig: Denn weil die Bauern über Jahrzehnte Gräben durch das Teufelsmoor zogen, um den Boden zu entwässern, lässt sich vom Platz heute über diese Gräben bis zur Hamme, Wümme, Lesum und sogar Weser paddeln.

Pascal Radon hat den Platz 2014 mit zwei Partnern übernommen. Sie haben Großes vor: Baumhäuser, Holzpods, Hochseilgarten. Aber auch ohne solches Getümmel hat er den Platz wieder auf Vordermann gebracht – in Waakhausen macht der Teufel allenfalls inkognito Urlaub, so ruhig und friedlich ist das Plätzchen im Moor.

13

Das wilde Leben auf Lühesand

CAMPINGPLATZ LÜHESAND, GRÜNENDEICH, NIEDERSACHSEN

Das Zelt in entlegener Einsamkeit aufzuschlagen, umspült von Wasser, kein Land weit und breit – das wäre wohl das ultimative Camping-Glück. Und wenn das vor den Toren einer Großstadt zu haben ist – umso besser.

Auf Lühesand kommt man diesem Traum aufregend nah: Die Campinginsel ist nur per Fähre zu erreichen. Autos müssen am Ufer bleiben, und Bullis werden nur übergesetzt, wenn Besucher ein paar Tage bleiben. So fühlt man sich auf Lühesand ein wenig wie auf einer einsamen Insel, wenn man auch von »Einsamkeit« nicht wirklich sprechen kann: Hamburg liegt fast in Sichtweite. Und man hat die Insel nur selten für sich allein, weil seit Jahrzehnten die Camper nach Lühesand kommen. Manche gar mit Wohnwagen und Palisadenzaun – doch es gibt Platz, viel Platz für alle. Bis zu 500 Meter breit streckt sich Lühesand mehr als drei Kilometer lang in den Elbstrom. Die Südostspitze, ein Vogelschutzgebiet, gehört zu Hamburg, der Rest zu Niedersachsen.

Ein riesiges, grünes Paradies, etwas verwunschen und verwachsen, in dem jeder seine Heimat findet: von »Inselbaron« bis Bullifahrer.

Als Lühesand irgendwann im 19. Jahrhundert dort entstand, wo die Lühe in die Elbe fließt, da machte sie ihrem Namen alle Ehre: vor allem sandig war das Eiland. Die ersten Ochsen, die man im Sommer übersetzte, fristeten ein hartes Dasein. Was wuchs, war hart, stachelig und mühsam zu kauen. Doch nach und nach wurde Lühesand grüner, und nicht nur die Ochsen begannen, Lühesand zu lieben. Auch Urlauber entdeckten die Insel für sich. Zuerst kamen sie mit Kanus und schlugen wild ihre Zelte auf. Doch je mehr Camper kamen, desto problematischer wurde das Zusammenleben von Mensch und Ochs. Denn das Rindvieh begann, die Zelte anzufressen. Und so musste irgendjemand Ordnung bringen in das wilde Leben auf Lühesand.

Dieser Jemand war Heinrich Blohm, der für die Gemeinde Grünendeich schon lange die Ochsen auf Lühesand betreute. Er begann in den 1930er-Jahren damit, aus der Wildnis einen Campingplatz zu formen. 1947 zog Blohm dazu mit seiner Familie ganz auf die Insel um und baute ein kleines Haus samt Camper-Gaststätte – das einzige Gebäude, das Sturmfluten überlebt hat. Auch die nächsten Generationen der Blohms blieben Lühesand treu. Und so erlebte Heinrichs Enkel Holger hier eine eher seltsame Jugend: Wenn er morgens zur Schule musste, setzte sein Vater ihn mit einem kleinen Boot über. Und wenn Holger nachmittags Freunde besuchen wollte, ging es wieder ins Boot. Im Winter, wenn Eis auf der Elbe ging, saß Holger manchmal tagelang fest auf Lühesand. Entweder man liebt es (wie Holger) oder man hasst es.

Es überrascht wohl niemanden, dass Holger die Liebe seines Lebens nicht auf dem Festland fand. Er warb um eine Camperin, und Petra blieb. Seitdem betreiben die beiden ihren Campingplatz gemeinsam. Ein riesiges, grünes Paradies, etwas verwunschen und verwachsen, ohne Stromanschluss und Parzellengrenzen, in dem jeder eine Heimat findet: der Dauercamper, der sich mit weißen Buchstaben am Holzhäuschen »Inselbaron« getauft hat, ebenso wie der

Bullifahrer, der auf einer kleinen Wiese an der Elbe parkt – in Sichtweite der dicken Pötte.

Auf der anderen Seite der Insel, fern vom großen Strom am südlichen, schmalen Elbarm, wartet die Zeltwiese unter großen Bäumen. Hier liegt auch der kleine Anleger, an dem Gäste Lühesand zum ersten Mal betreten. Der Chef persönlich bringt sie auf die Insel.

Holgers kleines Boot »Smuttje« (Koch) transportiert ein gutes Dutzend Urlauber, während »Sottje« (Schornsteinfeger), die große Fähre, Wohnwagen und Bullis abholt. Und so ist Holger nach unserem Wissen der einzige deutsche Campingplatz-Chef, der zwei Fähren und ein Fährpatent besitzen muss. Wer Camperträume wahr macht, der braucht eben manchmal einen besonderen Führerschein zum Glück.

Campingplatz Lühesand, Sandhörn 6a, 21720 Grünendeich // T Insel: 04142 2775 // T Festland: 04142 1336 // www.luehesand.de // blohm.luehesand@gmx.de

Sonnenseite: Riesig, wild und autofrei – Camping auf der entlegenen Insel.

Schattenseite: Viele Mitbewohner – hier übersommern Dutzende Dauercamper.

Kosten: Kinder 3 €, Erwachsene 5 €, Zelte 3 €, Bullis 5 € (zzgl. 40 € für die Überfahrt nach und von Lühesand).

Klo & Co. Ein gutes Stück zu Fuß entfernt – zweckmäßig, aber nicht modern.

Essen & Trinken: Im Gasthaus verkauft Familie Blohm Großportionen Bauernfrühstück, Suppe und selbst gebackenen Kuchen.

Stadtprogramm: Etwas aufwendig – Stade liegt eine Fähr- und Busfahrt entfernt: Dafür ist die Hansestadt am Ufer der Schwinge (ihr Name stammt von »Gestade« – Ufer) rund um den Hafen gepflastert mit schmucken Fachwerkhäusern.

Landpartie: Der NABU bietet Führungen durch das abgesperrte Vogelschutzgebiet am Südostende Lühesands an, Ansprechpartner ist Rainer von Brook, T 0171 8664608.

Abenteuer: Zwei Bretter oder Wakeboard – in Neuhaus an der Oste (ca. 5 km) kann man übers Wasser laufen, dank Wasserski-Lift: 21785 Neuhaus/Ost, info@wasserski-neuhaus.de, T 04752 1260.

Grillfrei: Na ja – abends bleibt nur das Gasthaus der Blohms auf Lühesand. Wer zweimal Fähre fährt, schafft es für einen frühen Cocktail in den Wedeler Beachclub 28 Grad, direkt an der Elbe (Strandbad Wedel, Hakendamm 2, 22880 Wedel, T 0163 1637888, info@28grad.com).

Hin & Her: Mit dem Zug bis Stade, dann Bus Nr. 2357 bis »Grünendeich, Fähre«. Mit dem Auto über die A1, Abfahrten Sittensen und Rade, oder A7, Abfahrten Heimfeld oder Waltershof, dann in Richtung Jork/Dollern. Autos müssen auf dem Parkplatz am Grünendeicher Kiosk abgestellt werden. Achtung: Bullis und Wohnmobile werden nur nach vorheriger Anmeldung übergesetzt – wenn Besucher ein paar Tage bleiben wollen.

Geöffnet: April bis Oktober.

Ausweichquartier: Der »Nesshof« bietet eine Zeltwiese unter Obstbäumen am Lühedeich, (Neßstraße 32, 21720 Guderhandviertel, T 04142 810395, camping@nesshof.de, www.nesshof.de).

14

Ein Platz für Kapitäne und Klabautermänner

ELBE-CAMP, HAMBURG

Der Kapitän manches Ozeanriesen wird fluchen: Die Elbemündung bei Brunsbüttel hat er lange hinter sich gelassen. In Sicht sind die Häuschen des Treppenviertels, die sich am steilen Blankeneser Elbhang drängen. In der Ferne ragen die Kräne des Hamburger Hafens empor. Links sieht er einen weiten, weißen Sandstrand, auf dem Hunde tollen und Kinder buddeln. Hier eine Pause zu machen, bevor die Ladung gelöscht wird, das wäre doch etwas. Pustekuchen: Genau hier mahnt ein riesiges Schifffahrtszeichen am Strand: »Ankerverbot«.

Schwarzer Anker, rot durchgestrichen – dieses Schild ist sicher der Grund dafür, dass nicht viel mehr Seeleute im Elbe-Camp ihre Heringe einschlagen. Denn hier wäre der ideale Platz für Kapitäne und Klabautermänner. Nachts tuckern sich die dicken Pötte in die Träume der Campingurlauber. Und tagsüber schippern sie zum Greifen nah am Sandstrand vorbei. Ein Paradies für Shipspotter. Und an der Rezeption hilft zu allem Überfluss noch ein netter junger Mann, den seine Eltern Boje genannt haben.

Beim Camping im Dünen-Idyll schnuppert man die große, weite Welt. Nachts tuckern sich die dicken Pötte in die Träume der Urlauber.

Im Elbe-Camp, eine halbe Autostunde westlich von Hamburg, schnuppert man beim Camping im Dünenidyll die große, weite Welt. Kleine Zelte ducken sich am Fluss unter Sträucher und Gebüsch. Wohnwagen und Bullis stehen etwas weiter weg vom Ufer unter den großen Bäumen, die am Fuße des Landschaftsschutzgebietes Falkenstein wachsen. Hier ist der Boden gerade noch fest genug – ein Luxus im Elbe-Camp. Ansonsten Dünensand überall – beim Einchecken gibt ein Flugblatt den Hinweis: »Festfahren außerhalb Ihres Stellplatzes kostet Geld.« Nur wer länger bleibt, der darf sein Schlafgefährt auf Rädern von einem Traktor auf den sandigen Traumplatz am Wasser schleppen lassen. Und so

ziehen sich Treckerspuren über den Platz, insbesondere im östlichen Teil des Campingplatzes, wo sich einige Dauercamper mit Windschutz und Wimpel eingemauert haben.

Das Lieblingspublikum von Elbe-Camp-Chef Garip Yavuz sind jedoch Familien und Jugendliche. Denn das Elbe-Camp wird vom Hamburger Verein »Kinderschutz & Jugendwohlfahrt« betrieben. Camper sind hier automatisch Spender: Die Gebühren helfen, Jugendgruppen vor allem aus sozialen Brennpunkten Hamburgs ein Lagerfeuer-Wochenende im Zelt zu finanzieren. Auch sie haben ihre eigene Ecke auf dem Platz, mit Indianer-Tipi.

Die Lage des Elbe-Camps könnte schöner nicht sein: Der Hamburger Hafen und das Airbus-Werk in Finkenwerder sind weit genug entfernt, um die entspannte Ruhe nicht zu stören – aber nah genug, um einen fantastischen Ausblick zu garantieren.

Zudem sind die Camper in guter Gesellschaft: Die westlichen Vororte Hamburgs beherbergen traditionell die Reichen und Schönen der Stadt. Der Verleger Axel Springer hatte hier sein Domizil, versteckt in den dichten Bäumen am Falkenstein über dem Campingplatz. Um seine Privatsphäre zu schützen, kaufte er umliegende Grundstücke und Villen auf. Erst nach seinem Tod hinterließ er ein großes Stück von seinem

Kuchen der Stadt: unter anderem eine baufällige Bauhaus-Villa, die später zum Puppenmuseum samt Galerie für zeitgenössische Kunst umgebaut wurde. Der Park trägt den Namen »Sven Simon«; es ist der Künstlername von Springers Sohn, der sich das Leben genommen hatte. Ein Spaziergang vom Campingplatz entfernt öffnet sich vom Park heute für jedermann ein fantastischer Blick über die Elbe bis ins Alte Land auf der Südseite des Flusses.

Das Elbe-Camp verspricht: Wir weisen niemanden ab, der abends an der Rezeption steht. Eine Reservierung per Internet wird jedoch empfohlen. Und: Lassen Sie Ihr Schiff zu Hause. Vor Anker gehen darf man im Elbe-Camp leider nur im übertragenen Sinn.

Elbe-Camp, Falkensteiner Ufer 101, 22587 Hamburg // T 040 812949 // www.elbecamp.de // info@elbecamp.de

Sonnenseite: Mit Ozeanriesen am Lagerfeuer (in Feuerschalen) – Camping direkt am Elbstrand.

Schattenseite: Viel (zu viel) Sand – Dünen eben.

Kosten: Zelt ab 7,70 €, Bulli 14,60 €, Erwachsene 7,30 €, Kinder 2,20 €, ab 14 Jahre 3,10 €, Hunde (!) 3,70 €.

Klo & Co.: Für die Dame rosa, für den Herren hellblau gestrichen. Alt, aber sauber. Nur vier Duschen pro Geschlecht. Bald soll neu gebaut werden.

Essen & Trinken: Das Camper-Café »Lüküs« kocht nicht nur Bio, sondern auch »Pommes Schranke«, danach Fairtrade-Kaffee oder tschechisches Fassbier. Morgens Frühstücksbüfett.

Stadtprogramm: Hamburg ist nur eine halbe Stunde entfernt – Kunst (Deichtorhallen), Krempel (samstags Flohmarkt an der Alten Rinderschlachthalle) und Kröten (Hagenbeck's Tierpark)!

Landpartie: Der Elbe-Radweg (Europäischer Fernradwanderweg R 1) läuft am Elbe-Camp vorbei. Oder ab Anleger »Wittenbergen-Strand« (am Leuchtturm) mit der Fähre nach Stadersand oder zur Schiffsbegrüßungsanlage nach Schulau (Wedel).

Abenteuer: Mit echten Baggern Löcher buddeln auf dem WIWA Baggerplatz auf der Veddel (samstags und sonntags, T 040 890585-0, www.baggerplatz.de).

Grillfrei: Das »Weiße Haus« in Övelgönne (Elbe Richtung Hamburg) – erfunden von Fernsehkoch Tim Mälzer. Heute kocht Patrick Voeltz mit Blick auf die Elbe. Hauptgang mittags ab 8,50 € (Senfeier auf Kartoffelpüree!).

Hin & Her: Mit dem Auto von der A7, Abfahrt Bahrenfeld, Richtung Blankenese, über Sülldorfer Brooksweg/Wittenbergener Weg, den Schildern Wittenbergen/Elbe-Camp folgen – viele Navis zeigen den falschen Weg! ÖPNV: Vom Hauptbahnhof S1/S11 Richtung Blankenese (25 Minuten), dann Bus 189 Richtung S-Wedel – Haltestelle Tinsdaler Kirchenweg, zu Fuß den Wittenbergener Weg runter, links halten bis Falkensteiner Ufer (10 Minuten).

Geöffnet: April bis Oktober.

Ausweichquartiere: Hamburgs Campingplätze Buchholz oder Schnelsen – autobahnnah und gar nicht cool. Nur im Notfall!

15

Königspaar im Camping-Land

CAMPING LAND AN DER ELBE, STOVE, NIEDERSACHSEN

Wie sähe es wohl aus, das Märchenland für Camper, das Paradies der Zelturlauber? Vielleicht so: Große, alte Bäume spenden rund um die Uhr Schatten, lassen aber genügend Sonnenstrahlen durchblitzen. Der Rasenboden freut sich über jeden neuen Hering. Sein Zelt darf jeder aufschlagen, wo er möchte: keine Parzellen, keine Hecken, keine geteerten Stellflächen. Ein breiter, mächtiger Fluss begrenzt den Platz zur einen Seite, ein Deich zur anderen – keine Straße weit und breit. Vielleicht steht am Ufer gegenüber eine Mühle, hinter der die Sonne am Abend im Marschland versinkt. Und es gibt Erdbeerkuchen mit Sahne, so viel man will.

Königin Meike backt für das Campingvolk und König Christian erträgt den Wochenendansturm mit der Gelassenheit eines St.-Pauli-Fans.

Wie hieße wohl ein solches Märchenland? Vielleicht hieße es »Campingland«. Gibt es nicht? Doch, gibt es. 25 Kilometer südöstlich von Hamburg, im kleinen Örtchen Stove an der Elbe, liegt der Campingplatz der Familie Land, angemessen »Camping Land« getauft. So atemberaubend schön ist es hier, dass schon seit der Bronzezeit Menschen ihre Zelte aufschlagen (statt Nylon und Polyester benutzten sie allerdings Holz und Laub, und nur die wenigsten kamen im Bulli).

Stove wurde vor fast 1000 Jahren erstmals urkundlich erwähnt. Der Weiler gehörte zum Kirchspiel Bergedorf auf der anderen Elbseite: Der mächtige Strom war also kein trennendes Hindernis. Die Menschen lebten vielmehr mit ihm und um ihn herum, die Elbe pulsierte gleich einer Lebensader – und sie tut es bis heute. Nicht weit vom Campingplatz fährt noch immer die älteste Elbfähre überhaupt: Seit 1252 schippert ein Familienunternehmen Menschen, Tiere und Gefährte von Hoopte nach Zollenspieker und zurück.

Stove wurde nach dem Zweiten Weltkrieg zum Wannsee der Hamburger: Ein Schiff brachte die Kurzurlauber aus der Stadt stromaufwärts ins Marschland. Und die Elbwiesen füllten sich mit Campern. Damals nahmen Hans und Henni Land all ihren Mut zusammen. Sie machten sich selbständig und gründeten 1960 ihren Campingplatz. Töchterchen Meike wuchs zwischen Zeltplane und Wohnwagen auf und konnte sich folglich wohl kaum etwas anderes vorstellen, als ihr Leben hier zu verbringen.

Heute ist Meike die Königin im Camping Land, und sie regiert zusammen mit König Christian, den sie ehelichte. Die zwei üben ihre Regentschaft freundlich und zurückhaltend aus. Meike backt fürs Campingvolk (ihre Torten sind unschlagbar). Christian erträgt derweil den Wochenendansturm von Hamburgern und anderen Stadtflüchtigen mit der Gelassenheit eines St.-Pauli-Fans. Nur selten wird er mit einem T-Shirt gesichtet, das nicht seinem Lieblingsclub gewidmet ist. Und wer Höhen, Tiefen

und Abstiege wegstecken kann, den haut auch keine Frage campender Großstädter mehr um.

Die Lands haben ein schmuckes Familienunternehmen gegründet, das jedem gerecht wird: Dauercamper haben hinter dem Deich ihr Domizil, das sie auch im Winter nicht räumen müssen. Vor dem Deich, in angemessenem Abstand, finden Zelt- und Bulliurlauber ihre Heimat direkt am Fluss, aber nur von April bis Oktober: Denn im Winterhalbjahr überflutet die Elbe die Wiesen gelegentlich. Im Sommer fällt das Flussbett dafür bei Ebbe zur Hälfte trocken, sodass Jung-Bauingenieure mit Eimer und Schippe eine riesige Sandbank mit Burgen bebauen können.

Bei den Lands zeltet Ihr in der ersten Reihe. Und Ihr könnt sogar standesgemäß anreisen,

so wie damals nach dem Zweiten Weltkrieg: Einmal im Monat fährt das Motorschiff »Käpt'n Kuddl« von den Hamburger Landungsbrücken nach Stove.

Camping Land an der Elbe, Stover Strand 7, 21423 Drage // T 04176 327 // www.camping-land-online.de // info@camping-land-online.de

Sonnenseite: Keine Dauercamper auf der Zeltwiese – die müssen hinter dem Deich bleiben.

Schattenseite: Manchmal laute Nachbarn auf dem Campingplatz nebenan.

Kosten: Bulli 8 €, Zelt 6 €, Erwachsene 7 €, Kinder 4,50 €, Duschen 1 €.

Klo & Co.: Vor dem Deich gibt's nur ein kleines stilles Örtchen. Zum großen, neuen Waschhaus (tipptopp!) muss man über den Deich kraxeln.

Essen & Trinken: Morgens frisch gebackene Brötchen, abends Bockwurst mit Brot, und am Wochenende backt Meike Land sensationelle Torten.

Stadtprogramm: »Mons, Pons, Fons« (lateinisch für Berg, Brücke, Quelle) in Lüneburg. Der Kalkberg nahe der Altstadt, die vielen Brücken im Wasserviertel entlang der Ilmenau und die Saline. Hamburgs kleiner Bruder in der Hanse ist nur eine Viertelstunde im Auto entfernt.

Landpartie: Mit dem Fahrrad entlang der Elbe bis ins Wendland – mit zweifelhaften Sehenswürdigkeiten unterwegs: das Atomkraftwerk Krümmel liegt

3 km vom Campingplatz entfernt. Ganz nah: Europas größte Fischtreppe bei Geesthacht, durch die Wanderfische trotz Schleuse stromaufwärts in ihre Laichgebiete kommen.

Abenteuer: Klettern wie ein Affe im HOGA Hochseilgarten Geesthacht. Beim Monkey Trail hängt man kopfüber vom Baum an Kletterwandgriffen (Elbuferstraße, T 04152 907792).

Grillfrei: Kochkurs oder à la carte in der Genusshandwerkerei Harms (Schwinder Straße 3, 21423 Drage-Schwinde, T 04176 229) oder Jakobsmuscheln und Rindercarpaccio im Tafeltraum (Laßrönner Weg 99, Winsen/Luhe, T 04171 5546-55/56).

Hin & Her: Mit dem Auto von Hamburg über die A25 Richtung Geesthacht, dann B404, Elbuferstraße Richtung Stove. Am Ortsausgang den Schildern folgen. Camping Land ist der erste Platz links. ÖPNV: S21 ab Hamburg Hbf, Richtung Aumühle bis Bergedorf, dann Bus über »Rönne, Brücke« nach Stove, »Im Siek«.

Geöffnet: April bis Oktober.

Ausweichquartier: Camping Stover Strand, gleich nebenan, viel größer, etwas lauter, lange nicht so schön (Stover Strand 10, 21423 Drage, T 04177 430, info@stover-strand.de).

16

Eulen nach Uelzen tragen

UHLENKÖPER-CAMP, UELZEN, NIEDERSACHSEN

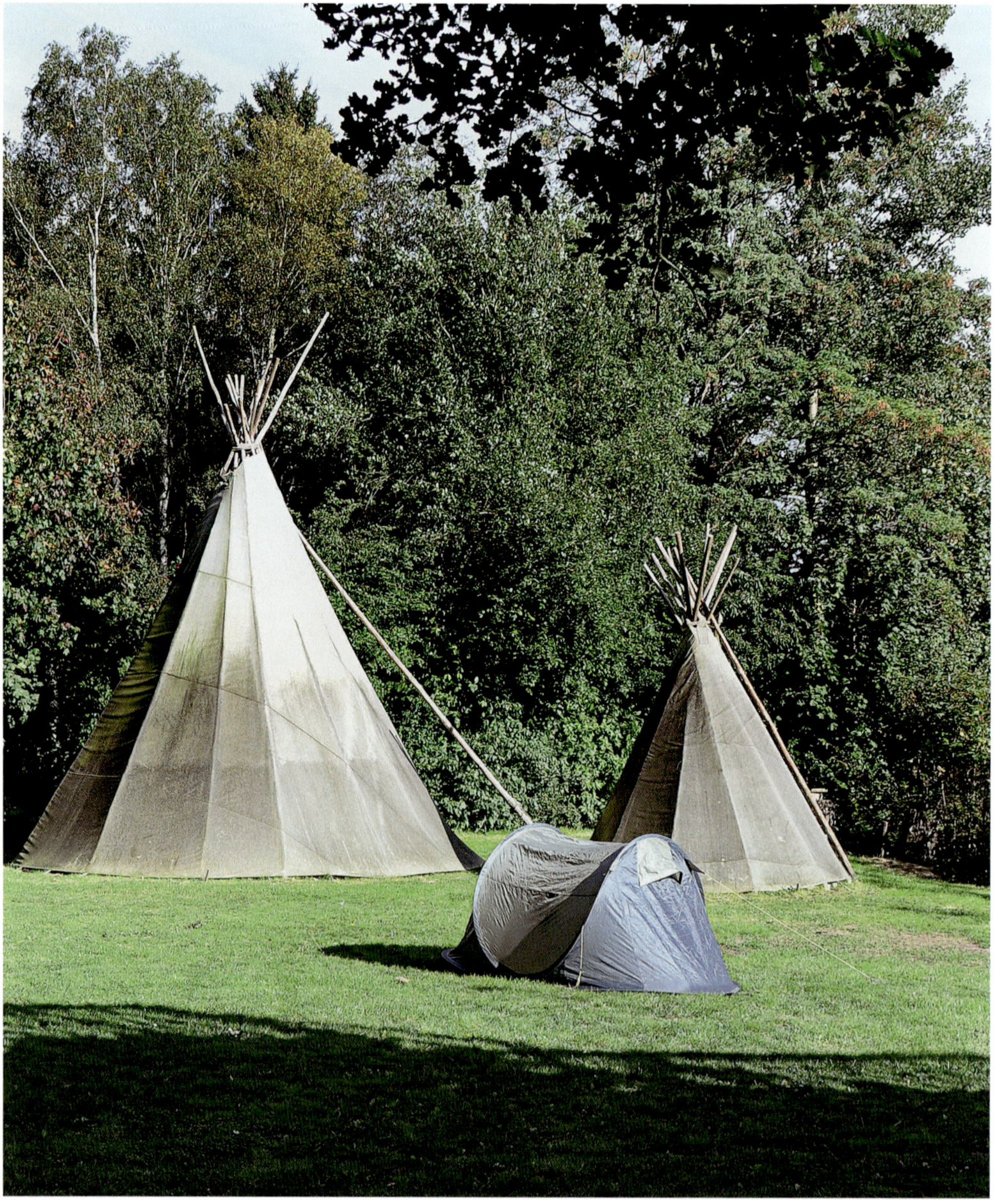

Es sagt schon einiges über den Uelzener Ur-einwohner aus, dass er sich gern selbst auf die Schippe nimmt. Und so handelt die Sage, die dem Wahrzeichen der Stadt und dem Campingplatz ihren Namen gab, von einer Niederlage.

Es trug sich nämlich zu, dass ein gewitzter Bauer vom Land in die Stadt Uelzen kam. Über der Schulter trug er einen Sack, in dem irgendetwas zappelte. Ein neugieriger Uelzener Kaufmann fragte ihn, was er da anzubieten habe. Der Bauer antwortete: »Baarftgaans« (also »Barfußgeher« auf Plattdeutsch). Der Händler hörte jedoch nicht ordentlich zu (scheinbar ein Problem dieses Berufsstandes) und verstand »Barkhahns«, also Birkhähne. Er zahlte dem Bauern einen stattlichen Preis, ohne je in den Sack zu schauen.

Zu Hause wollte er seiner Frau dann stolz die Birkhähne zeigen. Doch als er den Sack öffnete, flatterten drei Eulen heraus. Im Haus des Kaufmanns richteten sie allerlei Schäden an, und der erzürnte Kaufmann verklagte den Bauern. Dieser jedoch verteidigte sich vor Gericht: Er habe eindeutig »Baarftgaans« verkauft, und die Tatsache, dass Eulen barfuß gingen, könne man ihm nicht abstreiten. Den Richter amüsierte der bauernschlaue Angeklagte, und er sprach ihn frei. Daher heißen die Uelzener bis heute »Uhlenköper«, also Eulenkäufer.

Das Schmuckstück des Campingplatzes ist ein Naturschwimmbad. Radler und Zelturlauber können direkt am Pool ihre Heringe einschlagen oder ein Tipi beziehen.

Solche Eulenkäufer sind auch eure Gastgeber auf dem Campingplatz der Stadt: nette, entspannte Leute, die die Natur lieben und von ihrem Platz allerlei Wanderungen und Kanutouren anbieten. Auf dem Campingplatz selbst versuchen sie, möglichst umweltfreundlich zu wirtschaften. Lebensmittel werden nur verkauft, wenn sie aus regionalem ökologischen Anbau stammen. Der Strom kommt zwar aus der Steckdose, aber nicht vom Atomkraftwerk. Und Solaranlagen helfen, das Wasser warm zu machen.

Das Schmuckstück des Campingplatzes ist ein Naturschwimmbad, neu und clever angelegt. Eine Kreuzung aus Badesee und Freibad: Denn in Teilen ist durchaus ein hellblaues Schwimmbecken zu erkennen. Statt Ablaufrinnen und chemischer Reinigung stehen jedoch Uferpflanzen im Freibad, die zusammen mit einem Bodenfilter aus Kieseln und Erde das Wasser nachhaltig reinigen.

Radler und Zelturlauber können direkt am Freibad ihre Heringe einschlagen oder ein kleines Tipi beziehen. Für Dauercamper gibt es einen zweiten Bereich, für Familienzelte und Autos einen dritten. Schlafen kann man auch in »Schlummer-Tonnen«: runde, riesige Holzfässer, die auf die Namen Wutz, Wawa und Urmel (ja, der aus dem Eis mit seinen Freunden) hören. Mit großen Doppelbetten und zwei klappbaren Sitz- und Liegeflächen bieten sie bis zu vier Menschen Platz. Über einen Privatsteg kommen Urlauber zu schönen 4-Personen-Jurten mit Glaskuppel für den Blick in die Sterne. Und so hat jeder seine Nische auf dem großen Areal, das mit Hecken unterteilt ist und so trotz der Größe einigermaßen übersichtlich und gemütlich wirkt.

Uhlenköper-Camp, Festplatzweg 11, 29525 Uelzen // T 0581 730 44 // www.uhlen-koeper-camp.de // info@uhlenkoeper-camp.de

Sonnenseite: Die Zeltwiese am Naturschwimm-bad – autofrei und grün.

Schattenseite: Das Publikum ist gemischt – der Platz kommt ein wenig altbacken daher.

Kosten: Je nach Saison zahlen Erwachsene 5–7 €, Kinder 2–3,50 €, Zelt und Bulli 7–9 €, Strom 2 € plus 0,65 € pro kWh. Schlummertonne 29–39 €, Jurte 55–70 €.

Klo & Co.: Gut in Schuss – die warme Dusche ist im Preis enthalten. Es gibt Einzelwaschkabinen, Familienbad, Waschmaschine und Trockner.

Essen & Trinken: Die Rezeption ist fast ein vollwertiger Bioladen – großartig. Die Gaststätte, beheizt von einem Bullerjan-Ofen, macht Frühstück und abends warmes Essen.

Stadtprogramm: Friedensreich Hundertwasser hat den Uelzener Bahnhof bunt und rund umge-staltet. Außerdem bietet die Stadt viele mittelalter-liche Kirchen. Die Hansestadt Lüneburg mit ihrem historischen Zentrum ist nur 30 km entfernt.

Landpartie: In der Lüneburger Heide blühen im August und September die Wiesen violett. Ab Uelzen gibt es unzählige Wanderwege.

Abenteuer: Das Uhlenköper-Camp veranstaltet Kanutouren auf der Ilmenau, auch über Nacht.

Grillfrei: Der Bauckhof ist über Uelzen hinaus für seine Bioprodukte bekannt – von Eiern und Mehl bis Wurst und Käse kann man im Hofladen alles kaufen, auch für ein prima Picknick (29525 Uelzen Klein-Süstedt, Zum Gerdautal 2, T 0581 90160, www.bauckhof.de).

Hin & Her: Am Bahnhof Uelzen mit dem Bus 1973 Richtung Weinbergstraße/Ebstorf, bis Haltestelle Westerweyhe/Bahnhof. Von dort ca. 500 m zu Fuß. Mit dem Auto über die B4. In Kirchweye in Richtung Westerweyhe abbiegen, dort links in den Festplatz-weg.

Geöffnet: Ganzjährig.

Ausweichquartier: Viele Freunde hat der Cam-pingplatz Zum Oertzewinkel (Kreutzen 22, 29633 Munster, T 0505 5549, info@oertzewinkel.de, www.oertzewinkel.de). Für unseren Geschmack hat er zu viele Verbotsschilder ... Bei Lüneburg liegt der Campingplatz Rote Schleuse direkt an der Ilmenau (Rote Schleuse 4, 21335 Lüneburg, T 04131 791500, www.camproteschleuse.de).

Uelzen selbst raubt Urlaubern nicht den Atem. Aber die Umgebung bietet viel, von der Lüneburger Heide über das nahe Hamburg (40 Minuten Zugfahrt) bis zur Hansestadt Lüneburg. Einmal aber sollte man sich schon ins Uelzener Zentrum aufmachen: Denn eine Bronzestatue an der Marienkirche erinnert an die Sage vom Uhlenköper. Wer seine Münze an der Statue reibt und gleichzeitig mit seinem Kleingeld in der Hosentasche klimpert, der soll angeblich immer genug Geld haben. Und er könnte dann in aller Ruhe jeden Platz in diesem Buch ausprobieren. Camping-Glück forever.

17

Buena Vista Wendland Club

REGENBOGENHOF, CLENZE, NIEDERSACHSEN

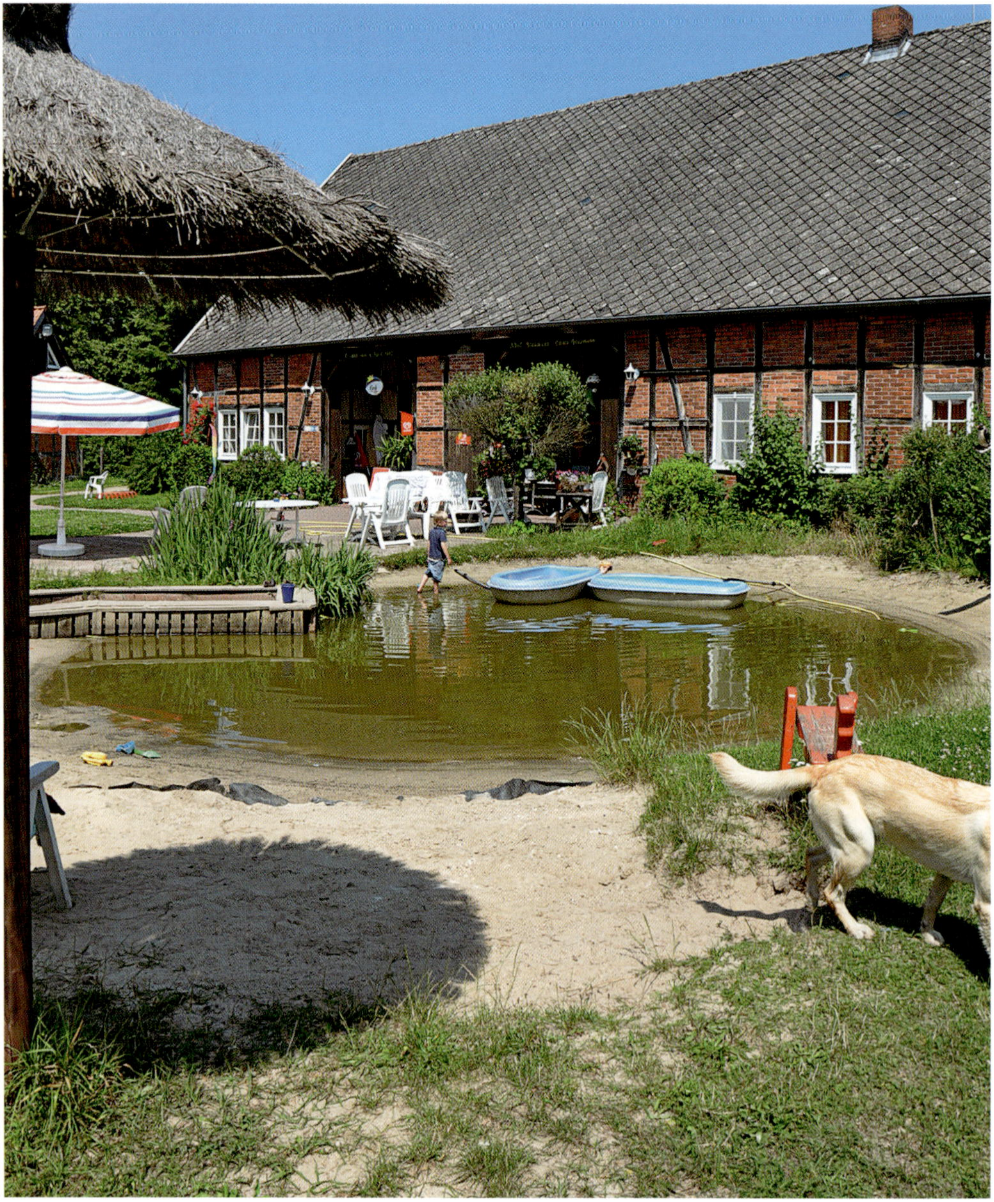

Roman Graeff musste sich entscheiden: Wollte er den Getränkeabholmarkt seines Vaters in Hamburg übernehmen? Oder wollte er etwas Neues anfangen. »Mit Mitte 30«, erinnert er sich, das war vor etwa 30 Jahren. Die Entscheidung fiel: Roman ging weg aus Hamburg und kaufte mithilfe des Vaters einen alten Bauernhof im Wendland.

»Der Regenbogen ist in der Bibel das Symbol des Neuanfangs«, erzählt er. Und ein solcher Regenbogen ist auch das Erste, was man draußen am Zaun des Regenbogenhofs im kleinen Rundlingsdorf Mützen bei Clenze sieht. Neuanfang – das hat Roman ernst genommen. Er wollte Menschen zusammenbringen, so unterschiedlich sie sind. Behindert oder nicht-behindert, jung oder alt. Hinter seiner Idee vom Regenbogenhof stehen Werte: die Natur zu achten beispielsweise und andere Menschen zu achten und zu respektieren. Toleranz.

Zwei Jahre lang baute er den Regenbogenhof um: ein halbes Dutzend Gebäude um einen freien Platz in der Mitte, in den meisten hat Roman Gästezimmer und Ferienwohnungen untergebracht. Für Zelturlauber hat er zwei Wiesen am Rand des Grundstücks reserviert, einige Meter weiter beginnt ein kleiner Wald. Ungestörter könnte man kaum sein.

Man spürt an vielen Stellen Romans sonniges Gemüt, seinen Spaß und seine Lust, Menschen mit Ungewohntem zu konfrontieren.

Im Zentrum des Regenbogenhofes steht das alte Fachwerkhaus mit der im Wendland üblichen »Grot Dör«. Heute trägt sie statt der schweren Holzflügel zwei Glasscheiben – Licht für den Speisesaal dahinter, in dem Gäste frühstücken, sich warm bekochen lassen und die Tradition des Regenbogenhofs spüren. Denn hier, hinter der Grot Dör, wurde früher gemeinsam gearbeitet und gelebt. Die Diele war das Zentrum eines jeden Hofes, vorn wurde geflachst oder gedro-

schen, an den Seiten waren Ställe für die Tiere, hinten im offenen Wohnbereich befand sich die Feuerstelle – Lebensraum für eine Hofgemeinschaft, die Roman Graeff auch heute zusammen mit seiner Frau Monika unter seinen Gästen zu fördern versucht.

Es gibt viele Orte, an denen man ins Gespräch kommt: an der Strandbar, die Roman gebaut hat, am kleinen See samt Strand, an der »Playa Drawehn« (benannt nach dem nahen Höhenzug), oder am »Spülzentrum« – dem Abwaschbereich für Camper. Und es gibt viele bunte Ideen, die Menschen ins Gespräch bringen: Schilder, die vor Krokodilen und Walen am See warnen, Topfdeckel, die in den Bäumen baumeln, oder eine alte Messingtafel: »You are my sunshine, my only sunshine.«

Man spürt an vielen Stellen Romans sonniges Gemüt, seinen Spaß und seine Lust,

Menschen mit Neuem, mit Ungewohntem zu konfrontieren. Er nimmt sich da selbst nicht aus: Roman, ein hagerer, großer Mann, trägt ein T-Shirt des Hamburger Star-Clubs, das ihn als »Center of Beat« kennzeichnet, als wir ihn kennenlernen. Und dazu ist er begeisterter Salsa-Tänzer. Er ist sogar schon nach Kuba gereist, um dort zu tanzen. Und ein wenig Kuba hat er zurück ins Wendland gebracht. Der überdachte Fahrradstand auf dem Regenbogenhof heißt »aparcar bicicleta«. Und manchmal veranstaltet er Salsa-Kurse für die Urlaubskinder.

Die Ziege auf dem Platz heißt Milka, das Schaf Goliath. Es gehört übrigens der heute seltenen Hausschafrasse der Skudden an, was

Romans Einsatz für Menschen und vom Aussterben bedrohte Tiere belegt.

Ihm ist es gelungen, etwas Neues zu schaffen. Einen Ferienort, fernab der Städte im schönen Wendland, für »Familien, große und kleine Gruppen, Pferdefreunde, Sterngucker und Kräutersammler, Heuschläfer, Camper, Wohnmobiltouristen« und manch andere, wie Roman auf seiner Internetseite schreibt. Am liebsten hätte er wohl jeden einmal zu Besuch bei sich im Wendland. Damit jeder Tag auch für ihn einen kleinen Neuanfang bereithält, im Zeichen des Regenbogens.

Regenbogenhof, Familie Graeff, Mützen 7, 29459 Clenze // T 05844 1792 // www.regenbogen-hof.de // regenbogen-hof@t-online.de

Sonnenseite: Salsa im Wendland – Camping-Glück im 4/4-Takt.

Schattenseite: Zelturlauber sind nicht die einzigen Gäste – manchmal urlauben große Gruppen auf dem Regenbogenhof.

Kosten: Camping mit Frühstück für Erwachsene 15 €, für Kinder (ab 3) 10 €.

Klo & Co.: Hübsch und nah, wunderbar.

Essen & Trinken: Der Kiosk verkauft Eis, Getränke und Postkarten. Frühstück gibt's hinter der Grot Dör im Speisesaal.

Stadtprogramm: In Dömitz (45 km) an der Elbe steht Norddeutschlands größte Festung aus dem 16. Jahrhundert. Salzwedel (22 km) war sogar Mitglied der Hanse, weil die Stadt an einer alten Salzstraße liegt. Vom früheren Reichtum sind Fachwerkhäuser und Stadttore geblieben. Die Stadtkasse scheint aber chronisch leer zu sein – Tickets für Falschparker mit auswärtigem Kennzeichen werden enorm schnell ausgestellt.

Landpartie: Clenze liegt am Wendenstieg, dem südlichen Teil des Wendland-Rundwegs für Radfahrer und Wanderer – eine fantastische Tour durch Heide und Rundlingsdörfer, vorbei an Kranich-brutplätzen, zum Teil auf Napoleons Pfaden.

Abenteuer: Wracktauchen im Arendsee (40 km). Das kleine Dörfchen gleichen Namens hat 2006 ein Boot versenkt (mit EU-Förderung!), damit es künftig eine Touristenattraktion hat. Ausfahrt mit Tauchgang ca. 15 € (Tourist-Info Arendsee, T 039384 27164, info@luftkurort-arendsee.de).

Grillfrei: Nudeln, Rosmarinkartoffeln, Bauernfrühstück – die Köchin des Regenbogenhofs serviert Hausmannskost zu kleinen Preisen (Erwachsene 8 €, Kinder 5 €).

Hin & Her: Bis zum Mini-Bahnhof Schnega (11 km entfernt), dann per Rad. Oder über den Hundertwasser-Bahnhof Uelzen, dann Linienbus nach Clenze (3 km entfernt), bis 8 Personen kostenloser Abholservice. Mit dem Auto: ab Uelzen B71 Richtung Salzwedel, nach 20 km im Wald links Richtung Clenze, nach der Serpentine links, durch Bösen, das nächste Dorf ist Mützen.

Geöffnet: April bis Oktober, aber auch länger.

Ausweichquartier: Das Herrenhaus Salderatzen (s. S. 84), notfalls Campingplatz Fuhrenkamp (Am Fuhrenkamp 1, 29468 Bergen an der Dumme, T 05845 348, post@campingplatz-fuhrenkamp.de).

18

Heringe am Herrenhaus

HERRENHAUS SALDERATZEN, SALDERATZEN, NIEDERSACHSEN

Heinz Laing zögert, als wir ihm von »Camping-Glück« erzählen: Das Herrenhaus Salderatzen sei eben kein gewöhnlicher Campingplatz, sondern vor allem ein Hotel. Ein alter Hof im Wendland, wunderschön und fantasievoll restauriert, ruhig und mitten in der Natur.

Wir hätten das Herrenhaus auch nicht besucht, hätten wir nicht von dieser schönen Zeltwiese gehört, direkt neben der kleinen Holzsauna, am Rande des Hofes unter Obstbäumen. Wenn im Hotel Familienfeste gefeiert werden, schlafen manche lieber auf dieser schönen Wiese als im Hotelzimmer. Ein Geheimtipp für die, die das Besondere suchen – und die nicht die Infrastruktur eines Campingplatzes erwarten.

Kein Campingplatz, sondern ein Zuhause auf Zeit, mitten in der Natur, liebevoll gehegt und gepflegt.

Heinz Laing hat seinen Hof »aus einem Bauchgefühl heraus« vor 15 Jahren gekauft. »Ich bin auf dem Dorf aufgewachsen und wollte wieder zurück aufs Land.« 2008 schmiss der Politologe dann seinen Job, um sich ganz um seine Herberge zu kümmern. »Wenn die Einsamkeit zuschlägt, ist immer Besuch da«, freut er sich über nette Gäste. Und so wird er immer wieder auch Zelturlauber auf seine Wiese lassen, wenn die Chemie stimmt und wenn sie keinen Campingplatz erwarten. Sondern ein Zuhause auf Zeit, mitten in der Natur, liebevoll gehegt und gepflegt.

Herrenhaus Salderatzen, Salderatzen 3, 29496 Waddeweitz // T 05849 971018 // www.herrenhaus-salderatzen.de // info@herrenhaus-salderatzen.de

Sonnenseite: Eine hübsche Obstwiese mit Platz für ein Dutzend Zelte.

Schattenseite: Kein klassischer Campingplatz, aber ist das ein Nachteil?

Kosten: Erwachsene zahlen 20 € inklusive Frühstück, Kinder von 3 bis 12 Jahre 10 €.

Klo & Co.: Bunt und hübsch (mit rotem Riesenpenis an der Wand) in der umgebauten Scheune.

Essen & Trinken: Morgens Frühstück, warme Küche nur auf Bestellung oder zur Kulturellen Landpartie im Frühjahr.

Stadtprogramm: Lüchow (10 km) liegt nicht nur an der Deutschen Fachwerkstraße – die Stadt beherbergt seit 2011 auch das »Stones Fan Museum«. Der frühere Bankangestellte und Galerist von Stones-Gitarrist Ron Wood kaufte 2008 einen leerstehenden Supermarkt, um dort Stones-Memorabilia auszustellen.

Landpartie: Salderatzen liegt inmitten eines dichten Wanderwege-Netzes. Wer kurz ins Auto springt, kann den 76 m hohen Höhbeck besuchen, eine Geestinsel bei Gartow (40 km). Der Blick vom Aussichtsturm Schwedenschanze über die Elbtalauen ist atemberaubend schön.

Abenteuer: Canoe Verleihfix Cremlin vermietet Paddelware fürs Wendland und bietet Kanukurse (Kremlin 1, 29487 Luckau, T 05843 986266, www.canoes.de).

Grillfrei: In Dolgow (13 km) kocht Familie Rossini klassisch italienisch, also gut (Hotel Rossini, Korreitz 1, 29462 Wustrow, OT Dolgow, T 05843 224, Post@Rossini-BuonGusto.de, www.rossini-buongusto.de), oder rustikale Küche im »Grünen Winkel« in Küsten (4 km, Lüchower Straße 15, 29482 Küsten, T 05841 4600).

Hin & Her: Ab Bahnhof Uelzen Bus 1949 2x täglich (außer Wochenende) bis Salderatzen. Oder Bahnhof Schnega, dann rund 15 km mit dem Fahrrad. Mit dem Auto: Von Uelzen oder Salzwedel B493, zwischen Waddeweitz und Küsten liegt der Abzweig zum Herrenhaus Salderatzen in einer 70er Zone.

Geöffnet: April bis Oktober.

Ausweichquartier: Regenbogenhof, Clenze (s. S. 80).

19

WG-Küche unterm Sternenhimmel

ITH-ZELTPLATZ, ESCHERSHAUSEN, NIEDERSACHSEN

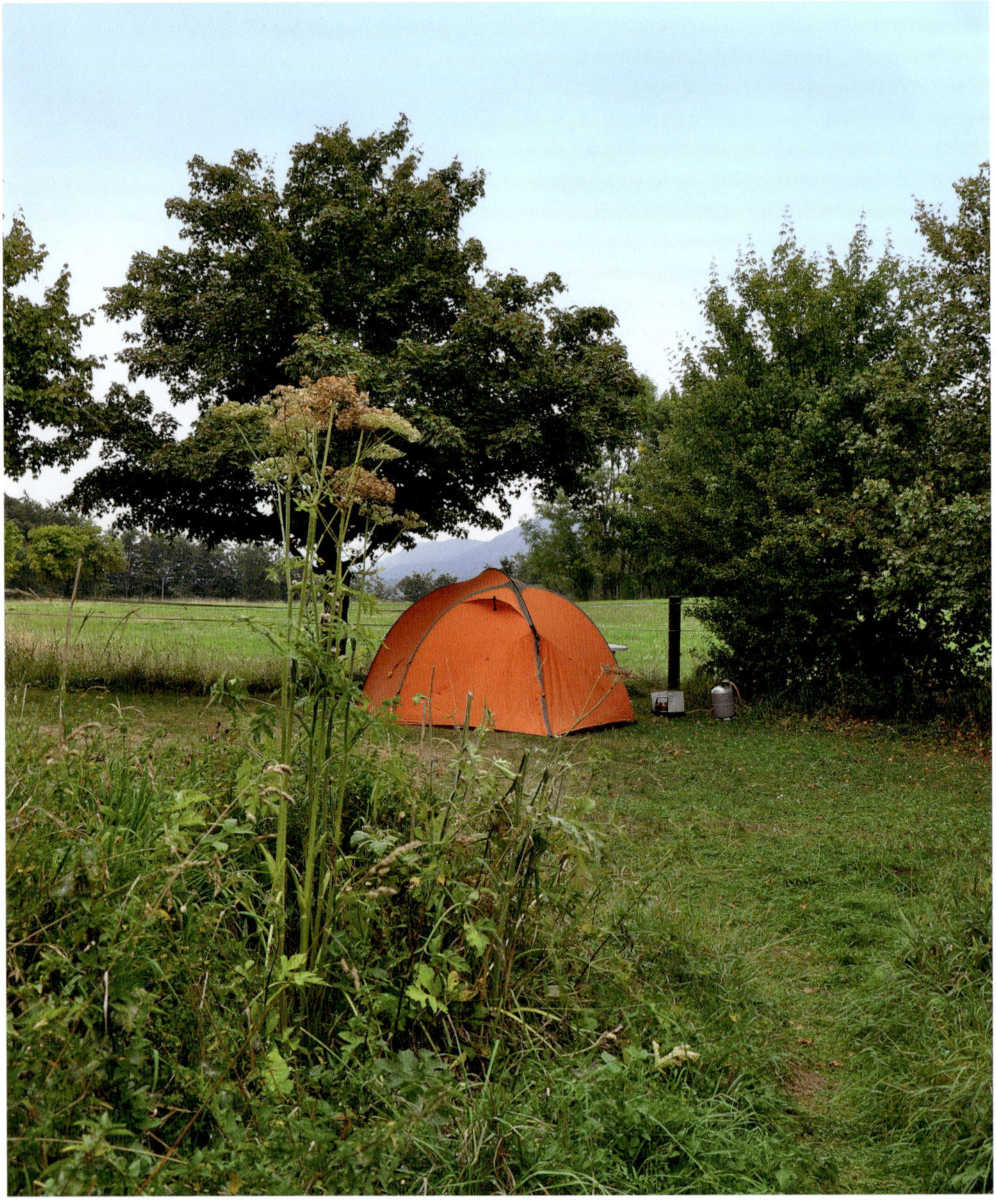

Coole Camper lieben die Natur. Und so ist der kleine Zeltplatz auf dem Kamm des Mittelgebirgszuges Ith einer unserer Lieblingsplätze. Kaum ausgeschildert, ohne Rezeption, von Ehrenamtlichen der Jugend des Deutschen Alpenvereins in Norddeutschland betrieben. Und für sie ist er auch in erster Linie gedacht: In der Nähe sind großartige Klettersteige im Naturschutzgebiet.

Das Dilemma des Platzes: Er ist ein wenig zu bekannt geworden. Insbesondere an langen Wochenenden um Ostern oder Pfingsten stößt er an seine Grenzen. Zu viele Camper schlagen ihre Zelte auf – und zu viele von ihnen verlassen den Platz nicht so, wie sie ihn vorfinden. Das verträgt das fragile Gleichgewicht auf dem Ith nicht: Denn hier werden die Interessen von Anwohnern, Naturschützern und Kletterfreun-

den immer wieder mühsam austariert. Wer das im Hinterkopf behält, kann auf dem Ith ein paar wundervolle Nächte verbringen – vielleicht eher in der Woche als am Wochenende, wenn es zu voll wird. Büsche und Bäume gliedern die große Zeltwiese in kleine, hübsche Ecken. Zur einen Seite öffnet sich ein weiter Panoramablick, zur anderen bietet der Waldrand Schutz. Der große Lagerfeuerplatz in der Mitte ist so etwas wie die WG-Küche unterm Sternenhimmel.

DAV-Zeltplatz Ith, 37632 Eschershausen // www.jdav-nord.de

Sonnenseite: Eine einfache Zeltwiese am Waldrand – zauberhaft.

Schattenseite: Der von Freiwilligen betriebene Platz gerät immer wieder an seine Grenzen – bringt bitte Respekt und Zurückhaltung mit.

Kosten: Erwachsene 6 €, Kinder 4 €, DAV-Mitglieder günstiger. Parken 2,50 €. Ab 5 Personen Anmeldung erforderlich.

Klo & Co.: Eine kleine Hütte mit Waschgelegenheit wird nur am Wochenende geöffnet.

Essen & Trinken: Bitte alles mitbringen – der Ith-Zeltplatz hat noch nicht einmal eine Rezeption.

Stadtprogramm: Die Kleinstadt Bodenwerder (17 km) liegt nicht nur hübsch an der Weser, sie ist auch die Heimat von Karl Friedrich Hieronymus Freiherr von Münchhausen, genannt »Lügenbaron«. Also, rauf auf die Kanonenkugel und selbst reiten – im Münchhausen-Museum.

Landpartie: Grüner Turm, Zwilling und Mittagsfels – der Ith ist ein Klettertraum. Die Routen kennt

die IG Klettern (ig-klettern-niedersachsen.de/klettergebiete/ith/).

Abenteuer: Ein paar Gehminuten entfernt starten Flieger dank der fantastischen Thermik am Ith auf einem der ältesten Segelfluggelände Deutschlands (www.lsv-ith-eschershausen.de).

Grillfrei: Ein Grieche im Fachwerkhaus – Suwlaki, Bifteki und Bauernsalat im Restaurant Athen (6 km, Odfeldstraße 1, 37632 Eschershausen, T 05534 2848, majiras@restaurant-athen-eschershausen.de).

Hin & Her: Der nächste Bahnhof ist in Alfeld/Leine (ca. 20 km). Mit dem Auto: Der Ith-Zeltplatz liegt an der B240 auf dem Bergkamm zwischen Eschershausen und Capellenhagen. Am höchsten Punkt nahe dem Ith-Hotel nach Nordwest abbiegen, vorbei an Garagen und Heizwerk (Adresse für das Navi: Pythagoweg).

Geöffnet: Ganzjährig.

Ausweichquartier: Auf einer baumlosen Wiese an der Weser liegt der konventionelle Campingplatz »Rühler Schweiz« (Großes Tal 1, 37619 Bodenwerder-Rühle, T 05533 2486, info@braderruehler-schweiz.de, www.brader-ruehler-schweiz.de).

20

Schwarzes Wasser, grüne Tannen

WALDCAMPINGPLATZ POLSTERTAL, ALTENAU, NIEDERSACHSEN

Ihr Wohl und Wehe ist das Wasser, seit jeher. Als wir uns dem kleinen, feinen Campingplatz im Polstertal nähern, von der Teerstraße zwischen Clausthal-Zellerfeld und Altenau abbiegen auf die schmale Schotterpiste, sehen wir schon: Sie hatten gerade etwas zu viel davon. Der Waldboden schmatzt und matscht unter den Schuhen. Lillian Bon, die den Platz im Polstertal seit zehn Jahren mit ihrem Mann Adrian betreibt, erzählt von den Regengüssen der vergangenen Tage. Ihre Zeltwiesen haben gelitten, noch immer sind sie tief durchtränkt. Der kleine Bach, der heute wieder unschuldig in seinem Bettchen mitten durch den Campingplatz plätschert, war über die Ufer getreten.

Das Wasser ist eben Fluch und Segen dieser Region: Der Oberharz war eines der wichtigsten Bergbaugebiete Deutschlands: Silber, Kupfer, Blei und Eisen, ab dem 19. Jahrhundert auch Zink. Fast senkrecht trieben sie ihre Gänge in die Berge – doch schon nach wenigen Metern drang Wasser ein. Zuerst schöpften die Wasserknechte es mit Ledereimern ab, aber nach und nach machten sie sich das Wasser selbst zunutze. Sie schlugen Kanäle in den Fels, leiteten oberirdische Bäche über große Wasserräder, die unterirdische Kolbenpumpen antrieben und die Bergwerke trocken hielten. Wasser hob Wasser. Und nur dank des Wassers wurde der Harz eines der ersten Industriegebiete Deutschlands.

Neben schönen Nischen für Zelte und Bullis gibt es Übernachtungs-Weinfässer, Zirkuswagen und kleine Hexenhäuschen am Waldrand.

Am Ende hatten sie 143 Teiche, 500 Kilometer Gräben und 30 Kilometer unterirdische Wasserläufe gebaut – das »Harzer Wasserregal«. Auch das »Schwarzwasser«, der kleine Bach auf dem Campingplatz, gehört dazu. Normalerweise haben die Harzer ihre Bäche dank des ausgeklügelten Systems von Speichern, Wasserrädern,

Dämmen und Teichen gut im Griff. Die kleine Flut um Polstertal war wohl eine Ausnahme. Auch als Lillian und Adrian sich den Platz zum ersten Mal anschauten, vor zehn Jahren, war das Wetter »nicht so richtig gut«, erinnert sich Lillian. Die Niederländer kamen aus Schottland, hatten bei Aberdeen einen Bauernhof betrieben. Aber die niedrigen Milchpreise machten ihnen das Leben schwer. Also suchten sie für sich und drei Kinder ein neues Abenteuer – und fanden im Internet das »Polstertal«.

Seitdem ist Google ein wichtiger Quell der Inspiration für Lillian. Sie hat den Platz nach und nach umgebaut, vom deutschen Dauercamper-Idyll zum offenen, freundlichen Platz für jedermann. Neben den Nischen unter Kiefern für Zelte und Bullis gibt es heute Ferienhäuser in Weinfass-Optik. Etwas schicker sind der Zirkuswagen und die Holz-Lodges – kleine Hexenhäuschen am Waldrand. Auch die hat Lillian irgendwo im Internet aufgetrieben. »Dann kamen die mit einem Lastwagen hierher und haben sie aufgebaut.« Etwas verspielt und verhext stehen sie nun hier: Lillian verschweigt, ob zur Walpurgisnacht Damen mit Besen in die Lodges im Polstertal einziehen.

Nicht ganz so rund lief es mit den Hobbithäusern, der letzten Errungenschaft im Polstertal. Die Hütten im Hügel haben ein halbrundes Wellblechdach. »Die habe ich lange im Internet gesucht und schließlich direkt in China be-

Waldcampingplatz Polstertal, 38707 Altenau //
T 05323 5582 // www.camping-polstertal.de // info@
campingplatz-polstertal.de

Sonnenseite: Eine Oase tief im Harz, mit kleinem
Schwimmbad.

Schattenseite: Im Waldtal wird's schon mal
dunkel und frisch und sogar feucht, wenn die Sonne
fehlt.

Kosten: Zeltplatz ab 3,50 € pro Nacht, für
Bullis oder mit Pkw 7 €. Erwachsene 7 €, Kinder ab
2 Jahren 5 €, ab dem 2. Kind 3 €. Weinfässer 35 €,
Zirkuswagen 50 €, Lodges 55 €, Hobbithäuser
60 € zzgl. 3 € für Erwachsene, 2 € für Kinder. Keine
Kartenzahlung.

Klo & Co.: Renoviertes, ordentliches Waschhaus.

Essen & Trinken: Lillian hatte keine Lust mehr
auf Kneipen-Einerlei – sie backt Pizza und reicht
spanische Tapas. Im kleinen Shop gibt es frische
Brötchen, Eis und alles, was Camper zum Überleben
brauchen.

Stadtprogramm: Altenau (8 km per Auto, 40 Minuten zu Fuß) ist nicht nur einer der acht Heimatorte
des Finkenmanövers, eines von der UNESCO als
immaterielles Welterbe anerkannten Gesangswett-
streits unter Buchfinken. In der alten Bergarbeiter-
stadt wurde 2004 auch Deutschlands größter Kräutergarten eröffnet. Im Geo-Museum der Technischen
Uni Clausthal-Zellerfeld (7 km) sind bizarr verformte
Meteoriten zu bestaunen.

Landpartie: Die 2. Etappe des Wanderwegs
»Harzer Hexenstieg« führt nah am Campingplatz
vorbei zu wichtigen Teilen des Harzer Wasserregals
(siehe oben), beispielsweise zum Polstertaler Teich –
ein Stauteich mitten im Wald, und ein Geheimtipp
für Naturschwimmer.

Abenteuer: Mit dem Doppelsessellift rauf, mit
der Sommerrodelbahn St. Andreasberg (19 km) wieder runter – Spaß am Hang. Noch etwas waghalsiger
geht's über den Mountain-Bike-Parcour wieder ins
Tal – etwa 12 km Strecke, der Lift nimmt auch Räder
mit. Oder: Per Monsterroller den Wurmberg runter,
ab Talstation Braunlage (22 km), Infos unter www.
monsterroller.de.

Grillfrei: Das »Polsterberger Hubhaus« (3 km
per Auto, 20 Minuten zu Fuß) ist Mitglied im Verein
»Slow Food Deutschland« und kocht regional und
lecker, von der Wildschwein-Currywurst bis zur Harzer Topfsülze (Polsterberg 1, Clausthal-Zellerfeld,
T 05323 5581, polsterberger-hubhaus@harz.de).

Hin & Her: Mit dem Auto zwischen Clausthal-
Zellerfeld und Altenau ins Polstertal abbiegen (ausgeschildert). Ohne Pkw wird's schwierig – Wandern
ab Clausthal-Zellerfeld oder Altenau.

Geöffnet: Ganzjährig.

Ausweichquartier: Direkt am Ufer der Okertalsperre liegt der »Campingplatz Okertalsperre«
(Kornhardtweg 2, 38707 Altenau, T 05328 702,
info@camping-okertalsperre.de), eine Mischung
aus Zeltwiese und Wohnmobil-Stellplatz.

---

stellt«, erinnert sich Lillian. »Auch von Versand
stand da etwas. Aber irgendwann rief jemand
aus Schanghai an und fragte, wann wir die
Hütten im Hafen abholen würden.« Trotzdem
haben es die Behausungen irgendwie in den
Harz geschafft. Lillian ist eben findig und expe-
rimentierfreudig. Ihr Mann badet die Ideen aus
und baut die Häuschen auf.

Neben dem Schwarzwasser haben die beiden
auch noch ein Wasseridyll im Wasserregal
geschaffen, allerdings eines, das sie beherrschen: ein kleines Freibad, nicht groß genug,

um Bahnen zu ziehen, aber ausreichend, um zu
planschen und sich abzukühlen. Drumherum
schicke Holzdielen. Wenn es draußen kühler
wird, lässt sich ein schützendes Glasdach über
das Schwimmbad ziehen.

Ob sie für immer hier bleiben, wissen sie
nicht. Lillian und ihr Mann sind abenteuerlus-
tig. Vielleicht treibt es sie eines Tages weiter –
wohin auch immer. Noch aber reichen ihnen
die Herausforderungen im Polstertal, irgendwo
zwischen Bestellabenteuer im Internet und
Regenabenteuer im Wasserregal.

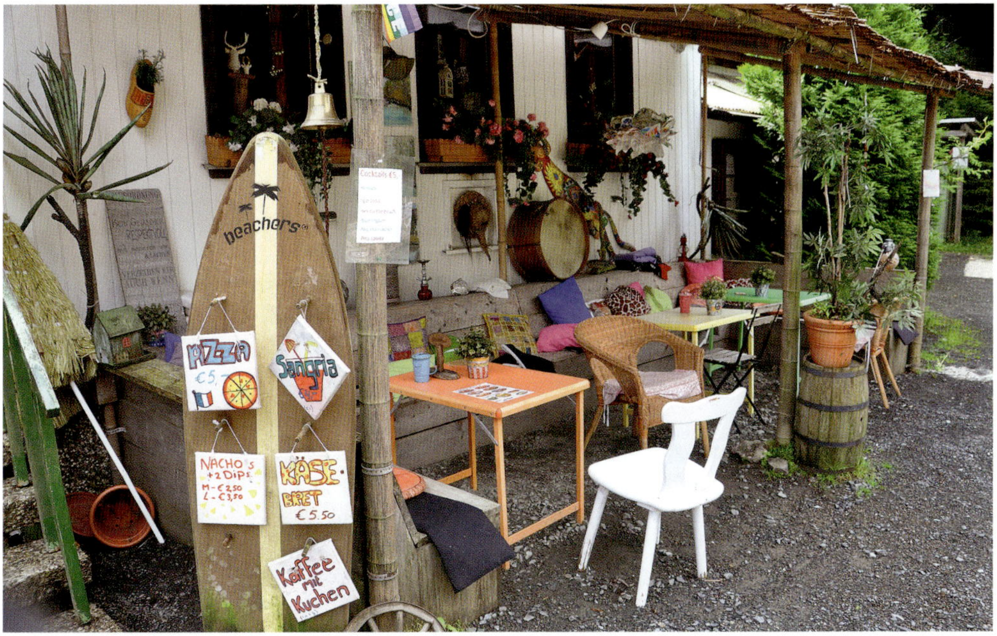
beachers
PIZZA
€5,–
Sangria
NACHO's
+2 Dips
M – €2,50
L – €3,50
KÄSE-
BRET
€5.50
Kaffee
mit
Kuchen

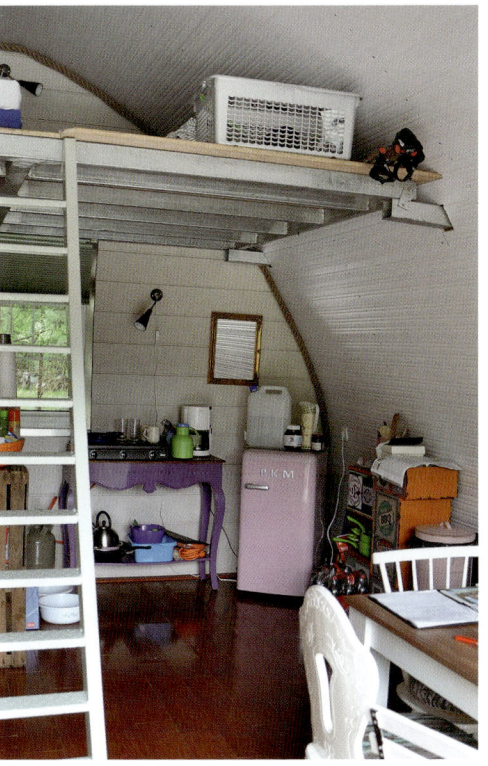

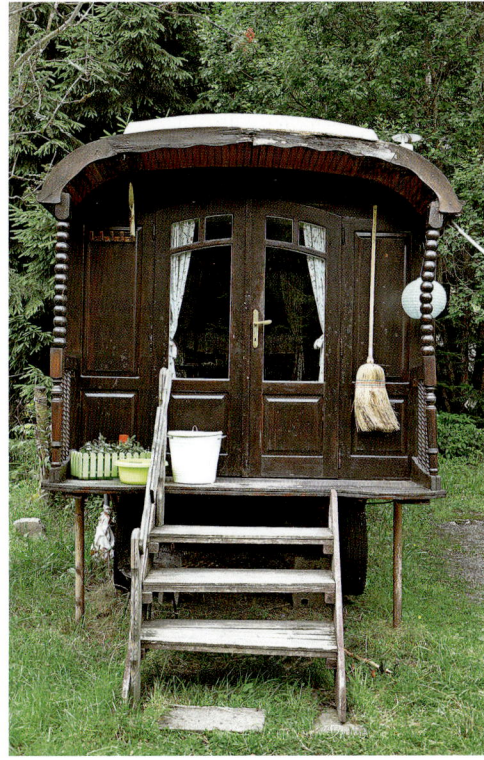

21

Viel Hütte im Holz

BAUMHAUSHOTEL SOLLING, USLAR-SCHÖNHAGEN, NIEDERSACHSEN

Wer morgens durch die dichten Bäume im südlichen Solling streift, der sieht in hungrige Gesichter. Sie gehören Menschen, die auf schmalen Holztreppchen sitzen, vor kleinen Baumhäusern, die sich am Waldrand hoch in den Wipfeln verstecken. Manchmal werden die Häuschen von Stahlseilen gehalten, manchmal von Holzpfählen gestützt. Drei Jungs zum Beispiel, noch im Schlafanzug, nebeneinander gedrängt auf einer Stufe, oder eine junge Frau, noch ohne jede Frisur – »Mein Kerl liegt noch im Bett«, sagt sie und zeigt auf das Baumhaus hinter ihr. Sie alle warten auf einen ganz besonderen Service. Denn im Baumhaushotel Solling wird das Frühstück an die Tür gebracht. Danach lockt ein Schmaus in luftiger Höhe, mit fantastischem Blick in Baumwipfel oder über Wiesen.

Ein Traum im Wald, gut isoliert und im Winter beheizt. Alle Baumhäuser haben Toilette, Wasserkocher und Balkon.

Ein Traum im Wald – der einem Traum entsprungen ist: Drei Männer wünschten sich seit Langem, gemeinsam Baumhäuser zu bauen. Die Brüder Jörg und Stefan Brill kennen Detlef Reimelt schon aus Kindertagen. Gemeinsam bauten sie Buden im Wald – wie Jungs das so machen.

Die Freundschaft hat bis heute gehalten. Und der Baudrang auch. Als sie – längst erwachsen – im Fernsehen einen Bericht über einen englischen Baumhaus-Bauer sahen, wussten sie: Sie würden wieder Buden bauen, im Wald. Nur würden sie sie diesmal vermieten.

Weil in Deutschland vieles vielen Standards entsprechen und manchen Vorschriften gehorchen muss, suchten sich die drei Freunde verlässliche Hilfe: Die Münchener Firma Baumbaron fertigt professionell Baumhäuser im Auftrag. Seit 2008 hat sie in den Wald bei Uslar neun Baumhäuser gebaut, in vier bis sieben Metern Höhe, und keines gleicht dem anderen. Denn die Brill-Brüder und Freund Reimelt haben ihre Ideen und Träume eingebracht: Die »Burg« streckt Holzzinnen in die Baumwipfel und »Ahletal« bietet Quadratmeter ohne Ende – für sechs Schlafplätze. Alle Baumhäuser haben Toilette, Wasserkocher und Balkon. Wer im »Baumtraum« absteigt, darf sogar nachts über eine Hängebrücke in luftiger Höhe ins separate Toilettenhäuschen balancieren, und wer »Freiraum« wählt, kann sein Bett in lauer Sommernacht auf den luftigen Balkon kurbeln.

Vielleicht sind sie etwas zu eckig, um sich perfekt in den dichten, grünen Mischwald einzufügen – aber ein Erlebnis sind die Häuser trotzdem. Noch aufregender sind die drei zwischen den dicken Stämmen aufgespannten Baumzelte, in denen Urlauber schwebend schlafen. Einige berichten morgens davon, sie hätten sogar die Wölfe heulen gehört. Zwar wurde ein Isegrim im Solling vor Jahren wirklich gesichtet. Heute entspringt sein Geheul jedoch eher der Fantasie begeisterter Baumhausbewohner. Zumal das Hotelgelände von einem Zaun umgeben ist: Seit der Weltausstellung Expo 2000

heißt das Areal »Erlebniswald« – ein dezentrales Projekt, das zu Recht nicht von der Weltöffentlichkeit erobert wurde. Auf Grundschulniveau kann man hier »Wald erfahren« – oder man lässt es einfach.

Das größere Erlebnis ist die weitere Umgebung des Hotels – der Solling. Ein wunderschöner, naturreicher Wald, der ganz nebenbei auch noch als »zweitgrößtes Gebirge Niedersachsens« firmiert – ein zweifelhafter Titel: mit atemberaubenden 527,8 Metern Höhe erhebt sich des Sollings höchster Berg, die »Große Blöße« (der Name ist Programm), kaum unterscheidbar vom Umland. Im Jahr 2010 rückten somit auch nicht etwa Abfahrtsläufer an, sondern Langläufer: Eine der sieben Ski-Wanderpisten des Sollings wurde auf dem platten Berg eröffnet.

Auch im Winter zieht es daher Urlauber in diese Wunderwelt – wie gut, dass die Baumhäuser ordentlich isoliert und beheizbar sind. Zudem sind sie im Winter etwas billiger zu haben. Bei Minusgraden kann man übrigens morgens auch einfach im Bett bleiben – das Frühstück kommt per Korb bis an die Koje, wenn niemand auf der Treppe wartet. Nur die Krümel muss man später selbst wieder fortpusten.

Baumhaushotel Solling, In der Loh / Am Erlebnis-Wald, 37170 Uslar, OTSchönhagen // T 05571 919305 oder 0172 5619469 // www.baumhaushotel-solling.de // info@baumhaushotel-solling.de

Sonnenseite: Schöne Lage, schöne Häuschen.
Schattenseite: Etwas bieder, etwas teuer.
Kosten: Zwischen 140 und 220 € pro Nacht. Baumzelt 75–95 €. Wer länger bleibt, spart ein wenig.
Klo & Co.: Die Baumhäuser haben eine Kom-post-Toilette. Duschen und weitere Sanitäranlagen sind einen Fußmarsch entfernt auf dem nahen Campingplatz. Dort gibt es auch ein schönes Naturschwimmbad.
Essen & Trinken: Morgens bringen fleißige Helfer einen Korb voll Frühstück in die Wipfel-hütten. Ansonsten alles mitbringen! In Schön-hagen (2 km) gibt's Läden & Restaurants.
Stadtprogramm: Immer schön, wenn eine Universitätsstadt in der Nähe liegt – Shopping gut, Kneipen besser. Göttingen (45 km) bietet auch sonst einiges, zum Beispiel den »Vierkirchenblick« – eine Bronzeplatte im Pflaster an der Ecke Markt-platz / Kornmarkt. Von dort ist in jeder Himmels-richtung eine Kirche zu sehen (Norden: St. Jacobi, Osten: St. Albani, Süden: St. Michaelis, Westen: St. Johannis).
Landpartie: 7 km entfernt vom Erlebniswald liegt Schloss Nienover. Hier grasen Heckrinder

und Exmoorponys in lichten Eichenwäldern: Bis vor 150 Jahren wurden im Solling selbst Haus-schweine in diesen »Hutewald« (von »hüten«) getrieben – und nicht auf die übliche Wiese.
Abenteuer: Der »Treerock« ist ein brandneuer Kletterparcours im Hochsolling – mit 58 Stationen und Deutschlands modernstem Sicherungssystem (Schießhäuser Straße 8, 37603 Holzminden-Silber-born, T 0521 329920-18, kontakt@treerock.de).
Grillfrei: Im »Bella Napoli« in Uslar kann man nicht viel falsch machen – Pizza, Pasta und Anti-pasti auf Südniedersächsisch (Neustädter Platz 35, T 05571 2126).
Hin & Her: A7, Abfahrt Nörten-Hardenberg, weiter auf der B446 Richtung Hardegsen. Dann weiter nach Uslar, Schönhagen, rechts Richtung Neuhaus/Holzminden. Nach ca. 1 km Schildern in Richtung »Erlebniswald« folgen. Der nächste Bahnhof ist in Uslar (ca. 10 km).
Geöffnet: Ganzjährig.
Ausweichquartier: Der Dauercamper-Traum nahebei heißt »Campingplatz Schönhagen« (In der Loh 1, 37170 Uslar, T 05571 912379, www. campingplatz-am-freizeitsee-schoenhagen.de). 24 km weiter warten Safarizelt und Blockhütte auf dem »Campingplatz am Niemetal« (s. S. 96).

22

Niederländer an der Nieme

CAMPINGPLATZ AM NIEMETAL, LÖWENHAGEN, NIEDERSACHSEN

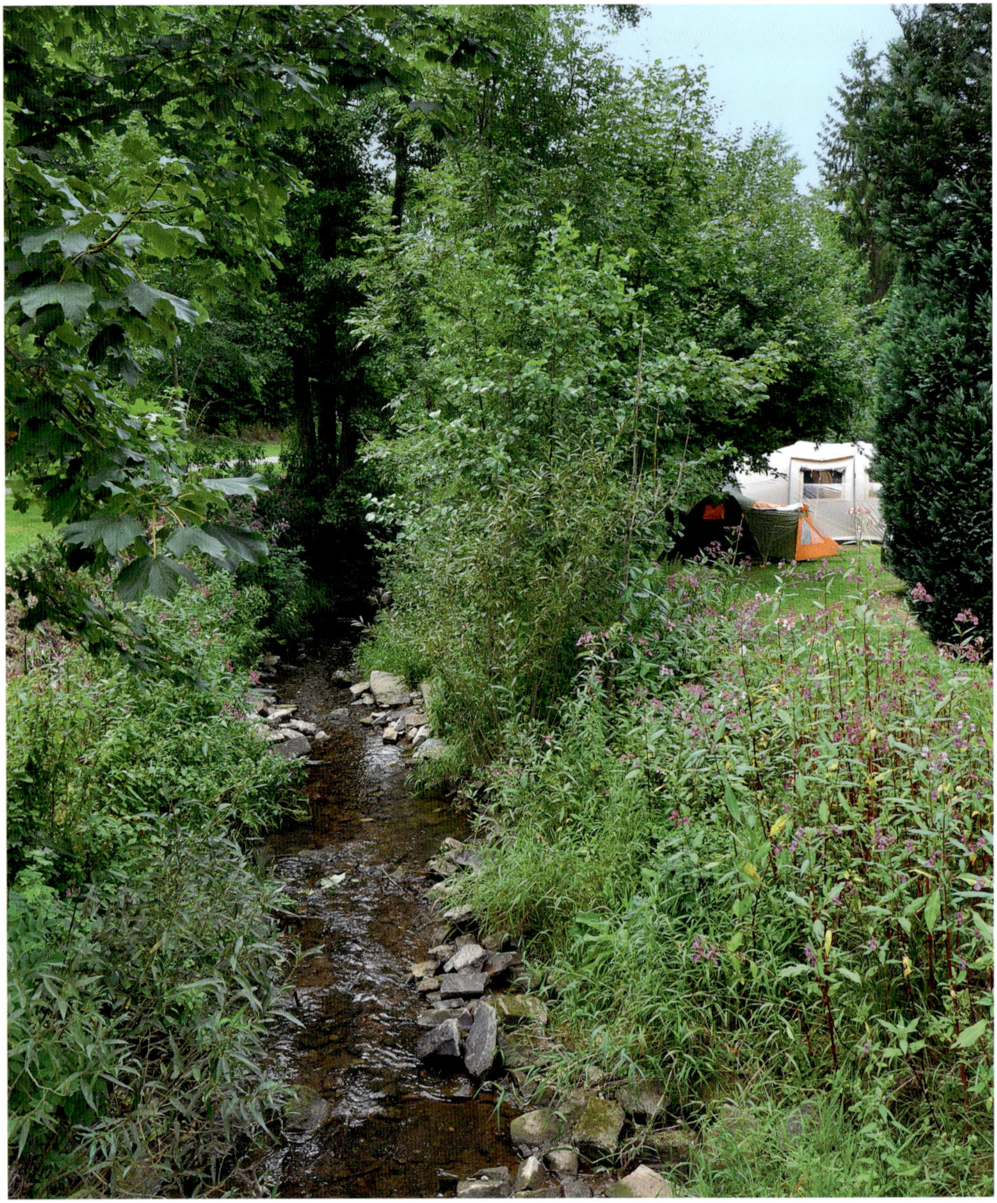

Was Niederländer in die Hand nehmen, wird oft »Camping-Glück«: Deborah und Ralph campen mit der Familie, seit sie denken können. Und irgendwann fanden die beiden Niederländer zunächst sich und dann ihren Lebenstraum: Sie wollten einen eigenen Campingplatz betreiben. Sie suchten in Luxemburg, Belgien, Frankreich und sogar in Spanien. Fündig wurden sie im Süden Niedersachsens, im schmalen Tal der Nieme, die einige Kilometer weiter in die Weser fließt.

Die Gemeinde bot ihren etwas heruntergekommenen Platz zum Verkauf an. »Das war noch nicht besonders schön hier«, erinnert sich Deborah. Aber so sollte es nicht lange bleiben. Deborah und ihr Mann packten an, heute ist die Veränderung in jedem Winkel zu spüren. Ein neues Sanitärhaus, ein Bobbycar- Fuhrpark für

Kinder, ein kleiner Streichelzoo, dessen Ziege herzzerreißend meckert, und gratis WLAN fast auf dem gesamten Platz. Das kleine Bächlein Nieme trennt die autofreie Zeltwiese von den übrigen Stellplätzen: Nur eine kleine Holzbrücke führt hinüber. Für Camping-Novizen vermieten Deborah und Ralph fertig eingerichtete Hauszelte – eher praktisch als stylisch. Sie machen es ihren Gästen leicht, zu Campern zu werden – auch hier sind Niederländer die Entwicklungshelfer für Camping-Glück in Deutschland.

Campingplatz am Niemetal, Mühlenstraße 4, 37127 Löwenhagen (Niemetal) // T 05502 998461 oder 0151 22974221 // www.am-niemetal.com // info@am-niemetal.com

Sonnenseite: Abseits der Stellplätze gibt's eine eigene Zeltwiese ohne Autos.

Schattenseite: Hier und da spürt man die konventionelle Vergangenheit des Platzes.

Kosten: Kleiner Platz für 2 Personen mit Zelt und Pkw 17 €, größer 23,50 €. Strom 2,50 €. Safarizelte pro Woche ab 420 € (buchen über www.vacanceselect.de).

Klo & Co.: Hübsch und behindertengerecht.

Essen & Trinken: Schnitzel, Scholle und Frühstücksbrötchen gibt's im kleinen Restaurant des Campingplatzes.

Stadtprogramm: Aus Werra und Fulda wird in Hannoversch Münden die Weser – die Stadt ist voller Fachwerkhäuser aus sechs Jahrhunderten.

Landpartie: Der Pilgerweg von Loccum nach Volkenroda führt direkt am Campingplatz vorbei – das nächste Kloster entlang des Weges liegt in Bursfelde.

Abenteuer: Der Tierpark Sababurg (30 km) liegt am Fuße des Dornröschenschlosses Sababurg – 700 Tiere im Urwildpark, Kinderzoo, Greifvogelstation und »Arche Park«.

Grillfrei: Die nächste ordentliche Crème brûlée (mit Vorspeisen!) gibt's in der Klostermühle Bursfelde, direkt an der Weser (7 km, Klosterhof 24, 34346 Hann. Münden, T 05544 91070/71, info@klostermuehle-bursfelde.de).

Hin & Her: Mit dem Zug bis Göttingen oder Hannoversch Münden, von dort Bus bis Dransfeld oder Scheden, dann Linientaxi. A7 Abfahrt Göttingen-Dransfeld, dann Richtung Dransfeld. In Dransfeld an der zweiten Tankstelle rechts Richtung Imbsen, dort links Richtung Löwenhagen. Dort den Schildern folgen.

Geöffnet: 1. April bis Ende Oktober.

Ausweichquartier: 12 km weiter bietet »Wesercamping Hemeln« eine Wiese direkt am Fluss – eher konventionell (Unterdorf 34, 34346 Hann. Münden, OT Hemeln, T 05544 1414, info@wesercamping.de, www.wesercamping.de). Nahebei ist auch das Hofgut Stammen (30 km, s. S. 196).

23

Schlafen in Waben

GRÜNE WIEK, BECKERWITZ, MECKLENBURG-VORPOMMERN

Auf der einen Seite strahlen die unendlichen Rapsfelder sonnengelb, auf der anderen Seite schimmert die Ostsee hellblau. Um uns herum summen die Bienen, und mittendrin werden wir wohnen – in einem Baumhaus in Wabenform (der Bienen wegen). Viel näher an der Natur geht nicht. Die Jugendherberge in Beckerwitz an der Ostsee hat sich ganz besondere Schlafräume zugelegt, in einem schönen Garten, den sie »Grüne Wiek« getauft haben.

Als wir ankommen, herrscht unter unseren drei Jungs grandiose Verwirrung: Die zweieinhalbjährigen Zwillinge Joon und Maarten sind der festen Überzeugung, wir würden im »Baumarkt« schlafen, wie sie sagen, nicht im »Baumhaus«, wie Lasse, ihr fünfeinhalbjähriger Bruder, klarzustellen versucht. Ich denke mir meinen Teil: Na wunderbar, dann werden sie gleich enttäuscht zetern, dass sie ihr Nachtlager nicht zwischen Schraubenziehern und Bohrmaschinen aufschlagen dürfen. Nicht, weil es hier nicht schön wäre, sondern weil ihre Erwartung enttäuscht wird.

Dann tun wir's den Bienen gleich und kriechen in unsere Waben. Auf der einen Seite strahlen die Rapsfelder, auf der anderen schimmert die Ostsee.

Zu allem Überfluss sind die sechs Baumhäuser genau genommen gar keine: Sie stehen auf dem Boden, immerhin aber zwischen Bäumen. Drei übereinandergestapelte sechseckige Waben auf Stelzen erreichen eine Höhe, die das oberste Schlafzimmer in die Baumkronen verlegt. Manche sagen »Wabenhaus«, andere »Baumhaus«, Joon und Maarten bleiben bei »Baumarkt«. Nun gut. Der Anblick der Behausung tröstet meine Jungs über die fehlenden Kreissägen hinweg: Eine steile Stahltreppe führt hinauf zur Eingangstür in luftiger Höhe. Das Podest vor der Tür ist etwas zu klein, um drei Jungs vor dem Absturz zu bewahren und gleichzeitig

die Tür aufzuschließen. Trotzdem gelingt es irgendwie – und wir sind drin: Von innen sind die Baumhäuser schlicht, funktional – und sehr ungewöhnlich. Steile Stiegen verbinden die Waben miteinander. In der unteren und in der obe

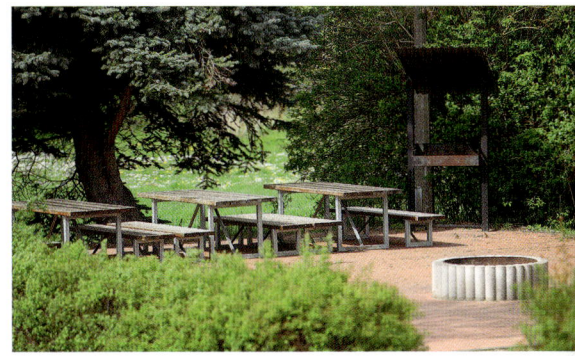

ren sind jeweils über- und nebeneinander drei Betten, in der Mitte ist eine Wohnzimmer-Wabe mit Tisch, Bank und Stapelhockern.

Die Wände sind aus Holz – vor allem heimische Kiefer und Eiche, wie auch das ganze Haus aus möglichst umweltfreundlichen Materialen gebaut wurde. Sofort belegen Joon, Maarten und Lasse die Betten, die ihnen am meisten gefallen: Klar, dass sie die obere Wabe mit Aussicht beziehen und Jessica und ich unten schlafen. Und wie wir schlafen! Die Baumhäuser fühlen sich gut an, die Ostseeluft tut ihr Übriges. Die Häuser stehen in einem kleinen Garten mit Wegen, Hügeln und Büschen, in dem unsere Jungs stundenlang Verstecken spielen. Gleich nebenan ist die schlichte Zeltwiese der Jugendherberge.

Es sollen auch schon Bullis gesichtet worden sein, offiziell dürfen aber nur Zelte auf die Wiese. Der Fußweg zur Ostsee ist wunderbar – gleich hinter dem Speisesaal führt er durch die Felder, sanft hinab zum Hellblau.

Nachdem wir einen schmalen Wald durchquert haben, öffnet sich ein kleiner Sandstrand – groß genug zum Buddeln, aber so klein, dass wir heute ganz allein hier sind. Die Ostsee ist (und bleibt für einige hundert Meter) knietief, sodass wir statt Kopfsprüngen eine Schlammschlacht machen.

Erst kurz vor sechs brechen wir wieder auf, weil wir bekocht werden: Für Zelturlauber wie Wabenbewohner gibt's auf Wunsch leckeres Abendessen pünktlich um sechs sowie Lunch-pakete und ein Frühstücksbüfett auf Jugend-herbergs-Niveau.

Dann tun wir's den Bienen gleich und krie-chen zurück in unsere Waben. Und während das Gelb des Rapses langsam grau wird, träumen Joon und Maarten von Trittleitern und Aufsitz-rasenmähern im Baumarkt.

△

Grüne Wiek, Auf dem Gelände der Jugend-herberge, Zur Wiek 4, 23968 Hohenkirchen, OT Beckerwitz// T 038428 60362 // www.gruenewiek.de // info@gruenewiek.de

Sonnenseite: Waben zum Schlafen, das gibt's nur hier – und die Ostsee ist nur einen Fußweg weit weg. Ein gutes Argument auch für den Zeltplatz.

Schattenseite: Die sechs Baumhäuser sind schnell ausgebucht. Der Zeltplatz hat (offiziell) kei-nen Platz für motorisierte Camper.

Kosten: Steile Preise fürs Baumhaus – 99 € in der Nebensaison, sonst 139 €. Zelten mit Frühstück 12,50 €, ab 27 Jahre 14,90 €, Hauptsaison teurer.

Klo & Co.: Auch die Baumhaus-Bewohner müssen ins Waschhaus – zweckmäßig, nichts Besonderes.

Essen & Trinken: Oh, wie wunderbar ist der Jugendherbergs-Anschluss – familienfreundliche Halb- und Vollpension zum kleinen Preis.

Stadtprogramm: In Wismar (14 km) stehen die drei realen Vorbilder für die großen Backsteinkir-chen in Alfred Anderschs Fantasiedorf Rerik (»San-sibar oder der letzte Grund«). Das Hansestädtchen ist hübsch – mit kleiner Fußgängerzone.

Landpartie: Die 800 m bis zum kleinen Ost-Strand, quer durch die Felder – ein schöner Spazier-gang. Hinter dem Speisesaal entlang der Baumreihe immer geradeaus Richtung Meer!

Abenteuer: Knietiefes Ostseewasser – perfekt für einen Kitesurf-Kurs (Surfknopf, Wohlenberger Wiek 1, 23968 Gramkow, T 038428 63176 oder 0170 4446354, Kontakt@surfknopf.de).

Grillfrei: Gegenüber, auf der »Weißen Wiek« von Boltenhagen hat das Dorfhotel zwei kleine, hübsche Cafés und ein Restaurant. Am Ende des Hafens kocht der »Fischereihof Kamerun« vor allem Fisch und Deftiges, ein Hofladen verkauft Räucherfisch und Fischbrötchen (Zum Hafen 1a, 23946 Tarnewitz, T 038825 267231, fischereihof-kamerun@web.de).

Hin & Her: Bis Bahnhof Wismar, von dort Bus 240 (Boltenhagen-Tarnewitz) bis »Liebeslaube« oder Bus 241 (Beckerwitz-Hohenwieschendorf) bis Beckerwitz, 20 Minuten Fußmarsch. Mit dem Auto: A20 bis Wis-mar-Mitte, Richtung Grevesmühlen über Gägelow und Gramkow nach Beckerwitz. Oder A20 Abfahrt Grevesmühlen, dann über Hohenkirchen, Gramkow nach Beckerwitz.

Geöffnet: April bis Oktober.

Ausweichquartier: 500 m weiter bietet Ostsee-camping Beckerwitzer Strand das Übliche – viele Dauercamper, wenig Platz für Zelte (Ostsee-straße 10, 23968 Hohenkirchen, OT Beckerwitz, T 038428 60265 oder 0163 8101087, www.ostsee-campingbeckerwitz.de).

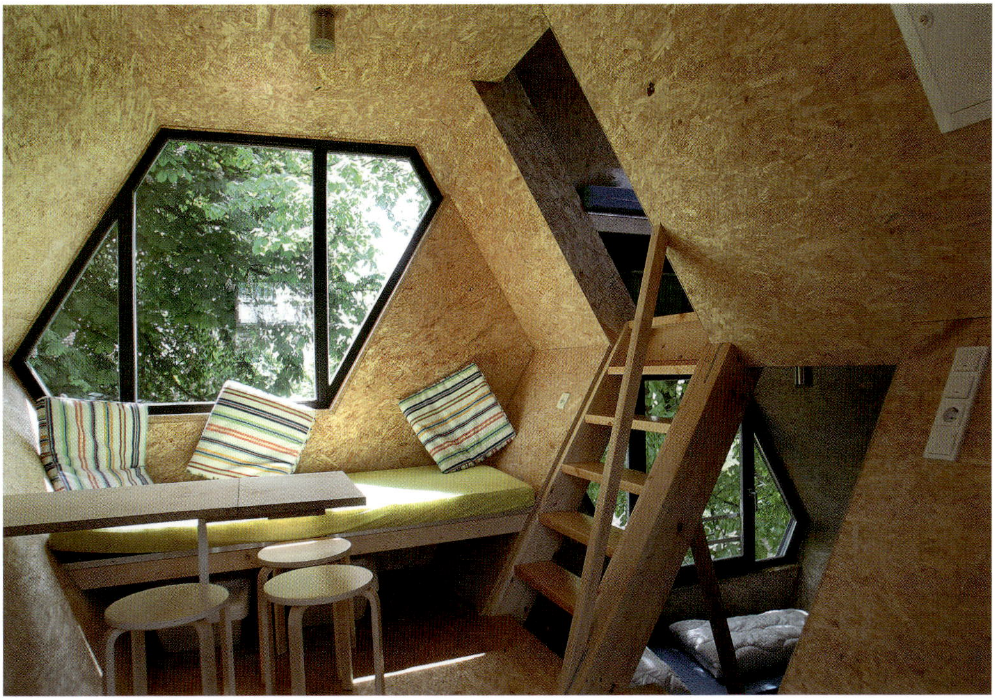

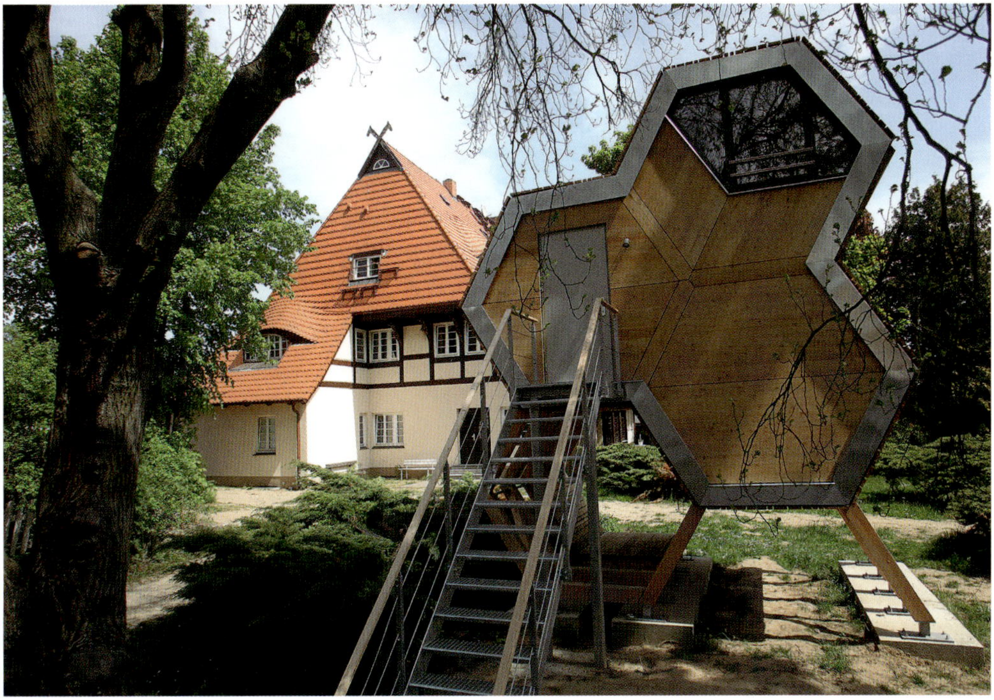

24

Arche Noah für Camper

KANU-CAMPING WARNOW, BÜTZOW, MECKLENBURG-VORPOMMERN

Kanu-Camping Warnow, An der Bleiche, 18246 Bützow // T 0173 7542810 // www.kanu-camping-warnow.de // kanuverleih.buetzow@gmx.de

Sonnenseite: Ein unspektakulärer, friedlicher Platz für höchstens 50 Zelte oder Bullis.

Schattenseite: Der Drahtzaun zum Nachbargrundstück trübt die Idylle ein wenig.

Kosten: Pro Person 5 €, Kinder bis 3 Jahre frei. Bulli 5 €, Wohnwagen 3 €, Strom 0,50 € pro kWh.

Klo & Co.: Sauber und zweckmäßig.

Essen & Trinken: Ein kleiner Kiosk auf Rädern verkauft Lübzer Export, Wodka, Bockwurst und zum Frühstück Brötchen.

Stadtprogramm: Groß an der Kleinstadt Bützow ist vor allem ihre Vergangenheit: Jahrhundertelang war sie Hauptsitz der Bischöfe von Schwerin. Wer einkaufen will, könnte in Güstrow (20 km) glücklicher werden.

Landpartie: Der Bützower See hat einen Zulauf zur Warnow, auf der sich bis nach Rostock paddeln lässt. Wer lieber läuft, kann im Naturschutzgebiet Hohe Burg (12 km von Bützow) bis zum sagenumwobenen »Teufelssee« joggen, der einst einen übereifrigen Knecht verschlungen haben soll.

Abenteuer: Die Raubtier-WG im Natur- und Umweltpark Güstrow ist großartig: Über schiefe Türme, krumme Häuschen, Brücken, Tunnel und verschlungene Pfade erläuft und erklettert man sich den Blick auf Wölfe, Bären und Luchse (entworfen vom Erfinder der Kulturinsel Einsiedel, s. S. 238).

Grillfrei: Die »Alte Badeanstalt« nebenan (An der Bleiche 8, T 038461 629060) kocht einfach, aber lecker. Etwas gehobener kocht der »Bützower Hof« (Lange Straße 9, T 038461 / 52136, info@buetzower-hof.de) – gebratenen Zander, Rumpsteak oder Schnitzel.

Hin & Her: Vom Bahnhof Bützow 1 knapper km Fußmarsch. Mit dem Auto: A20, Abfahrt Kröpelin, dann Richtung Bützow, oder A19, Abfahrt Güstrow, dann B104 nach Güstrow, weiter Richtung Bützow über Lüssow und Groß Schwiesow.

Geöffnet: April bis Ende Oktober.

Ausweichquartier: Gleich nebenan bietet auch der Kanuclub Bützow neben seinem Bootshaus eine schöne, einfache Zeltwiese direkt am See (An der Bleiche, T 0173 7542810).

Gleich am Eingang zum Zeltplatz liegt ein weiß-rotes Holzschiff. Nicht im Wasser, sondern auf dem Trockenen. Campingplatz-Chef Uwe Westphal hat sein Schiff ausgebaut zu einer kleinen Behausung. Der Dampfer thront dort oben wie eine kleine Arche Noah für Zelturlauber, sollte der Bützower See einmal über die Ufer treten.

Diese Gefahr ist indes gering, zu viel Wasser ist kein Problem: Der See droht eher zu versanden wie das gesamte Flusssystem der Warnow. Wer von Rostock hierher paddelt, der wird noch genug Wasser unter dem Kiel haben. Weiter südlich aber wird die Warnow flacher, und einzelne Abschnitte werden immer mal wieder gesperrt, um die Natur zu schützen. Uwe Westphal weiß genau Bescheid, wer wann wo paddeln kann. »Kanucamping Warnow« ist deswegen auch ein guter Zwischenstopp für Wasserwanderer, aber nicht nur für die: Die Radwander-Fernwege Hamburg–Rügen und Berlin–Kopenhagen führen ebenso dicht vorbei.

Die Wiese am See ist eine kleine, feine Zeltwiese: Ein paar Bäume spenden Schatten. An jeder Ecke ist Uwe Westphals Geschick und unaufdringliche Gastfreundschaft zu spüren: der kleine, selbstgebaute Kiosk, die drei Hütten für Urlauber ohne Zelt. Und eben das weiß-rote Schiff am Eingang, das Uwe Westphal leider nicht vermietet. Schade, denn der Holzkahn wäre die standesgemäße Unterkunft – für ein wenig »Glamping« am Bützower See.

25

Lage mit Plage

REGENBOGENCAMP PREROW, FISCHLAND-DARSS-ZINGST, MECKLENBURG-VORPOMMERN

Auf dem Parkplatz am Regenbogencamp vollführen die Menschen seltsame Handbewegungen. Bekreuzigen die sich etwa? Nein: Mücken verjagen und Mückenlotion auftragen in einem wirkt ein wenig wie Bekreuzigung. Und im Sommer suchen die Mücken Prerow wie eine biblische Plage heim – angelockt von massenhafter Beute in Gestalt unzähliger Urlauber.

Zweieinhalb Kilometer Strand dürfen mit Heringen durchlöchert werden – am Rand der Anlage gibt es wunderschöne Plätze in den Dünen.

Das Regenbogencamp Prerow hat es geradeso in dieses Buch geschafft: Denn der Platz ist für unseren Geschmack viel zu groß, kommerziell und unpersönlich – das »Ballermann der Ostsee«. Wehe dem, der sein Zelt nahe den Restaurants und Sanitärblocks aufschlägt.

Wer aber am Parkplatz seine kleine Handkarre belädt und mit ihr durch den Sand stapft, auf der Suche nach genügend Abstand zum nächsten Nachbarn, der könnte sein kleines Glück finden: Zweieinhalb Kilometer Strand dürfen mit Heringen durchlöchert werden – am Rande der Anlage gibt es wunderschöne Plätzchen in den Dünen. Man hört die Wellen an den Strand schlagen und vergisst die Trecker, die tagsüber Wohnwagen durch die Dünen auf ihre Parzelle schleppen. Aber Vorsicht: In der Hauptsaison kann man nicht anders, als einen großen Bogen um Prerow zu machen. Nicht nur wegen der Mücken. Aber auch.

Regenbogencamp Prerow, Bernsteinweg 4–8, 18375 Prerow // T 038233 331 oder 276 // www.regenbogen-camp.de // prerow@regen-bogen-camp.de

Sonnenseite: Hier ist Camping in den Dünen erlaubt.

Schattenseite: No-go-Area in der Hauptsaison. Bullis müssen draußen bleiben.

Kosten: Je nach Saison zahlen Familien mit Zelt 12–29 €, mit Bulli 12–38 €, Strom 3,50 €.

Klo & Co.: Sehr weite Wege, wenig charmant, aber zweckmäßig.

Essen & Trinken: Es gibt Restaurants und Supermärkte im Regenbogencamp.

Stadtprogramm: Die mäßig schöne Bernsteinstadt Ribnitz-Damgarten liegt an der Einfahrt zur Halbinselkette Fischland-Darß-Zingst und bietet neben einem Bernstein- auch ein Technikmuseum auf dem stillgelegten Flugplatz.

Landpartie: Eine Wanderung zur Nordwest-Ecke des Darß – am Ende wartet der große Leuchtturm mit Natureum, einer Ausstellung über Flora und Fauna der drei Inseln.

Abenteuer: Schnupper-Tauchkurse in der Ostsee bietet die Marry-Lea-Poppins Tauchschule, Hülsenstraße 12, T 0160 96254721 oder 0176 53534112, Prerow@Marry-Lea-Poppins-Tauchschule. com).

Grillfrei: Das indische Restaurant »K 2« gehört zu den besseren in Prerow (Schulstraße 7, 18375 Ostseebad Prerow, T 038233 709599).

Hin & Her: Bis Bahnhof Ribnitz-Damgarten/West oder Barth, weiter mit dem Bus in Richtung Prerow. Mit dem Auto: A19 in Richtung Rostock, Abfahrt Neu Bartelsdorf, dann in Richtung Ribnitz-Damgarten, Dierhagen, Ahrenshoop nach Prerow. Oder über Stralsund – B96, B105 nach Barth und weiter auf die Halbinsel Zingst.

Geöffnet: Ganzjährig.

Ausweichquartier: Die Jugendherberge Born hat einen kleinen Zeltplatz, schön und ruhig gelegen im Wald – aber eben nicht direkt an der Ostsee (Ibenhorst 1, 18375 Born, T 038234 229, jh-born@jugendherberge.de).

26

Wildnis auf Zeit

FERIENHOF BIRKENGRUND, SASSNITZ, RÜGEN, MECKLENBURG-VORPOMMERN

Ferienhof Birkengrund, Naturfreundehaus am Nationalpark Jasmund, Ferienhof Birkengrund 1, 18546 Sassnitz/Rügen // T 038392 34001 // www.ferienhof-birkengrund.de // info@ferienhof-birkengrund.de

Sonnenseite: Camping mit Freiraum und Lagerfeuer – perfekt für kleine Gruppen und mehrere Familien beim Gemeinschaftsausflug.
Schattenseite: Einzelne Camper könnten auf Großgruppen treffen – das mag nicht jeder.
Kosten: Erwachsene 10 €, Kinder 6 € (plus Frühstück 6 € / 4,50 €).
Klo & Co.: Im Haupthaus – in Ordnung, aber nicht umwerfend.
Essen & Trinken: Auf Wunsch räuchert Volker Barthmann Fische, für Gruppen wirft er den Grill an und das Frühstücksbüfett ist üppig.
Stadtprogramm: »Nach Rügen reisen heißt nach Sassnitz reisen«, schreibt Theodor Fontane in »Effi Briest« – die Stadt bietet typische Bäderarchitektur mit Eiscafés, Fischimbiss und Tourismus-Tamtam.
Landpartie: Der Nationalpark Jasmund grenzt direkt an den Birkengrund – die Wissower Klinken, die Caspar David Friedrich zu seinen »Kreidefelsen vor Rügen« inspirierten, liegen eine Wanderung entfernt.
Abenteuer: Volker Barthmann bietet Wikinger-Dreikampf (Bogenschießen, Findlingswerfen und Axtzielwurf) sowie Hanomag-Touren inklusive Hügelbezwingung – angeblich schafft der Hanomag bis zu 69 % Steigung.
Grillfrei: Tapas und südfranzösische Küche bringt das »Harbours« auf den Tisch (Hafenstraße 5, 18546 Sassnitz, T 038392 374520, info@harbours5.de).
Hin & Her: Der nächste Bahnhof liegt in Lancken. Mit dem Auto von Bergen erste Ampelkreuzung links Richtung Bahnhof Lancken, beim Bahnübergang halb links in die Buddenhagener Straße, hier ca. 500 m geradeaus bis zur 90°-Rechtskurve, hier dem Straßenverlauf folgen, nach ca. 1 km führt eine Kopfsteinpflasterstraße geradeaus weiter zum Campingplatz – Vorsicht, wurde für Kutschen gebaut ...
Geöffnet: Mai bis Oktober.
Ausweichquartier: »Krüger Naturcamping« (8 km) liegt im Wald, entspannt und schön (Jasmunder Straße 5, 18551 Lohme, OT Nipmerow, T 038302 9244, www.ruegen-naturcamping.de).

Volker Barthmann sieht sich als »moderner Aussteiger«: Vor Jahren schuftete er in Wirtschaftsprüfer-Büros in Köln und Düsseldorf. Dann hatte er genug vom Leben im Anzug: Heute stapft er in Lederhose durch das kniehohe Gras rund um den Birkengrund – und ist am Ziel seiner Träume.

Das frühere DDR-Pionierlager grenzt direkt an den Nationalpark samt Kreidefelsen: Wiesen, Wald und verwunschene Winkel.

Vor zehn Jahren kaufte er das frühere DDR-Pionierlager »Pablo Neruda«. Im Norden Rügens grenzt das Grundstück direkt an den waldigen Nationalpark Jasmund samt bröckelnden Kreidefelsen – zentral genug, um in Sassnitz einzukaufen oder in der Ostsee zu schwimmen, aber entlegen genug, um ein wildes Wochenende zu erleben: Wiesen, Wald und verwunschene Winkel – ein grünes Tal, von alten Bäumen eingerahmt. Hier findet jeder ein Plätzchen, und verschiedene Gruppen bringt Barthmann einfach in entfernten Ecken seines großen Grundstücks unter.

Der Birkengrund ist kein herkömmlicher Campingplatz, sondern eine Nische in der Natur, in der man vor allem Raum für sich, seine Freunde und ein Lagerfeuer findet. Was der »moderne Aussteiger« Volker Barthmann an seinem Leben mag, kann man hier prima nachfühlen. Denn der Birkengrund bietet Aussteigen für ein Wochenende, Wildnis auf Zeit. Und wer weiß, vielleicht wird ja mehr daraus. Wie bei Volker Barthmann. Lagerfeuer – perfekt für kleine Gruppen und mehrere Familien beim Gemeinschaftsausflug.

27

Donnerschlag am Achterwasser

NATURCAMPING USEDOM, LÜTOW, MECKLENBURG-VORPOMMERN

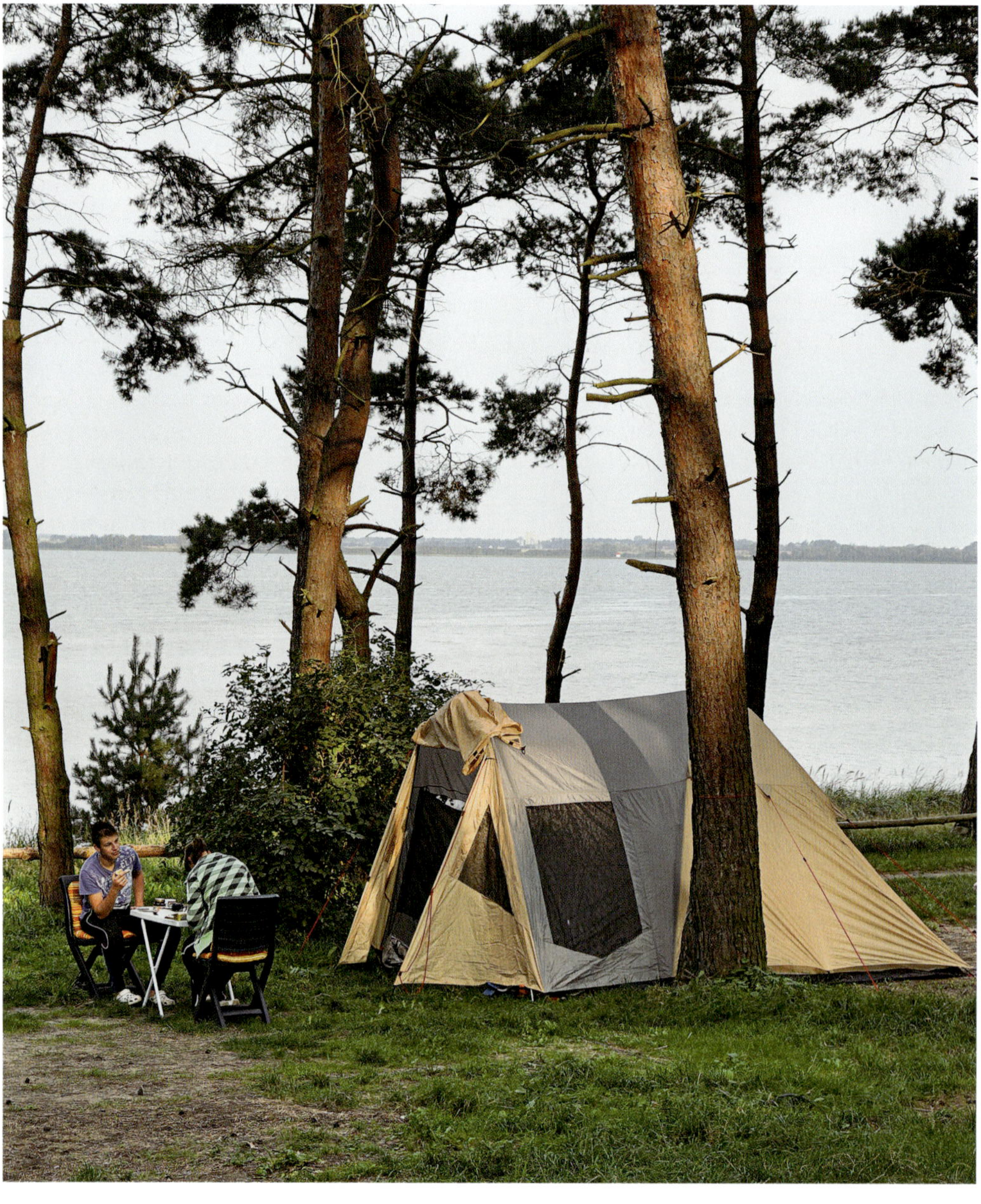

Als wir über die Peenebrücke fahren und Wolgast hinter uns lassen, hören wir die Nachrichten im Radio: Die Unwetter sind uns auf den Fersen. Von West nach Ost ziehen sie übers Land. In Hannover und Braunschweig haben sie schon gewütet. Nun haben sie Kurs auf die Vorpommersche Küste genommen. Den ganzen Tag schon drückt die Luft, Wolkenfetzen verhängen das stählerne Himmelsblau. Hinter uns türmen sich riesige Gebilde am Himmel auf, düster, in allen möglichen Grauschattierungen bis ins Schwarze.

Wir schlagen unser Nachtlager dicht am Abbruch der Klippe auf. Zum schmalen Sandstreifen hinab führen Holzstufen.

Die Fahrt zum Naturcampingplatz dauert länger, als das Navi versprochen hat. Vom kleinen Örtchen Lütow, an dessen Ausgang das Zielfähnchen auf dem Display blinkt, sind es noch unzählige Windungen auf der kleinen Waldstraße, die das Navi nicht kennt. An der Rezeption händigen sie uns zu allem Überfluss noch eine kleine Karte aus – so groß ist der Naturcampingplatz. Es gibt Parzellen mit Strom- und Wasseranschluss. Aber es gibt auch, was wir suchen: eine große Fläche ohne Schnickschnack, unter Nadelbäumen mit Blick aufs Wasser. Jeder schläft, wo er mag. Wir schlagen unser Nachtlager dicht am Abbruch der Klippe auf. Zum schmalen Strandstreifen hinab führen Holzstufen.

Was für eine Ruhe und was für eine Lage! Hier kann man Zeit verbringen, ohne dass sie lang wird. Man kann schwimmen oder paddeln, auf den Bänken über dem Wasser sitzen oder direkt am Strand, die Zehen im Sand vergraben. Der Platz selbst ist zu groß, um gemütlich zu sein, und etwas in die Jahre gekommen. Aber die Aussicht entschädigt uns dafür.

Denn der Blick über das »Achterwasser«, die Bucht, die der Peenestrom in die Insel Usedom

gefressen hat, ist spektakulär: das Wasser spiegelglatt, kein Lüftchen weht. Drüben über dem Festland drohen die dunklen Wolken. Auf diesem Plätzchen sieht man das Wetter kommen, und man ahnt, was einem blüht, wenn es Abend wird. Die lichten Bäume werden wenig Schutz bieten, wenn es losgeht. Also Nudeln mit Pesto auf dem Kocher statt Steak vom Grill – das geht schneller.

Es dämmert, die Mücken piesacken uns trotz des kleinen Feuers, das wir im Korb entzündet haben. Zähneputzen an den dürftigen Außenwasserbecken, dann ab in den Schlafsack. Die Nacht ist pechschwarz, weil kein Stern durch die düsteren Wolken scheint. Seit einer Stunde rumpelt der Donner in der Ferne, die Blitze zischen über das Achterwasser. Aber bisher kein Tropfen Regen auf unserer Seite, und noch immer weht kein Lüftchen.

Während wir auf das Unwetter warten, kommt der Schlaf. Und ich weiß nicht, ob ich von Donner und Blitz nur geträumt habe. Denn als ich am nächsten Morgen zu den ersten Sonnenstrahlen hinausblicke, ist der Boden nass: Es muss geregnet haben. Aber gewütet hat das Unwetter wohl nicht. Die restlichen Nudeln schwimmen neben Fettaugen im Kochtopf. Alle Zelte stehen noch. Wir waren auf der richtigen Seite des Achterwassers. Uns hat das Unwet-

ter verschont. Wir haben es nur aus der Ferne gesehen, flüchtig seine Bekanntschaft gemacht. Das reicht auch. Schönwetter-Camper zu sein ist in Ordnung, und die zwischen Deutschland und Polen geteilte Insel Usedom lässt sich sehr viel besser erkunden, wenn nicht alle Klamotten klamm sind.

Also zurück über die lange Waldstraße, hinein in die Ostsee am Strand von Zinnowitz. Unser Nachtlager bleibt für ein paar Tage auf dem Naturcampingplatz Usedom. Denn es gibt kein schöneres Fleckchen für ein Zelt auf dieser Insel. Das Wetter hält.

Naturcamping Usedom, Zeltplatzstraße 20, 17440 Lütow / Insel Usedom // T 038377 40581 // www.naturcamping-usedom.de // info@naturcamping-usedom.de

Sonnenseite: Camping unter hohen Bäumen am Achterwasser – schöner kann die Aussicht nicht sein.

Schattenseite: Ein Riesenplatz, auf dem vieles ein wenig unpersönlich bleibt.

Kosten: Je nach Saison Erwachsene 5,40–6,50 €, Kinder 3,70–4,40 €, Zelt und Bulli zwischen 5,70 und 7,50 €, Strom 2,90 €.

Klo & Co.: Die Sanitärblocks sind schon etwas in die Jahre gekommen und werden im Sommer von Insekten bevölkert.

Essen & Trinken: Der kleine Einkaufsmarkt verkauft das Nötigste. Die Gaststätte »Pott und Pann« kocht Regional-Deftiges.

Stadtprogramm: Caspar David Friedrichs Geburtsstadt Greifswald (50 km) lockt nicht nur mit wunderschönem Marktplatz, sondern auch mit ein wenig Studentenleben und -kneipen dank der Universität. Ganz ordentlich erhalten ist auch die mittelalterliche Altstadt von Wolgast auf der anderen Seite der Peenebrücke.

Landpartie: 40 km Sandstrand wollen erobert werden. Oder Ihr strampelt mit dem UsedomRad über 150 km Radwege: An über 50 Stationen können die Räder ausgeliehen und ganz flexibel auch am

Ziel der Reise zurückgegeben werden (www.usedomrad.de).

Abenteuer: 1998 hat der größte je gebaute konventionell betriebene U-Raketenkreuzer im Hafen von Peenemünde festgemacht: Nur ein Drittel des U-Boots U-461 liegt über Wasser, aber auch der Rest des Kolosses kann besichtigt werden (Maritim Museum, Haupthafen Peenemünde, T 038371 28565).

Grillfrei: Im »Achterdeck« in Loddin kommen frischer Fisch und Wild auf den Tisch – die Campingplatz-Betreiber schwören auf die gute Küche (Am Achterwasser 4, 17459 Seebad Loddin, T 038375 24755, www.restaurant-achterdeck.de). Der Geheimtipp für frischen Fisch aus der Region ist das »Fischstübchen« in Neeberg (Neeberger Str. 26A, 17440 Krummin, T 03836 603322, www.fischstuebchen.de)

Hin & Her: Mit dem Auto über die A20, Abfahrt Gützkow, dann B111 über die Peenebrücke Wolgast oder über die A20, Abfahrt Jarmen, dann B110 über die Zecheriner Brücke. Der Bahnhof Zinnowitz der Usedomer Bäderbahn liegt rund 8 km vom Campingplatz entfernt, ein VW-Bus bringt Camper zum Platz (10 € pro Fahrt, telefonisch anmelden!).

Geöffnet: Ostern bis Ende Oktober.

Ausweichquartier: Der Naturcampingplatz Lassan (Garthof 5–6, 17440 Lassan, T 038374 80373, Naturcampingplatzlassan@gmx.de) auf dem Festland, auf der anderen Seite des Achterwassers am Peenestrom, bietet Ähnliches wie Naturcamping Usedom.

28

Gletscher sei Dank

CAMPING AM BAUERNHOF, FELDBERG, MECKLENBURG-VORPOMMERN

Als es vor 120 000 Jahren etwas kälter wurde, schob die Ostsee ihr Eis über Land. Eine solche Gletscherzunge schlabberte sich bis zum heutigen Feldberg vor: Es entstand der Breite Luzin, ein blauer, frischer Zungenbeckensee mit bis zu 60 Metern Tiefe – weniger überlaufen als seine Freunde rund um die Müritz.

Es kann über Urlaubs-Wohl oder -Wehe entscheiden, wo das Zelt steht – auf die richtigen Nachbarn kommt es an.

An diesem Zungenbeckensee liegt ein kleiner Campingplatz, der ursprünglich mal ein Bauernhof war. Heute hält Max Greiling, den knapp 30-jährigen Inhaber, nur noch das Zeltvieh auf

Trab, dem er auch Boote für einen Paddelausflug ausleiht. Ihr Plätzchen können sich Camper auf dem Hof Eichholz aussuchen – entweder auf einem seltsam künstlich anmutenden Hügel an der Einfahrt oder nah am Waldrand – oder weiter unten, direkt am Seeufer. Etwa 30 Dauercamper halten hier auch im Winter die Stellung. Und so kann es über Wohl oder Wehe entscheiden, sich hier die richtigen Nachbarn auszusuchen. Finden sollte man sie möglichst nah am Wasser. Denn dort kann man dann nach dem anstrengenden Zeltaufbau vom Steg ins kühle, tiefe Wasser des Breiten Luzin springen und sich darüber freuen, dass sich einst eine Gletscherzunge vorbeischob und einen wunderbaren See hinterließ.

Camping am Bauernhof, Hof Eichholz 1–8, 17258 Feldberg // T 039831 21084 // www.campingplatz-feldberg.de // info@campingplatz-feldberg.de

Sonnenseite: Eine autofreie Zeltwiese am Wasser – und die Feldberger Seen sind weniger überlaufen als die Müritz & Co.

Schattenseite: Die Atmosphäre ist durchwachsen, Dauercamper neben Zelturlaubern.

Kosten: Kinder 3 €, 12–16 Jahre 4,50 €, Erwachsene 8,50 €, Zelt und Bulli (inkl. 1 Person) 14,50 €.

Klo & Co.: Ein modernes Sanitärgebäude freut sogar den ADAC – und es liegt nah am Seeufer.

Essen & Trinken: Die Rezeption verkauft nur das Nötigste, aber im Ort gibt's Supermärkte. Und nahebei verkauft der Hofladen der Schäferei Hellbusch Bio-Tee und Omas Marmelade (Hullerbusch 2, T 039831 20006, schreiben@schaeferei-hullerbusch. de).

Stadtprogramm: Die barocke Residenzstadt Neustrelitz (35 km) bietet Baudenkmäler am schönen Marktplatz und eine Galerie mit Plastiken in der Schlosskirche.

Landpartie: Nördlich des Breiten Luzins liegen Schlossberg und Reiherberg – auf dem Schlossberg stand einst eine slawische Burganlage, der Reiherberg bietet einen schönen Blick auf Haussee und

Feldberg. Im Hans-Fallada-Museum in Carwitz wird im Sommer regelmäßig Falladas »Kleiner Mann, was nun?« gelesen.

Abenteuer: Feldberg ist eine Wasserski-Hochburg dank Bundesstützpunkt. Immer montags zwischen 17 und 20 Uhr kann jedermann sein Glück am Boot versuchen, Ausrüstung wird gestellt (WSC Luzin Feldberg, Amtsplatz 44, post@ bestof-wasserski.de).

Grillfrei: Eine riesige Flammkuchenkarte – und Plätze direkt am Seeufer bietet der »Abendsegler« (Abendsegler im Haus Seenland, Strelitzer Straße 4, 17258 Feldberg, T 039831 22234, mail@abendsegler. com).

Hin & Her: Vom Bahnhof Neustrelitz fährt der Bus regelmäßig nach Feldberg. Mit dem Auto über die A20, Abfahrt Prenzlau-Süd, oder die A19, Abfahrt Röbel/Müritz, weiter über Neustrelitz.

Geöffnet: Ganzjährig.

Ausweichquartier: Planwagencamping auf dem Bauernhof bietet Familie Köster in Grünow (ca. 15 km – Am Nationalpark 31, 17237 Grünow, T 039821 40888, kontakt@planwagencamping.de). »Klein und fein« nennt sich der Campingplatz »Am Carwitzer See« (ca. 12 km, Carwitzer Straße 80, 17258 Feldberger Seenlandschaft, T 039831 21160, www.campingplatz-carwitz.de).

29

Der Zauberer vom Hexenwäldchen

HEXENWÄLDCHEN, BLANKENFÖRDE-KAKELDÜTT, MECKLENBURG-VORPOMMERN

Er weiß, was er will. Und er zieht es durch. Uwe Fischer hat in Mecklenburg-Vorpommern einen Campingplatz nicht bloß gekauft, er hat ihn mit viel Einsatz auch entwickelt und geformt. Und alles begann mit einer Postkarte.

Denn der Ruhrpott-Mann arbeitete als Immobilienmakler im Außendienst. Und er hatte es satt. Also klapperte Uwe nach der Wiedervereinigung viele Gemeinden im Osten ab – auf der Suche nach einem Campingplatz, den er kaufen könnte. Auch in Blankenförde schaute er vorbei, zunächst ohne Erfolg. Monate später jedoch erhielt er eine Postkarte von Herrn Hermani aus der Gemeindeverwaltung (denn ein Telefon hatte man dort noch nicht). Der Text war unmissverständlich: »Werter Uwe Fischer, das ehemalige Kinderferienlager in Kakeldütt liegt brach. Vielleicht kümmern Sie sich darum.« Das tat Uwe Fischer, und das tut er bis heute.

Er kam, sah und setzte sich durch. Zunächst zäunte er das Gelände ein. »Damit habe ich mich bei den Nachbarn nicht beliebt gemacht, die hier seit jeher badeten«, erinnert er sich. »Aber wie hätte ich den Platz sonst pflegen und erhalten sollen?«

Die Atmosphäre ist Uwe Fischer besonders wichtig: Wer einmal hierher passt, der genießt Freiheit, Spaß und Entspannung.

Es ist ein schönes Stückchen Erde, das er seitdem hegt. Ein Hang, der sanft zum Jamelsee abfällt, bietet Zelten Platz. Hier ist man mittendrin im Campingleben, das aber nie zu wild wird. Denn Uwe Fischer stopft seinen Platz nicht voll, er hält Maß, damit alle genug Lebensraum haben. Ein paar Schritte weiter gibt es kleine Nischen, unten am Seeufer ebenso wie weiter oben im Wald, in denen man seine Ruhe haben kann. Die Plätze sind schattig, auf festem Waldboden. Und von fast überall sieht man den See glänzen. Autos werden möglichst draußen geparkt, damit die Atmosphäre stimmt.

Denn die ist Uwe Fischer besonders wichtig. Er schimpft auf die »Rüpel-Republik Deutschland«, in der Fairness und Ordnung keine Werte mehr sind. Rigoros verbietet er Partys auf dem Platz, größere Gruppen nimmt er nicht auf. Und die Nachtruhe um 22 Uhr, »die mache ich«, sagt er. Wer weiter beisammen sitzen will, kann die Feuerstelle in der Kiesgrube nutzen, an der etwas abseits, außer Hörweite schlafender Zelter, oft musiziert wird. Aber nur mit akustischen Instrumenten. »Verstärkte Musik und Transistorgequake kommen mir nicht auf den Platz«, meint Fischer.

Das mag alles etwas strikt und spaßfrei klingen, ist es aber nicht: Uwe Fischer hat in seinen Jahren im Hexenwäldchen gelernt, dass er sich sein Publikum aussuchen muss. »Ich habe es in der Hand, ob Camper sich hier wohlfühlen«, sagt er. Denn wer einmal hierher passt, der genießt jede Freiheit und jeden Spaß, den Uwe Fischer sich ausgedacht hat. Es gibt Märchen-

stunden für Kinder, einen Streichelzoo mit Hühnern und Hängebauchschweinen und sogar eine Sauna mit Seeblick, die von den Campinggästen gemietet werden kann.

Uwe Fischer hat eine kleine Welt geschaffen, einen Campingplatz, der seinem persönlichen Ideal von Ruhe, Entspannung und Urlaub sehr nahe kommt – natur- und menschennah. Und das war keine Hexerei, sondern harte Arbeit. Womit wir bei der entscheidenden Frage wären: Was hat es mit den Hexen im Wäldchen auf sich? »Hier wurden noch im 20. Jahrhundert Hexen verbrannt«, erzählt Fischer. Und er schaut dabei so überzeugend, dass man es ihm fast glauben könnte. Dann grinst er und sagt: »Nöö, das ist nur ein Marketingkniff, ein schöner Name, den Gäste sich merken können.«

Das Hexenwäldchen ist eben mehr als ein Campingplatz. Es ist ein Unternehmen mit Philosophie und Positionierung, mit einem sorgsam gepflegten Image und einer gelebten Verantwortung gegenüber Kunden und Umwelt. Weil Uwe Fischer sehr genau weiß, was er will.

Hexenwäldchen, Dorfstraße 1a, 17252 Blanken-förde-Kakeldütt // T 039829 20215 // www.hexen-waeldchen.de // kontakt@hexenwaeldchen.de

Sonnenseite: Tolle Atmosphäre, tolle Lage – perfekt für Paddler, die Mecklenburgs Seen erobern wollen.

Schattenseite: Die verhexte Website ist über-laden und hat einige Links in Leere.

Kosten: Je nach Saison bis 14 Jahre 2,90–3,30 €, ab 14 Jahre 5,90–6,80 € (inkl. kleinem Zelt), Zelte und Bulli. 4.90–6,90 €, Ökostrom 2,80 €, Duschen 1 €.

Klo & Co.: Es gibt sogar eine kleine Sauna. Die Sanitärblocks sind vorhanden und okay.

Essen & Trinken: Der Tante-Emma-Laden in der Rezeption verkauft eine gute Auswahl. Zudem wird samstags regelmäßig Fisch geräuchert (auch der, den Gäste fangen) und am Kiosk verkauft.

Stadtprogramm: In Fürstenberg an der Havel locken Schloss und Bahnhof – denn Berlin ist nur 1 Zugstunde entfernt.

Landpartie: Rheinsberg (37 km) wurde durch Kurt Tucholskys gleichnamiges »Bilderbuch für

Verliebte« berühmt. Das Schloss diente den Erbauern von Sanssouci als Vorbild.

Abenteuer: Flyer-Fahrräder mit Elektrohilfe vergrößern den Radtour-Radius auf bis zu 100 km am Tag (zu mieten am Hexenwäldchen). Wer sich noch vom Fleck bewegen möchte, kann die platz-eigene Zehnloch-Crossgolfbahn bespielen.

Grillfrei: Die »Räucherkate zum Hexenwäld-chen« liegt einen Steinwurf entfernt. Uwe Fischer bringt selbst geräucherten Fisch auf die Teller.

Hin & Her: Mit dem Zug bis Kratzeburg (dann Taxi, ca. 15 km) oder Groß Quassow (mit dem Fahrrad, ca. 7 km). Mit dem Auto über die A19, Abfahrt Röbel, dann über Mirow nach Blanken-förde.

Geöffnet: Ostern bzw. 1. April bis 31. Oktober.

Ausweichquartier: Naturcamping Ellbogensee (s. S. 120)

30

Camping mit Cappuccino

NATURCAMPING AM ELLBOGENSEE, WESENBERG, MECKLENBURG-VORPOMMERN

Meinen Bulli parke ich am Rand der Wiese, die zum Ellbogensee abfällt. Der Blick auf den See ist fantastisch: Vor mir das spiegelglatte Wasser, in der Ferne trennt eine bewaldete Landzunge Unter- und Oberarm des Ellbogensees. Nach rechts und links verschwindet das Wasser um die Ecke, fast symmetrisch, voller Ästhetik. Selbst die Mittvierzigerin, die mich durch die Bullischeibe böse anblitzt, kann mir die gute Laune nicht verderben. Angeblich habe ich meinen VW-Bus dort geparkt, wo sie morgens frühstückt – sie belegt offenbar gleich zwei Zeltplätze. »Das haben wir schon immer so gemacht«, fuchst sie mich an. Ups! Zum Glück ist sie nur ein Überbleibsel von »Damals«, als am Ellbogensee noch die Dauercamper herrschten. Heute hat der Naturcampingplatz Ellbogensee dagegen dank fantastischer Betreiber eindeutig Cool-Camping-Potenzial.

Es dämmert. Als ich später langsam zurückschwimme, sammeln die ersten Camper Holz für das große Lagerfeuer unten am See.

»Damals«, zu DDR-Zeiten, zeichneten sich Naturcampingplätze vor allem dadurch aus, dass sie wenig boten außer Natur, schon gar nicht Komfort bei Klo & Co. 55 Jahre ging das so am Ellbogensee, bis die Niederländer Niek und Marianna den Platz 2007 erstanden. Zusammen mit Tochter, Schwiegersohn und zwei Enkelkindern gestalten sie seitdem voller Energie das »Morgen« am Ellbogensee, und das »Heute« liegt irgendwo auf dem Weg dahin.

Die Niederländer sind Entwicklungshelfer im Camping-Schwellenland Deutschland. Gartenzwerg und Schlagbaum, Sichtschutz-Palisaden und Hertha-BSC-Wimpel, Gardinen am Wohnwagenfenster und Namensschildchen am Gartentor gehören nicht zu ihrer Campingwelt. Eine düstere Camper-Kneipe gibt es auch nicht, sondern einen luftigen Neubau, ein modernes Haus für Rezeption, Bio-Lädchen und Café. Auf der hübschen umlaufenden Holzterrasse hat der Caffè Latte eine Herzchen-Deko, und der Kuchen ist selbst gebacken.

Die neue Ellbogensee-Crew richtet ihren Platz konsequent auf Familien mit Kindern aus. Nicht mit Animation, sondern mit viel Platz zum Herumtollen. Ein Naturspielplatz mit Seilgarten und Nestschaukel gehören dazu, aber auch viele unberührte Ecken, in denen man mit Glück Rehe, Igel und Marder treffen kann. Die Mittagsruhe wurde gerade abgeschafft, abends ab 22 Uhr dagegen, wenn Kinder schlafen und Erwachsene feiern wollen, ist nur noch Flüsterton erlaubt. Gerade haben Niek und Marianna ein zweites Gebäude entworfen, in dem eine Bibliothek, Theaterworkshops und Yogaseminare eine Heimat finden sollen.

Die Entwicklungsarbeit trägt Früchte: Auf den meist schattigen Plätzen im Wald finden sich immer mehr junge Familien ein. »Wir mussten uns von einigen Dauercampern trennen, denen der Wandel nicht gefallen hat«, berichtet Marianna. Das klingt, als sei mein Erlebnis Bullifenster harmlos gewesen. Zwar räume ich schließlich das Frühstücksparadies der Mittvierzigerin und parke um. Und sehe nun nur noch ein kleines Stückchen See. Das aber ist so schön, dass ich das personifizierte »Gestern« in meiner Nachbarschaft vergesse.

Ich ziehe meine Badehose an und laufe hinunter zum See. Das kühle Wasser kriecht mit jedem Schritt die Beine hoch. Mit einem Kopfsprung tauche ich ein ins Glück und genieße die Freiheit – wie ein Fisch, der in einer Unmenge Wasser unauffindbar verschwindet. Es dämmert, und als ich später langsam zurückschwimme, sammeln die ersten Camper Holz für das große Lagerfeuer, das jeden Abend am See entzündet wird.

Wir setzen uns auf Baumstämme und erzählen vom Tag. Neben mir hält ein Neunjähriger sein Stockbrot in die Glut. Ein kleines Abenteuer, die große Freiheit. Und es fällt leicht, der Ellbogensee-Crew zu glauben, dass hier spätestens »morgen« einer der coolsten Plätze im Land entstanden sein wird.

NaturCamping am Ellbogensee,
17255 Wesenberg OT Strasen // T 033093 32173 // www.ellbogensee.de // service@ellbogensee.de

Sonnenseite: Fantastische Lage und echte Profis als Betreiber. Das schönste Lagerfeuer im Land.

Schattenseite: Nur wenige Plätze liegen direkt am See, die meisten sind im schattigen Wald versteckt. Nicht so schlimm: Für die Waldcamper gibt es einen zweiten Badesee, nur 5 Minuten entfernt – den »Großen Boberow«.

Kosten: Kinder 3,50 €, Erwachsene 5,75 €, Zelte 8,75–17 €, Bullis 9,85 €.

Klo & Co.: Zwei Waschhäuser sind auf dem Gelände verteilt. Das größere ist ein schicker Import aus den Niederlanden – hell und sauber mit Baby- und Kinderbadezimmer.

Essen & Trinken: Das beste Camping-Café im Land bietet auf der Holzterrasse mit Seeblick sehr guten Caffè Latte, kleine Bio-Snacks und reichhaltiges Frühstück.

Stadtprogramm: Berlin ist nur 100 km entfernt – falls man mal der Natur entfliehen möchte. Mit dem Zug 1 Stunde ab Fürstenberg/Havel (10 Minuten mit dem Auto).

Landpartie: Die Ellbogensee-Crew verleiht Kanus, mit denen man, wenn man möchte, tagelang paddeln kann: Ellbogensee, Priepertsee und Wagnizsee liegen in der einen Richtung, der Stechlinsee, Europas größter Klarwassersee, in der anderen.

Abenteuer: Warum nicht das Zelt für ein paar Tage gegen ein Hausfloß tauschen? Drei Tage ab 380 € bei Floß-Tours (Am Hang, 17237 Userin, T 03981 204309, info@floss-tours.de).

Grillfrei: Fischsuppe mit Hechtklößchen und gegrillten Zander serviert das Forsthaus Strelitz, der Tipp der Ellbogensee-Crew (Forsthaus Strelitz, Berliner Chaussee 1, 17235 Neustrelitz, T 03981 447135, www.forsthausstrelitz. de).

Hin & Her: Vom Bahnhof Fürstenberg/Havel kann man sich für 10 € abholen lassen. Mit dem Auto aus Berlin über die B96 bis Fürstenberg, dann Richtung Steinförde, Großmenow. Aus Hamburg A24, Ausfahrt Pritzwalk, dann Richtung Wittstock, Rheinsberg, Canow und Strasen. In Strasen geradeaus fahren und den Schildern (nicht der Hauptstraße) folgen.

Geöffnet: 1. April bis 1. November.

Ausweichquartier: »Ihr Familienpark« am Labussee (ca. 14 km) wird von Kanufahrern sehr geschätzt – ein kleiner Familienbetrieb mit engagierten Betreibern. (Am Kleinen Labussee 1 B, 17255 Wesenberg, T 039832 20525, info@ihr-familienpark.de).

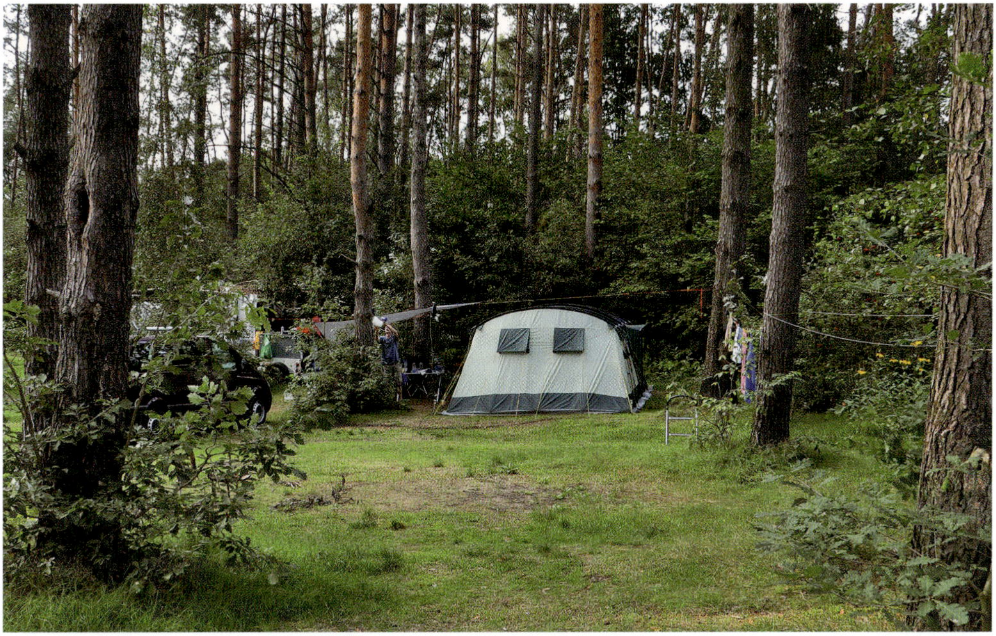

Textil-
Strand
keine
Badeaufsicht

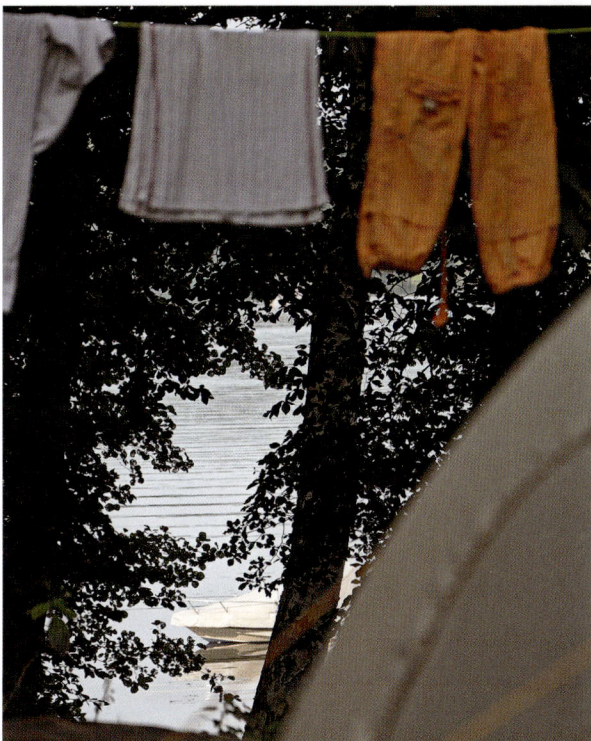

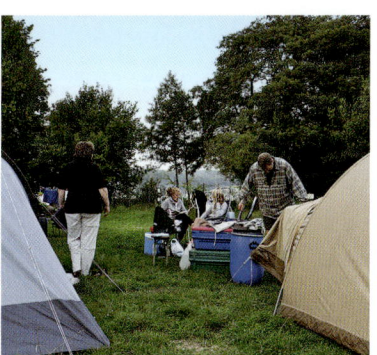

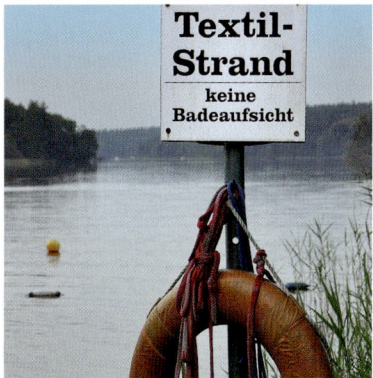

31

Zeltfieber beim Diemitz-Biber

BIBERTOURS, DIEMITZ, MECKLENBURG-VORPOMMERN

Sonja Borstelmann und Jochen Rischer lernten sich in Eberswalde kennen, als sie »Landschaftsnutzung und Naturschutz« studierten. Es passte – in doppelter Hinsicht. Denn die beiden sind heute nicht nur ein Paar. Sie »nutzen« auch »Landschaft« und lassen den Naturschutz dabei nie außer Acht. »Wir waren zur richtigen Zeit am richtigen Ort«, sagen die zwei. Offenbar, denn wer hat schon das Glück, ein derart großartiges Gelände für einen Campingplatz zu finden?

Man muss ein wenig Geduld haben, wenn man unterwegs ist zum Campingplatz »C24« von Bibertours. An der Diemitzer Schleuse biegt man auf einen wenig vertrauenerweckenden Waldweg ab. Und dann geht es den Hügel hinauf – und wieder hinunter. Und um die erste Kurve. Und die nächste. Und noch eine. Kurz bevor man die Hoffnung aufgibt, beruhigt besorgte Suchende am Wegesrand ein Holz-Blockhaus: die Rezeption von Bibertours. Und Sonja heißt die Gäste herzlich willkommen, denn sie kümmert sich um Telefon, Verwaltung und Finanzen. Ihr Mann Jochen dagegen ist der »Herr der Hardware«. Er baut Zelte auf und ab sowie Bauwagen aus und bringt Großstadt-Indianern das Bogenschießen bei. Beide Jobs – für beide ein Traum.

Ein kleines Paradies, entspannt und mitten in der Natur, mit einem traumhaften See vor der Tür und einer Heimat auf Zeit für jeden Geschmack.

Vor einigen Jahren arbeiteten Sonja und Jochen noch als Angestellte auf einem Campingplatz nahebei. Sie mochten sich und die Mecklenburger Seenplatte. »Wassersport, Tourismus – das war genau unser Ding«, erzählen sie. Ganz zufrieden waren sie aber nicht mit ihren fremdbestimmten Jobs. Und so fiel es ihnen nicht schwer zu gehen, als eine neue Aufgabe rief. Zuerst heuerten sie als Angestellte bei Bibertours an, heute führen sie die Geschäfte. »Wir gestalten unseren Traum so, wie wir ihn gerne hätten«, lacht Sonja.

Dieser Traum ist groß – ein langes Grundstück schmiegt sich um die Nordwest-Ausbuchtung des Labussees, die wie eine ausgestreckte Faust in das Waldgebiet Canower Heide ragt. Von der Rezeption oben am Weg geht es hinab zum Seeufer. Einige wenige Dauercamper wohnen auf den ersten Metern. Danach verstecken sich zunächst Jochens Wagenbauten im Wald: eine übergroße Holzheimat auf Rädern, die mehr an eine Lokomotive mit Spitzdach erinnert als an einen Wohnwagen, daneben ein kleinerer, weißer Bauwagen.

Ein paar Meter weiter ist zwischen den hohen Kiefern viel Platz für Zelte, näher am See oder dichter im Wald, ganz nach Geschmack. Am Rand der Zeltfläche leuchten die weißen Dächer der Zelthotels. Sie erinnern ein wenig an Safari-Zelte mit weitem, offenem Giebel, unter dem ein Himmelbett mit Moskitonetz (nicht ohne Grund), ein kleines Tischchen und eine Klamottenkiste warten. Bis zum langen Steg auf den See hinaus sind es nur ein paar Meter. Von dort sieht man am äußersten Rand des Platzes die Floßbar, die Jochen und Sonja am Wochenende öffnen – für Bier und Cocktails auf dem Wasser. Direkt daneben am Steg liegt das Floßhotel mit kleiner Küchenzeile, in dem bis zu zehn Urlauber unterkommen (das allerdings würde eng).

Es ist genug Platz bei Bibertours, damit es sich nie voll anfühlt auf dem Gelände. Jochen

Bibertours, Diemitz Schleuse 1, 17252 Diemitz // T 039827 30011 //www.bibertours.com // info@bibertours.com

Sonnenseite: Entspanntes Camping-Paradies abseits des Trubels mit viel Platz und vielen Ideen.

Schattenseite: Fast nur Schattenplätze – aber direkt am See!

Kosten: Erwachsene 4,50 €, Kinder 2 €, Zelt ab 4 €, Bulli 7 €. Wagenhotel 45–55 € pro Nacht plus 5 € pro Person, Zelthotel zu zweit 40 € pro Nacht, Floßhotel 60 € für bis zu 4 Personen, weitere zahlen drauf.

Klo & Co.: Nicht besonders charmant, aber zweckmäßig.

Essen & Trinken: Frühstück, Knackwurst und kleiner Bibertours-Biergarten machen Camper glücklich, den Rest mitbringen oder per Boot aus Canow holen.

Stadtprogramm: Rheinsberg (18 km) wurde gleich durch zwei Literaten berühmt: Theodor Fontane kam hier auf seinen »Wanderungen durch die Mark Brandenburg« vorbei, und Kurt Tucholsky schrieb sein »Bilderbuch für Verliebte«. Im Schloss Rheinsberg ehrt ihn ein Museum.

Landpartie: Die Rätzsee-Runde, eine gemütliche Eintages-Paddeltour inklusive 70 m Boot-Umtragen, Badestelle und Bioladen am Weg.

Abenteuer: Ein Kanu-Schnupperkurs für Einsteiger, direkt danach ein Eskimorollenkurs – »keine Hexerei«, meint Jochen von Bibertours. Landratten bringt er das Bogenschießen bei.

Grillfrei: Das Restaurant vom Biber Ferienhof (s. S. 130) kocht lecker und gut.

Hin & Her: Die nächsten Bahnhöfe sind in Neustrelitz und Rheinsberg. Mit dem Auto: Aus Richtung Berlin A24 bis Neuruppin, dann Richtung Rheinsberg, Zechlinerhütte, Canow. Am Ortseingang Canow links in Richtung Fleeth. Nach der Schleuse Berg hoch, dann rechts in den Wald und durchhalten. Aus Richtung Hamburg A24 bis Pritzwalk, dann durch Wittstock Richtung Rheinsberg. In Flecken Zechlin links Richtung Luhme/Zechlinerhütte. In Luhme links Richtung Diemitz. Dort rechts, kurz vor der Schleuse geradeaus in den Wald.

Geöffnet: Ganzjährig.

Ausweichquartier: Der Biber Ferienhof (s. S. 130) liegt auf der anderen Seite der Schleuse. Auch die Jugendherberge Mirow (An der Clön 2, 17252 Mirow, T 039833 26100, jh-mirow@jugendherberge.de) hat einen kleinen, einfachen Zeltplatz.

und Sonja kümmern sich um ihre Gäste – sie organisieren geführte Kanutouren, Geo-Caching-Wanderungen und Wildnispädagogik für

Jugendgruppen. »Im Sommer haben wir viel mit Menschen zu tun, und im Winter basteln wir viel«, beschreibt Sonja das Leben bei Bibertours. Ein Leben, das sie und ihren Mann dem eigenen Traum von einem selbstbestimmten, nachhaltigen Arbeitsplatz in der Natur sehr nahe gebracht hat.

Faszinierend ist, dass Menschen, die ihrem Traum nahe kommen, oft auch anderen dazu verhelfen: Denn bei Bibertours finden die Urlauber ein kleines Paradies, entspannt und mitten in der Natur, mit einem traumhaften See vor der Tür und einer Heimat auf Zeit für jeden Geschmack.

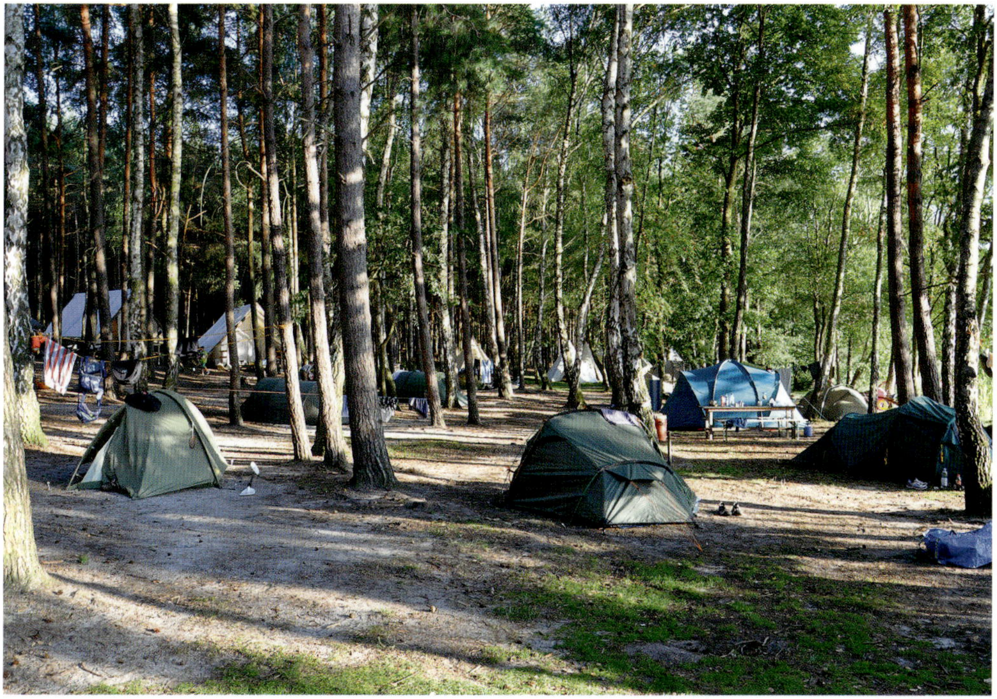

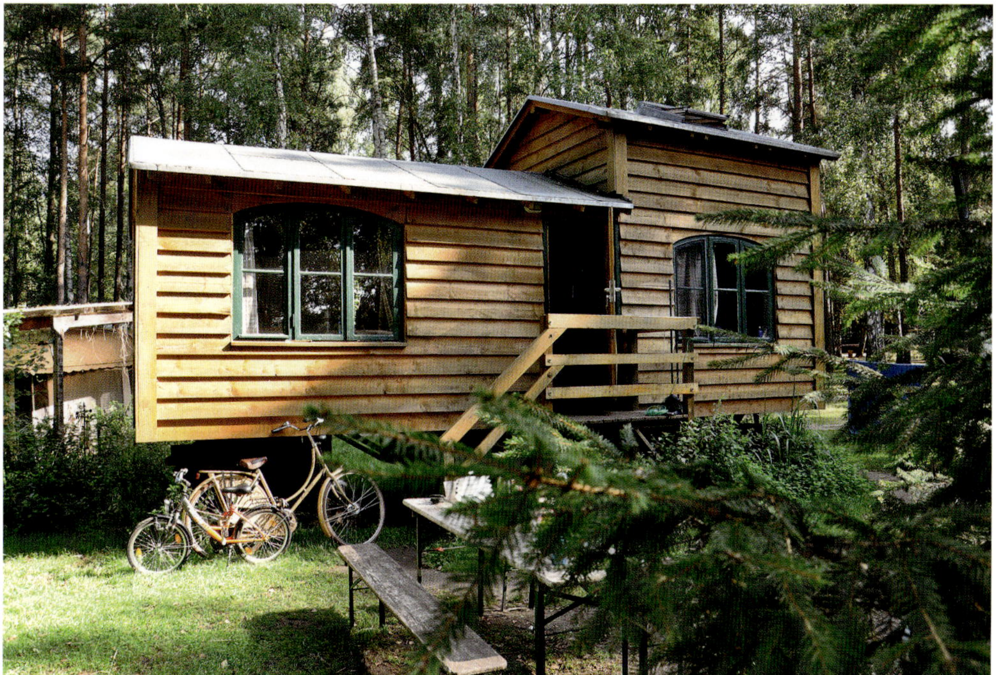

32

Onkel Toms Zeltplatz

BIBER FERIENHOF, DIEMITZ, MECKLENBURG-VORPOMMERN

Er kam als Kind, und er blieb, als er erwachsen war: Als Tom (eigentlich Thomas Lehmann) ein kleiner Kerl war, machten seine Eltern regelmäßig Urlaub mit ihm auf einem Bauernhof an der Diemitzer Schleuse: versteckt im Wald, ein wenig abseits der Touristenrouten, die die Mecklenburger Seenplatte durchschneiden, aber doch mittendrin. Gelegen am Kleinen Peetschsee, den der Müritz-Havel-Kanal mit dem größeren Labus- und dem Vilzsee verbindet. Tom liebte den Hof und entdeckte früh seine große Leidenschaft: das Angeln.

Ein schicker Ferienhof für Zelte, Bullis und neue Ideen – und ein Bauernhof mit Galloway-Rindern, Gotland-Schafen und Blaustirnamazonen.

Die schmale Diemitzer Schleuse hebt Paddler und Motorboote zwischen den Seen hinauf und hinab. Am Rande der Schleuse beginnt die weite Wiese des Bauernhofs. Über 200, 300 Meter steigt sie an – sanft für das Auge, hier und da aber schon steil genug, um zur Herausforderung für alle zu werden, die nachts im Zelt nicht herumkullern möchten. Aber zwischendrin finden sich immer wieder flachere Abschnitte, unten am See oder weiter oben an der kleinen Lindenallee. Bäume und Büsche gliedern die Wiese.

Zu DDR-Zeiten beackerte eine Landwirtschaftliche Produktionsgenossenschaft (LPG) die Felder und ließ das Vieh grasen. Nach der Wende kaufte dann eine Hamburger Familie das große Grundstück samt Bauernhaus und Ställen. Der Abschied von der Landwirtschaft begann, der Fokus verschob sich mehr und mehr darauf, nicht Kühe, sondern Urlauber glücklich zu machen.

Auch Tom kam nach der Wende wieder. Er zeltete auf den Wiesen der früheren LPG, schipperte mit seinem Boot über die nahen Seen und angelte. Irgendwann stand das Gelände wieder zum Verkauf, und Tom rang sich zu etwas durch, das zu seiner Lebensaufgabe werden sollte: er kaufte zusammen mit zwei Freunden den Ort seiner Kindheitsurlaube. Seit 2009 werkeln und schuften die drei zusammen: Der »Biber Ferienhof« begann zu dem zu werden, was er heute ist.

Er ist mehr als eine Biwakwiese. Das sehen Camper schon an den Schildern mit den schicken Logos vom »Biber Ferienhof«. Ferienwohnungen in den früheren Ställen, eine Gaststätte, die lecker, aber nicht teuer kocht. Ein großer Laden, und dazu: Veränderung überall. In den ersten Jahren mussten Camper nachts noch quer über die Zeltwiese stiefeln, nur um in wenig hübschen Containern zu pinkeln. Gerade wird an deren Stelle ein neues Sanitärhaus gebaut. Hundert Meter davor reihen sich Schäferwagen zu einer Wagenburg. Sie bringen mit Betten, Küchentisch und elektrischem Licht ein

wenig »Glamping« (von »glamorous camping«) auf die große Zeltwiese.

Der Biber Ferienhof ist auf dem Weg – ein weiter Weg von einem früheren, zwischenzeitlich heruntergekommenen Bauernhof zu einem schicken Ferienhof, der immer noch nah genug an der Natur ist. Der immer noch genug Platz für Zelte, Bullis und neue Ideen hat. Der aber auch noch genug Bauernhof ist, um seinen Namen zu verdienen. Denn der Hof ist die Heimat von Galloway-Rindern, Gotland-Schafen und Burenziegen. Paula und Schröder sind die beiden Exoten des Hofes – zwei Blaustirnamazonen. Die Papageien ahmen am liebsten Kinder nach, die auf dem Biber Ferienhof campen. Und davon gibt es genug: Kinder wie Tom, der in jungen Jahren mit seinen Eltern in den Urlaub an die Diemitzer Schleuse fuhr. Der mittlerweile in Chemnitz lebt, den seine Liebe zur Müritz aber nie losgelassen hat.

Das hat er nun davon: Tom, seine Freunde und Kollegen arbeiten da, wo andere Urlaub machen. Und verhelfen uns zu einem wunderbaren Wochenende oder einem schönen Sommerurlaub am Kleinen Peetschsee.

Immerhin: Ab und an kommt auch Tom noch dazu, mit seinem Boot auf einen der Seen zu fahren und zu angeln.

Biber Ferienhof, Diemitz Schleuse 5, 17252 Diemitz // T 039827 799888 // www.biber-ferienhof.de // info@biberferienhof.de

Sonnenseite: Eine grandios-große Zelt- und Bulliwiese, ein tolles Restaurant und nette Leute.

Schattenseite: Hier und da Gefälle auf der Zelt-wiese, stellenweise wenig Schatten.

Kosten: 5 € ab 7 Jahre, 7 € ab 14 Jahre, Zelte frei, Bullis 4 €, kleine Schäferwagen ab 25 € pro Nacht, große 30 €.

Klo & Co.: Der Weg zum niegelnagelneuen Sani-tärhaus kann weit sein, lohnt sich aber: hübsch aus Holz mit Bio-Kläranlage, leider mit Duschmarke (1 €).

Essen & Trinken: Mückenspray, Spülmittel und Suppen verkauft der Laden an der Rezeption (sowie Bio-Fleisch vom Galloway-Rind aus eigener Haltung, Bio-Apfelsaft und Outdoor-Klamotten), die Gast-stätte bietet Brötchenservice.

Stadtprogramm: Tucholskys Rheinsberg (16 km), das barocke Neustrelitz (30 km) oder Fürstenberg (22 km) mit Schloss und ehemaligem KZ Ravens-brück – oder Berlin (in 1 Stunde Bahnfahrt ab Fürstenberg).

Landpartie: Wandern, Radeln, Paddeln oder eine Angelpartie vor der Haustür. Im Kleinen Peetschsee direkt am Hof warten Welse auf Köder. Großen Kescher mitbringen, sonst liegt nicht der Fisch an Land, sondern der Angler im Wasser. Außerdem: Zander, Karpfen, Schleien.

Abenteuer: Ausreiten von der »LPG-Ranch« (Bornmühlenstraße 11, 16798 Fürstenberg/Havel, T 0172-5609604, www.lpg-ranch.de). Wer lieber vom Baum als vom Pferd fällt, klettert im Hochseilgarten am Havelberge-Campingplatz am Woblitzsee (23 km, 17237 Groß Quassow, T 0151 52766864 oder 03981 247933, waldseilgarten@haveltourist.de).

Grillfrei: Die Biber-Ferienhof-Gaststätte »Scheu-ne« kocht Bio, unter anderem mit Fleisch vom Hof (Galloway und Lamm). Leider gibt's keine Crème brulée mehr.

Hin & Her: Bis Bahnhof Mirow (12 km), Rheins-berg (15 km) oder Fürstenberg (30 km, ab Berlin mit VBB-Ticket). Weiter mit Fahrrad oder Taxi (T 039833 20454). Mit dem Auto: Aus Richtung Berlin A24 bis Neuruppin, dann Richtung Rheinsberg, Zechlinerhüt-te, Canow. Am Ortseingang Canow links in Richtung Fleeth. Aus Richtung Hamburg A24 bis Pritzwalk, dann durch Wittstock Richtung Rheinsberg. In Fle-cken Zechlin links Richtung Luhme/Zechlinerhütte. In Luhme links Richtung Diemitz.

Geöffnet: Ganzjährig.

Ausweichquartier: Um die Ecke liegt Biber-tours am Labussees (s. S. 126). 15 km weiter liegt Naturcamping Ellbogensee (s. S. 120).

33

Heiße Safari-Nächte mit Hemingway

CAMPING AM BLANKSEE, KLEIN PANKOW, MECKLENBURG-VORPOMMERN

Ernest Hemingway wäre wohl mehr als un-
glücklich auf diesem Campingplatz. Weit und
breit keine »verschlagenen Hundebastard-
fratzen« (Hyänen), keine »Scheißkerle« (Nas-
hörner), und der Wald stinkt auch nicht nach
Katzendreck. Nichts, was einem Jäger Freude
bereiten würde. Stimmt schon – das volle Programm der »Green Hills of Africa« (so der Titel
von Hemingways Safari-Buch) findet man nicht
am Blanksee in Mecklenburg-Vorpommern. Dafür findet man aber den sehr angenehmen Teil
dieses Abenteuers – nämlich aufregende Nächte
im Safari-Zelt.

In Beige und Oliv verstecken sich die
mannshohen Hauszelte aus Leinen unter den
Bäumen. Wenn man davor auf seiner Holzveran-
da sitzt, kann man durch Blätter und Büsche den
See erahnen. In den Zelten hängen zwei Schlafkabinen am Stahlrahmen, mit frisch gemachten
Doppelbetten. Vor den Kojen ist genug Platz
für einen großen Tisch mit bequemen Stühlen
und für eine kleine Küche samt Kühlschrank
und Gasherd. 35 Quadratmeter auf Holzdielen –
campst du noch, oder wohnst du schon?

Zum See sind es nur ein paar Schritte den
Hang hinab. Auf der großen Wiese finden auch
Urlauber mit eigenem Zelt schöne Plätze. Sanft
fällt der Sandstrand ab ins Wasser – ein feines
Privatbad für Camper. Ein Teil des Sees gehört zu
einem nahen Naturschutzgebiet – und so ruhig
und friedlich ist es hier auch. Einige wenige
Kanus und Tretboote sind zu sehen – sie können
(samt Schwimmwesten für Kinder) an der Rezeption ausgeliehen werden.

Am Blanksee bekommt man schnell das Gefühl, dass echte Profis am Werk sind – zu Recht:
Nach jahrelanger Erfahrung als Campingurlauber kauften die Niederländer Arjan und Erni
Schippers das Gelände 2006. Seitdem gestalten
sie den ehemaligen Dauercamper-Platz langsam um (nebenbei erziehen sie auch noch vier
Kinder). Die beiden haben ein Händchen dafür,
Camping wieder cool und familienfreundlich

zu machen. Toiletten und Duschen am Blanksee
wurden renoviert, ein neuer Babyraum erfreut
Familien, und der Camper-Laden erfüllt die
nötigsten Bedürfnisse.

**Nachts klingt die Rohrdommel wie das ferne
Rufen eines Pavians und der planschende
Fischotter wie ein Nilpferd beim Nachtbad.**

Die Schippers sind jedoch nicht ganz allein in
ihrem Unterfangen: Die beiden Safari-Zelte hat
die holländische Firma Tendi aufgebaut. In ganz
Europa sucht sie die schönsten Zeltplätze aus,
um sie mit ihren Leinenhäusern zu beglücken.
Leider sind die Zelte am Blanksee derzeit nur
wochenweise zu mieten, und nur für viel Geld.
Aber dann findet auch eine ganze Familie Platz
in ihnen. In Deutschland gibt es neben dem
Blanksee nur noch eine weitere Tendi-Station:
in der Nähe des Baumhaushotels Solling (s. S. 92,
»Ausweichquartier«).

An der Blanksee-Rezeption hängt eine
Tafel, die »Waldbrandstufe 0« ausweist. Heißt
übersetzt: Regen. Bedeckter Himmel. Keine
Hitze. Und das ist das Einzige, was in Mecklenburg-Vorpommern manchmal zum Safarigefühl
fehlt. Nun gut, Hemingway würde auch die
nächtlichen Rufe der Elefanten vermissen und
das frühe Aufstehen. Denn mit Akribie berei-

tete er sich morgens auf jeden Jagdgang vor. Seine beiden Waffen, eine Mannlicher und eine Springfield, wurden geputzt und geladen, damit Einheimische sie später für ihn durch die Savanne schleppen konnten. Hemingway selbst trug nur vier Taschentücher bei sich, griffbereit und sauber, damit nicht ein beschlagenes Brillenglas beim Zielen das Ziel vernebelte.

Am Blanksee sollte man eher ein sorgsam gefaltetes Handtuch bei sich haben. Damit man jederzeit eintauchen kann in den wunderbar klaren, kühlen See. Auf Hyänenjagd kann man dann nachts gehen, wenn der Leinenstoff des Zelts sich im Wind bewegt und die Augen langsam zufallen. Dann klingt die Rohrdommel vielleicht wie das ferne Rufen eines Pavians, und der planschende Fischotter wie ein Nilpferd beim Nachtbad.

Camping am Blanksee, Am Blanksee 1, 19376 Siggelkow, OT Klein Pankow // T 038724 22590 oder 0152 08803883 // www.campingam-blanksee.de // info@campingamblanksee.de

Sonnenseite: Safarigefühle in Mecklenburg-Vorpommern – leider mit Großwild-Preisen.

Schattenseite: Der Platz versprüht noch ein wenig vom Charme vergangener Camping-Jahrzehnte. Die netten Betreiber machen vieles wett.

Kosten: Erwachsene 6 €, Kinder 3,50 €, Zelte ab 4,50 €, Bulli 9 €. Safarizelte pro Woche für eine vierköpfge Familie ab 408 €.

Klo & Co.: Im renovierten Sanitärhaus duscht man schon mal 5 Minuten länger, wenn's auch 1 € am Automaten kostet.

Essen & Trinken: Jeden Morgen frische Brötchen, ein gut sortierter Camperladen und eine kleine Gaststätte mit Imbisskost bereichern das Camperleben – inklusive Familienpommes im Papiersack für 6 Personen!

Stadtprogramm: Die nächsten Supermärkte warten in den Kleinstädten Parchim (10 km) und Lübz (14 km). Beide Städte locken mit altem denkmalgeschütztem Kern, und Lübz bietet zudem noch eine Brauerei, die das sehr süffige »Lübzer Pils« verkauft. Einst rotierte hier die einzige Dosenabfüllanlage der DDR, aus der 80 % des DDR-Exportbiers seinen Weg über die Grenze fanden.

Landpartie: Das höchste Dorf in Mecklenburg-Vorpommern heißt Leppin (12 km) – Soldaten schütteten hier in den 1980er-Jahren den Dachsberg auf. Aus 169 m Höhe kann man zwar das Meer noch nicht sehen, dafür aber gute Teile des südlichen Mecklenburgs. Oder man radelt auf Mecklenburgs typischen Alleen durch blühende Felder und Wiesen.

Abenteuer: Ein Berg im Flachland – in Malchow (50 km) bringt man 30 m Höhenunterschied auf einer 800 m langen Sommerrodelbahn hinter sich (ab 2,20 €, Karower Chaussee 6, 17213 Malchow, T 039932 18422, info@sommerrodelbahn-malchow.de).

Grillfrei: In Parchim kocht das »Himalaya« indisch (Schuhmarkt 3, T 03871 265114) und das »Zinnhaus« italienisch im restaurierten Bürgerhaus, das früher eine Zinngießerei beherbergte (Lange Straße 24, T 03871 633814).

Hin & Her: Der Platz liegt 15 Minuten von der A24, Abfahrt 16 (Suckow), dann Richtung Siggelkow, Meyenburg, durch Groß Pankow hindurch dem Hauptweg nach Klein Pankow folgen. Achtung: Das Navi schickt Euch zur falschen Adresse! Der nächste Bahnhof liegt in Parchim, mit dem ZOB Bus 703 nach Klein Pankow.

Geöffnet: April bis Oktober.

Ausweichquartier: Das Lewitzcamp Garwitz direkt an der Elde-Müritz-Wasserstraße bietet Tipis mit Kanalanschluss (19372 Garwitz, T 0172 3157277, info@lewitzcamp.de).

34

Nur für Erwachsene

CAMPINGPLATZ AM GROSSEN WENTOWSEE, FÜRSTENBERG, BRANDENBURG

Die erste E-Mail stammt aus dem Jahr 2011. »Ich bin gerade dabei, mein Konzept für ein Glamping-Angebot in Mecklenburg-Vorpommern zu machen«, schreibt Christiane Erdmann. Damals lebte sie in der Schweiz und wir sprachen am Telefon zum ersten Mal über ihren Traum, einen Campingplatz zu eröffnen. Zwei Berufe hatte sie bis dahin gelernt – zuerst Schreinerin (»damit niemand denkt, dass das nur eine Männerdomäne ist«), später Floristin: Blumengebinde, Kränze, mit einem Blick fürs Schöne.

Weil sie den Geruch der Manege liebte, war sie in der Schweiz bei einem Wanderzirkus hängengeblieben, als Mädchen für alles. Und gerade machte sie Urlaub in Griechenland, mit dem Wohnmobil, auf einem Campingplatz auf dem Peleponnes. Und hier draußen, an der frischen Luft, hatte sie entschieden: Ein Campingplatz wäre das Richtige für sie, ihren Partner und die Zukunft. Dieser Entschluss sollte sie die kommenden Jahre treiben, und die Idee sollte sie nicht mehr loslassen.

Eine bewusste Entscheidung für eine Nische – und nicht gegen Kinder: Die Atmosphäre stimmt, und die Mischung auch. Ein Jeep, der eher auf Safari als an den Wentowsee gehört, parkt neben einem pinken Wohnwagen.

Christiane schaute sich viele Campingplätze an, sprach mit vielen Inhabern. Sie flog nach England, in die Heimat des »Glampings«, und machte sich schlau. Sie wälzte Statistiken und rechnete. Sie schrieb Konzepte, sprach mit Banken. Als die ablehnten, überzeugte sie Freunde, ihr den Traum zu finanzieren. Denn die Frau hatte ein Ziel, und das ließ sie nicht mehr aus den Augen.

2012 schrieb Christiane dann, die Suche nach einem passenden Platz habe sich »in einen kräfteaufreibenden Kampf entwickelt«. Vieles passte nicht zu der Idee, die sie im Kopf hatte – ein Platz, der groß genug war, aber naturnah, vielleicht an einem See, mit Raum für Zelte, aber auch für andere Behausungen – »Glamping« eben. Aufzugeben aber war nicht ihr Ding. »Wider Erwarten« habe sie den Kampf gewonnen, schreibt sie später: Im Dezember 2012 ersteigert Christiane Erdmann den kleinen Campingplatz in Tornow (Fürstenberg/Havel), vier Hektar groß, mit alten Bäumen.

Der Vorbesitzer des Campingplatzes hatte vieles schleifen lassen, an eine schnelle Eröffnung war nicht zu denken. Das erste Geld versenkte Christiane im Boden – für den Anschluss an die Wasser- und Abwasserversorgung sowie das Stromnetz. 2013 wird dann noch Camperkind Amélie geboren, ein weiterer, sehr guter Grund dafür, dass Christiane den »Campingplatz am Großen Wentowsee« schließlich erst 2014 eröffnen kann. Nach dreijähriger Suche, dreijährigem Kampf – aber auch nach drei Jahren, in denen Christiane sich nicht beirren ließ.

Dass sie sich nicht beirren lässt, belegt auch ihr Konzept: Sie hat selbst eine Tochter, lässt aber nur Camper auf ihren Platz, die älter sind als 14 Jahre. Eine bewusste Entscheidung für eine Nische – und nicht gegen Kinder: Manche Regionalzeitung witterte einen Skandal,

Campingplatz am Großen Wentowsee, Ringslebener Straße 2, 16798 Fürstenberg, OT Tornow T 033080 407960 oder 0176 39058383 // campingplatz-am-grossen-wentowsee.de // kontakt@ campingplatz-am-grossen-wentowsee.de

Sonnenseite: Tolle Wiese, toller See, tolle Atmosphäre.

Schattenseite: Camper müssen älter als 14 Jahre sein.

Kosten: Zeltplatz 5 bis 8 € pro Nacht, Camper 5,50 €, Strom 2 €. Mietwohnwagen 25 €, Schäferwagen inklusive Leihkanu 45 €.

Klo & Co.: Ein hübscher kleiner Toilettenwagen aus Holz vorn, ein etwas funktionalerer Container weiter hinten auf dem Platz.

Essen & Trinken: Im Rezeptionswagen gibt es frische Brötchen (auf Bestellung) sowie Limo, Bier und Wein. Der kürzeste Weg zum Supermarkt führt mit dem Kanu übers Wasser ans andere Ufer – zum Marienthaler Konsum.

Stadtprogramm: Berlin (70 km) ist 1 Zugstunde entfernt (ab Bahnhof Zehndenick), auf dem Weg liegt Oranienburg (45 km) mit dem ältesten Barockschloss Brandeburgs und der KZ-Gedenkstätte Sachsenhausen.

Landpartie: Eher eine Wasserpartie – vom Großen Wentowsee lässt sich durch den Wentowkanal bis in die Havel paddeln, in die andere Richtung über den Polzowkanal bis in den Großen Stechlin, Ostdeutschlands tiefsten See mit über 70 m.

Abenteuer: Schon einmal Schienenfahrrad gefahren? Start ist in der »Feldbahnschau« auf dem Gelände des Ziegeleiparks Mildenberg (Ziegelei 10, Zehdenick, T 03307 310410, info@ziegeleipark.de).

Grillfrei: In der »Mühle« in Tornow (1,5 km) gibt es »Frau Müllers Soljanka«, Havelzander mit Frühlingszwiebel und Gebrannte Crème aus Beerengrütze (Neue Straße 1, 16798 Fürstenberg, T 033080 404850, info@muehle-tornow.de).

Hin & Her: Im Berliner Speckgürtel Anreise bis »Busstation Tornow (OHV), Altes Schloss« über www.vbb.de checken. Dann mit dem Schloss im Rücken Richtung Ortsausgang, dann Ringslebener Straße bis zum Campingplatz. Mit dem Auto von Berlin über Oranienburg bis Altlüdersdorf. Ampelkreuzung rechts, durch Zabelsdorf und Marienthal zum Schloss Tornow. Dann links nach Ringsleben (Ringslebener Straße), ca. 700 Meter.

Geöffnet: April bis Oktober.

Ausweichquartier: Der Thomashof in Klein Mutz (Alter Anger 8, Zehdenick, T 03307 3023790, info@ thomashof-kleinmutz.de) hat gerade eine schöne Zeltwiese (auch für Bullis) eröffnet.

»Kinderverbot! Riesen-Aufregung um diesen deutschen Campingplatz«. In Großbritannien, der Heimat des »Cool Camping«, sind Plätze für bestimmte Campergruppen dagegen üblich. Christiane meint nur: »Es gibt so viele Plätze für Familien. Hier bei mir werden die Camper dagegen vom Vogelzwitschern geweckt. Ein Platz wie jeder andere hätte kaum eine Chance, dafür gibt es gerade hier, nördlich von Berlin, zu viele.«

Auf dem Platz zeigen sich Christianes kreative Talente: Kleine Täfelchen weisen Damen- und Herrentoilette aus. »Ab hier nur Zelte«, baumelt im Wind an einem Weidenpfahl vor der großen Zeltwiese, die sanft zum Wentowsee abfällt. Ein Zirkuswagen steht am Rand, unter großen Bäumen, direkt am See. Basilikum schmückt den Waschtisch, der grüne Bauwagen in der Mitte ist Rezeption und sozialer Mittelpunkt. Wer sich abends ein Bierchen holt, kommt schnell ins Klönen mit anderen Gästen.

Die Atmosphäre stimmt, und auch die Mischung: Weil Christiane sich für eine Nische entschieden hat, füllt sich diese besonders schnell. Ein Pensionärs-Pärchen baut und werkelt an einem Bauwagen, den die beiden dauerhaft hier

am Wentowsee abstellen wollen. Ein Jeep, der eher auf Safari als an den Wentowsee gehört, parkt neben einem pinken Wohnwagen. Vorn am See campen vier Erzieherinnen, die erzählen, dass sie im Urlaub gern auf Kinderspiel vor dem Zelt verzichten. Verständlich. Sie alle profitieren davon, dass Christiane Erdmann auf eine lange Reise gegangen ist, damals, 2011, als sie ihre erste E-Mail schrieb. Diese Reise ist noch lange nicht zu Ende – die Frau hat noch einiges vor.

35

Camping auf dem Kanal

FREECAMPER, ZEHDENICK, BRANDENBURG

Und plötzlich fährt unser Bulli zwischen Enten auf dem Wasser. Plötzlich plätschern die kleinen Wellen friedlich neben dem Autoreifen. Plötzlich kreist ein Silberreiher über dem Hochstelldach. Plötzlich springt das Licht der großen Ampel von Rot auf Grün, und der Bulli fährt in die Schleusenkammer ein. Das Wasser rauscht herein, der Bulli hebt sich langsam. Kein Traum, sondern ein Ausflug mit dem Freecamper.

Der Bulli erobert statt Wald und Wiesen die Wasserwelt und wird stiller Teil von ihr: Hier über Nacht vor Anker zu gehen, das wäre bezaubernd.

Markus Frielinghaus glaubt an diese etwas ungewöhnliche Idee: Ein kleines, motorisiertes Floß trägt einen Bulli, ein Wohnmobil oder einen Wohnwagen über das Wasser. Markus ist kein Träumer, er hat Erfahrung im Tourismus nah am Wasser. In Köln studierte er Sport, seine Leidenschaft ist Wassersport. Als die Mauer fiel, schaute er mit einem Freund zusammen auf die Landkarte und sah die riesigen blauen Flächen der mecklenburgischen Seen. »Wir haben uns ins Auto gesetzt und sind hingefahren«, erinnert er sich. Und zumindest er ist geblieben: Seit 1995 betreibt er die Kanubasis Mirow an der Jugendherberge, eine Kanuschule mit angeschlossenem Zeltplatz. Etwas später kam die Segelbasis Salem dazu. Die blaue Uhr an seinem Arm trägt nicht zufällig die Aufschrift »Marine Gear«.

Als Markus zum ersten Mal den Vorläufer des Freecampers sah, erkannte er, dass die Idee noch nicht ausgereift war: Ein Wohnwagen war fest auf das Floß montiert. »Dann haben wir angefangen, die Idee zu entwickeln.« Wie weit sie gekommen sind, lässt sich in Zehdenick sehen, einem kleinen Hafen nahe einer ehemaligen Großziegelei in Zehdenick an der Havel, eine Autostunde nördlich von Berlin. Sieben Freecamper dümpeln zwischen den Pollern im Hafen. Im Sommer sind sie fast immer ausgebucht.

Über einen Ponton rollt der Bulli langsam rückwärts auf das Floß. Wie ein Fähranleger, nur kleiner – selbst entwickelt, eine von Markus' Ideen. Er weist uns ein. »Nicht ruckartig anfahren«, bittet er und winkt uns etwas weiter nach links. Dann steht der Bulli mitten auf dem »freewatüt«: Den Namen hat sich einer unserer Urlaubsvorgänger ausgedacht. Markus ist offen für Ideen, Anregungen seiner Gäste – um die Freecamper weiterzuentwickeln. Er zurrt die Reifen fest, und wir legen ab. Wenige Minuten später schippern wir über die Havel. Grün, ruhig, eine ungewohnte Perspektive für Bulli-Urlauber – vom Wasser aufs Land zu schauen. Nach ein paar Kilometern steuern wir links in den Wentowkanal. Markus bugsiert den Freecamper in die enge Schleusenkammer.

»Und, wie finden Sie die Freecamper?«, fragen wir den Schleusenwärter. »Jo, geht so«, sagt

der norddeutsch-nüchtern. »Ganz schön groß, die Dinger. Da kann nicht jeder mit umgehen.« Später, auf dem engen Wentowkanal, merken wir, was der Schleusenwärter meint: Markus lässt uns steuern. Es braucht ein wenig Übung, Gelassenheit, vielleicht auch Mut, das Floß zwischen den beiden Ufern auf Kurs zu halten. Wem jede Bootserfahrung fehlt, der muss sich einlassen wollen auf das Abenteuer Freecamper. Das ist der Preis für ein fast surreales Erlebnis: Der Bulli erobert statt Wald und Wiesen die Wasserwelt und wird ein stiller Teil von ihr. Wir treiben auf dem Wentowsee und denken: Hier über Nacht vor Anker zu gehen, im Bulli zu schlafen, während die Wellen den Freecamper sanft hin und her schaukeln, das wäre bezaubernd. Zugegeben: Dazu kommt es nicht. Wir legen abends an einem Rastplatz an, schon allein,

um mal eine Toilette zu benutzen: Coole Camper kommen eben selten mit voll ausgebautem Reisemobil samt Chemieklo. Das kleine Gasthaus zur Fähre bekocht uns mit Bauernfrühstück und Fisch. Und Markus berichtet von weiteren Ideen: Wie wäre ein Campingplatz auf dem Wasser? Mit Pontons, auf denen auch Zelturlauber ankern können? Wäre das nicht wunderbar?

Als wir abends in unsere Schlafsäcke kriechen, schaukelt der Freecamper nicht, so ruhig ist die Havel. Die sanften Wellen erträumen wir uns, bis wir am nächsten Morgen aufwachen, weil ein Boot am Bulli vorbeifährt und das leicht surreale Erlebnis weitergeht. Traumhaft, aber dank Markus kein Traum, sondern Realität.

Freecamper, Ziegeleipark Mildenberg, Ziegelei 10, 16792 Zehdenick, OTMildenberg // T 039923 71626 // www.freecamper.de // service@freecamper.de

Sonnenseite: Eine neue Perspektive für coole Camper – ab aufs Wasser.

Schattenseite: Nur mit Bulli (oder Wohnwagen) – nichts für Zelturlauber. Wer keinen Bootsführerschein hat, braucht für die größeren Flöße eine rund dreistündige Einführung. Nur »nofreetete« und »humfree« darf jeder steuern.

Kosten: Steile Preise – je nach Saison gibt's das Wochenende (3 Nächte) ab 340 €.

Klo & Co.: Nur am Ufer.

Essen & Trinken: An Bord gibt's nur das, was man mitbringt. Also: Proviant bunkern oder anlegen und grillen.

Stadtprogramm: Bei einer Wochenendtour schafft es der Freecamper bis Templin – mit fast 2 km vollständig erhaltener alter Stadtmauer inklusive Türmen, Stadttoren und den traditionellen Wiekhäusern.

Landpartie: »Bagger, Dampfmaschinen und noch mehr« verspricht eine Führung durch den Ziegeleipark Mildenberg, direkt am Freecamper-Hafen, inklusive Fahrt ins Grüne mit der alten Ziegeleibahn.

Abenteuer: Der Freecamper ist Abenteuer genug. Wer Richtung Fürstenberg schippert, findet vielleicht die kleine Badestelle, an der man sich an einem lianenhaften Seil wie Tarzan in die Havel schwingen kann.

Grillfrei: Am Heimathafen im Ziegeleipark Zehdenick kocht Bernie leckeres Frühstück. Das Gasthaus »Alter Hafen« bekocht »Elbschiffer« (Schnitzel mit Spiegelei) mit »strammer Brise« (Matjes mit Apfelremoulade).

Hin & Her: Vom Berliner Ring über die A10 bis Kreuz Oranienburg, dann B96 Richtung Stralsund/ Löwenberg, bis Gransee (Kreisel). Rechts abbiegen in Richtung Zehdenick, ca. 1 km hinter Badingen links. Aus Norden über die A24, Abfahrt Neuruppin, dann B167, links Richtung Schönberg, Gransee, Zehdenick.

Geöffnet: 1. April bis 31. Oktober.

Ausweichquartier: Wohnwagen trägt auch der Wassercaravan ab Drewin (Kontakt: Glambecker Straße 41, 17235 Neustrelitz, T 03981 442248, buchung@strelitzreisen.de, www.wassercaravan.de). Campen kann man direkt am Hafen im Ziegeleipark (Ziegelei 10, 16792 Zehdenick, T 03307 310410, info@ziegeleipark.de), am Anleger »Altes Fährhaus« in Burgwall (Havelstraße 49/50, 16792 Zehdenick, T 033080 60244, info@gasthauszur-faehre-burgwall. de) oder auf dem Campingplatz am Großen Wentowsee (s. S. 138).

36

Camping wie im Kino

CAMPING AM OBERUCKERSEE, BRANDENBURG

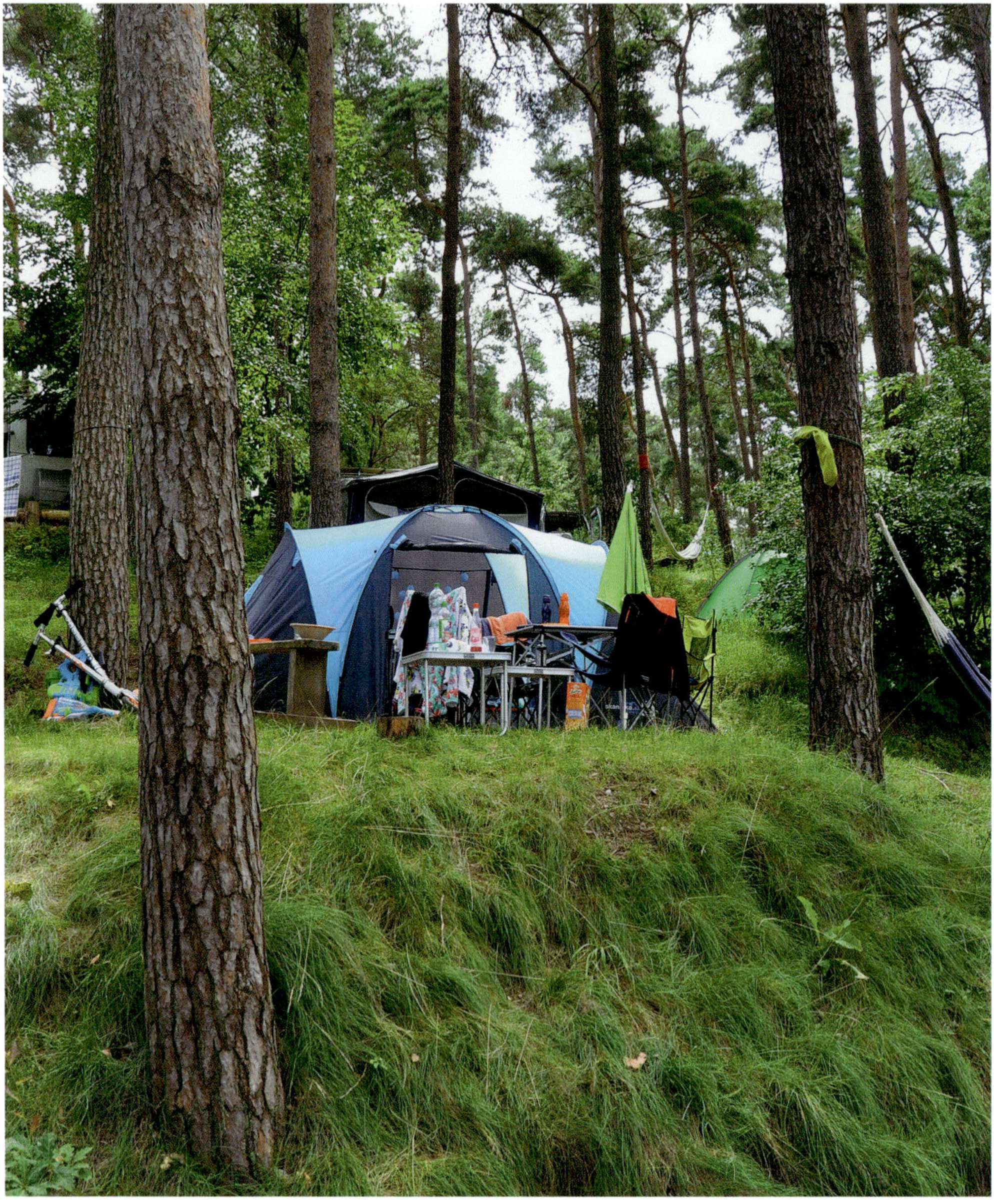

Camping am Oberuckersee, Lindenallee 2, 17291 Oberuckersee, OT Warnitz // T 039863 45 // www.camping-oberuckersee.de // info@camping-oberuckersee.de

Sonnenseite: Traumhafte Sonnenuntergänge vorm Zelt.

Schattenseite: Wenn ganz Berlin einfällt, wird's voll auf dem Platz und unten am See.

Kosten: Kinder 2 bis 12 Jahre 2,80 €, ab 13 Jahre 5,80 €, Zelt 7 €, Auto 3 €, Bulli 5–8 €. Strom 2,20 € pauschal.

Klo & Co.: Draußen großformatige Fotos an der Wand – und du denkst, du spülst im Wald. Drinnen Mosaikfliesen im geräumigen Waschhaus.

Essen & Trinken: Die Rezeption verkauft das Nötigste, Brötchen auf Bestellung. Im Sommer kommt der Food-Truck und bringt »Gutes Drauf« (gutesdrauf.de).

Stadtprogramm: 1,5 km alte Stadtmauer umgeben Prenzlau (20 Minuten per Zug, 30 Minuten per Auto) inklusive Seilerturm, Hexenturm und Pulverturm. Viele Findlinge locken Bildhauer nach Angermünde (23 km), zudem die hübsche Altstadt.

Landpartie: Wandern auf dem Wallpfad, der frühe slawische Befestigungen miteinander verbindert, unter anderem die Burgwall-Insel im Oberuckersee.

Abenteuer: Fischadlerpirsch mit »Onkel Albert«: Das Boot fährt im Linienverkehr zwischen Warnitz und Prenzlau (T 03984 832089, www.uckerseeschiff.de).

Grillfrei: Von Juli bis Oktober räuchert »Glut und Späne« (Dorfmitte 11, Gerswalde, halloglutundspaene.de) Forelle und Saibling aus den Brandenburger Seen. Der Kastanienhof in Flieth (Gartenstraße 3, T 039887 513, info@kastanienhof-uckermark.de) kocht regional und lecker.

Hin & Her: Perfekt für autofreie Abenteuer – der Bahnhof Warnitz mit Regionalverbindungen nach Stralsund und Berlin liegt 5 Minuten vom Platz entfernt. Der Radfernweg Berlin–Usedom führt am Platz vorbei. Wer trotzdem Auto fährt – über die A11 bis Pfingstberg, dann Richtung Suckow, rechts ab (wunderschöner kleiner Weg) bis zum Campingplatz.

Geöffnet: 1. April bis 15. Oktober.

Ausweichquartier: Bei vielen Berlinern beliebt ist auch der Platz am Parsteiner See (30 km, Am Parsteinsee E24, 16248 Parsteinsee, T 033365 362, www.parsteiner-see-camping.de).

Am Oberuckersee wird schon seit Langem gecampt – mit Aussicht: Der Hang fällt nicht gerade sanft ab zum Seeufer. Manches Zelt scheint sich auf seiner Terrasse an die Heringe zu klammern, die hoffentlich gut im Boden stecken. Wenn dann die Sonne sinkt, ist es wie im Kino: Von vielen Stellen hat man einen wunderbaren Blick auf den Großen Oberuckersee. Kein Vordermann versperrt die Sicht. Der Hang ist zwar bewaldet, die Isomatte muss man schon einmal verschieben, um freie Sicht zu haben, aber dann: wunderschön!

Schon seit Jahrzehnten paddeln wassersportfreudige Prenzlauer hierher und bleiben über Nacht. Zuerst wild, in den 1960er-Jahren wurde das Gelände dann offiziell »Internationaler Campingplatz«, so international, das Transitreisende aus dem »westlichen Ausland« hier übernachten durften – gegen Bestätigung vom Platzwart. Der ist schon lange nicht mehr da: Nach der Wende übernahm die Familie von Kerstin Falk den Platz und entwickelte ihn naturnah, modern und mit entspannter Atmosphäre.

Wenn dann aber die Sonne sinkt, ist es wie im Kino: Von vielen Stellen hat man direkt am Zelt einen prima Blick auf den großen, weiten See.

Gerade 60 Kilometer sind es bis Berlin – das macht den Platz im Sommer etwas zu beliebt. Insofern raten Kerstin und ihr Mann Werner, der in das Campinggeschäft eingeheiratet hat, dazu, sich anzumelden. Es ist wie im guten Kino: Wer reserviert, hat die besten Plätze – und die beste Sicht auf den Film. Am Oberuckersee zeigen sie übrigens auch in der kommenden Saison: Sonnenuntergang, in allen Varianten.

37

Freude den Hütten

HÜTTENPALAST, BERLIN

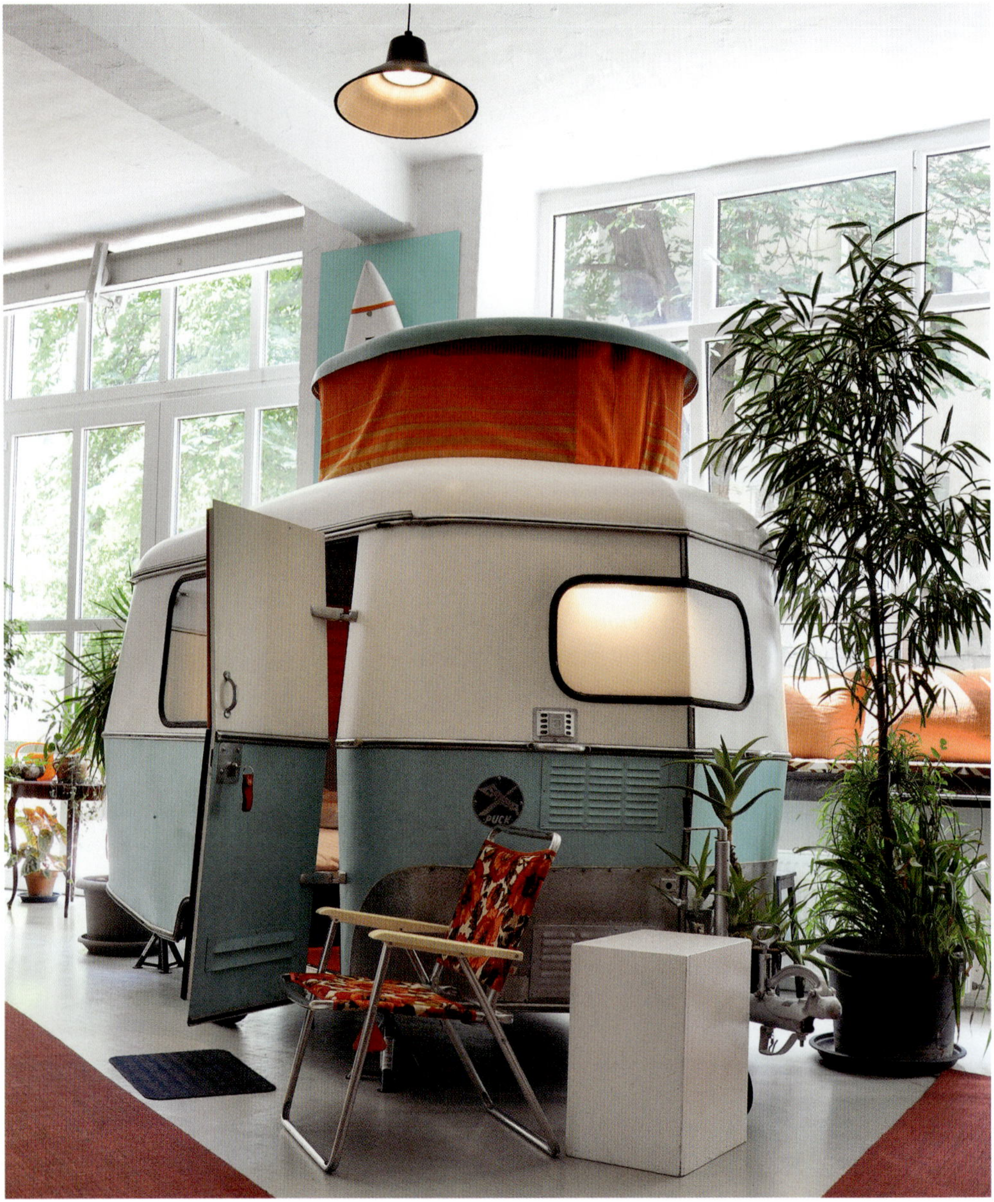

Irgendwann kam das ältere Ehepaar in den Hüttenpalast und begann zu erzählen: Seit den 1960er-Jahren hatten sie ihren Wohnwagen gehegt und gepflegt, Modell »Weferlinger Heimstolz«. Und stolz waren sie auf ihre rollende Heimat: Sie waren mit ihm oft in Ungarn, für sie bedeutete er die »große Freiheit«. Nun jedoch machte das Alter ihnen ein wenig zu schaffen, der Heimstolz war etwas zu klein und das 1,10 Meter breite Bett etwas zu schmal für sie geworden. Ob es hier ein gutes Zuhause für ihren Schatz gäbe, fragten sie. Seitdem steht der Wohnwagen hier, in Halle 2 des Hüttenpalasts, »und er riecht noch immer ein wenig nach DDR«, meint Sarah, eine der Gründerinnen.

Der Hüttenpalast ist so etwas wie der Altersruhesitz für gebrechliche Wohnwagen geworden, nicht nur für den »Weferlinger Heimstolz«. Gegenüber steht »Puck«, ein Klassiker von Eriba. »Als der zu uns kam, war von ihm nicht viel mehr als eine Außenhaut und ein verrostetes Rohrgestell übrig«, erinnert sich Sarah. Mit viel Liebe zum Detail und Geduld restaurierten sie den ramponierten »Puck«. Auch er hat eine neue Heimat gefunden – und er ist eine neue Heimat geworden – für Berlin-Urlauber.

Der Hüttenpalast ist kein Hotel, kein Campingplatz, sondern Stadtteilprojekt, Lebensaufgabe und Lebenstraum.

In den zwei Hallen des Hüttenpalastes stehen jeweils sechs Wohnwagen und kleine Holzhütten für je zwei Personen. Jeder Schlafplatz ist ein Unikum, und überall merken Besucher, wie viel Energie Silke und Sarah in die Schlafstätten gesteckt haben. »Puck« beispielsweise hat seinen 1950er-Jahre-Look behalten. Mit einer Fernsteuerung lassen sich schicke Lichteffekte an die Recycling-Decke aus weißen Plastikdeckeln zaubern. Die Matratzen in allen Wohnwagen dagegen sind neu, damit man gut schlafen kann. Nur die Geräusche der Nachbarn

hört man in der ruhigen Halle etwas lauter als auf einem Campingplatz, wo sie sich ins Vogelgezwitscher und ins Rauschen der Bäume oder Wellen mischen würden.

Der Hüttenpalast ist kein Hotel, kein Campingplatz, er ist mehr als eine Herberge: Der Hüttenpalast ist Stadtteilprojekt, Lebensaufgabe und Lebenstraum. Und das kam so: Sarah verdiente als Modedesignerin mehr schlecht als recht. Silke verdiente genug, arbeitete dafür aber zu viel in einer Eventagentur. 2009 beschlossen die beiden, ihr Leben selbst in die Hand zu nehmen. »Dass das hier ein Hotel werden würde, das wussten wir zunächst gar nicht.«

Zuerst fanden sie den Platz – die leere Halle einer früheren Staubsaugerfabrik in einem Neuköllner Hinterhof. Neukölln ist ihr Kiez. Als sie vor 13 Jahren hierher kamen, standen 80 Prozent der Läden leer. »Es gab krasse soziale Probleme«, erinnert sich Sarah.

Sie wollten etwas tun in ihrem Stadtteil und für ihren Stadtteil. Zusammen mit den Menschen, die um sie herum lebten. Dann fanden sie auf E-Bay den ersten Wohnwagen. Und die

Idee begann zu wachsen. Der Handwerker aus dem nächsten Hinterhof half, den Wohnwagen zu restaurieren. Die Künstlerin aus der Nachbarschaft gestaltete den Innenhof mit einem Kunstobjekt. Silke und Sarah entwarfen die erste Hütte für die Halle. Nach und nach wurde aus dem Traum ein Hüttenpalast.

36 Menschen können zeitgleich hier übernachten. »Ich weiß immer, wer da ist. So klein, so persönlich ist es hier«, sagt Sarah. Sie und Silke verstehen sich als Gastgeber, die Gastfreundschaft geben und gute Gespräche, Kontakte, Lob und Anerkennung dafür bekommen. Die ersten Jahre seien finanziell hart gewesen, manche schlaflose Nacht hätte ihr Palast ihnen beschert. Der Lohn ihrer Arbeit seien jedoch die Gäste, die den Hüttenpalast bei der Abreise noch kurz als »das schönste Fleckchen Erde« lobten. So schön, dass nicht nur Urlauber, sondern auch die Gründerinnen hier glücklich sind. Und auch die alten Wohnwagen, die hier eine neue Heimat gefunden haben.

Das alte Ehepaar, das seinen »Weferlinger Heimstolz« hier in gute Hände gab, erkundigt sich übrigens regelmäßig nach dessen Befinden. Einmal kamen sie sogar zu Besuch und brachten ihrem Wohnwagen eine Lichterkette mit, die ihn seitdem beleuchtet.

Hüttenpalast, Hobrechtstraße 66, 12047 Berlin //
T 030 37305806 // www.huettenpalast.de // info@
huettenpalast.de

Sonnenseite: Wunderbare Wohnwagen fürs
Wintercamping: trocken und warm (auch im Sommer!). Die Preise sind in Ordnung.

Schattenseite: Kein Platz für eigene Zelte. In
der Halle hört man die Wohnwagen-Nachbarn noch
etwas lauter als in der Natur.

Kosten: Ab 75 € pro Nacht.

Klo & Co.: Wie auf dem Campingplatz – auch in
der Halle wird das Klo geteilt, hell, neu, schön und
sauber.

Essen & Trinken: Frühstück und Mittagessen
macht das kleine Café am Hüttenpalast, Mi–So
auch abends warm. Der Hit ist das vegetarische
3-Gänge-Menü am Freitag.

Stadtprogramm: Die Märkte am Maybachufer
sind das »Little Istanbul« Berlins. Bio, Stoffe, Flohmarkt – unterschiedlich je nach Wochentag.

Landpartie: Das Grün der Stadt ist nah – auf
dem Tempelhofer Feld, dem ehemaligen Haupt-
stadtflughafen, singt heute die Feldlerche »Berlin
am Meer« für die Hüttenpalast-Crew.

Abenteuer: Eine uralte Straßenbahn (ab
S-Bahn Rahnsdorf) bringt Euch durch den Wald
zur Schleuse am Flakensee. Das Ostufer bietet
kleine schöne Schwimmplätze (noch vor der im
Sommer überfüllten Liegewiese).

Grillfrei: Schlicht und schnell serviert »Bur-
rito Baby« (Pflügerstraße 11, 12047 Berlin, T 030
33851520, www.burritobaby.de) »Mexican Street-
food«. Junge deutsche Küche gibt's im »Nansen«
(Maybachufer 39, 12047 Berlin, T 030 66301438).
In einer alten Waschküche kocht die »Lavanderia
Vecchia« gehoben italienisch (Flughafenstraße 46,
12053 Berlin, T 030 62722152, info@lavanderiavec-
chia.de).

Hin & Her: Vom Berliner Hauptbahnhof mit
dem Bus M41 bis Hermannplatz/Sonnenallee
(ca. 30 Minuten), dann 5 Minuten zu Fuß. Mit
dem Auto: Stadtautobahn A100 bis Buschkrug-
allee, dann Karl-Marx-Straße, rechts auf den
Hermannplatz, dann rechts Westerstraße, links
Hobrechtstraße. Das Karstadt-Parkhaus am Hermannplatz bietet 24 h Parken für 5 €.

Geöffnet: Ganzjährig (wird weder kalt noch
nass).

Ausweichquartier: Schlafen im Holzwürfel
bei »Easy-Lodges« (s. S. 152) nahe dem Tempelhofer Feld.

Schlafwürfel im Freibad

EASY-LODGES, BERLIN

Easy-Lodges, Berlin, Columbiadamm 160, 10965 Berlin // T 030 68050341 // www.easylodges. de // info@easylodges.de

Sonnenseite: Schicke Idee zum Draußen-Drinnen-Schlafen.

Schattenseite: Der Standort am Columbiadamm ist nicht der hübscheste, und die Würfel stehen ganz schön dicht beieinander.

Kosten: Allein kostet die Schlafkiste 53 €, für vier Personen 79 €.

Klo & Co.: Die Schlafwürfel haben kein eigenes Klo – zum Pinkeln und Duschen ab ins zweckmäßige, etwas dunkle Waschhaus.

Essen & Trinken: Für 6 € gibt's Frühstücksbüfett, den Rest nahebei.

Stadtprogramm: Stadtführung im eigenen Tempo – www.sighthearing.de verkauft vier Berliner Audio-Touren als MP3 fürs Handy.

Landpartie: Mit U- und Regionalbahn (Station Werbellinsee) zum Biorama-Projekt, einer Aussichtsplattform auf einem ehemaligen Wasserturm inmitten der Seenlandschaft im Norden Berlins (www.biorama-projekt.de). Badehose einpacken!

Abenteuer: Spreefloßfahrten mit Wotan und Odin – Platz für 10 Personen (ab 72 € für 4 Stunden, Floßhäfen in Hessenwinkel oder Oberschöneweide, T 0157 73660077, kontakt@ spreefloss.de, www.spreefloss.de).

Grillfrei: Leckerstes koreanisches BBQ nach Familienrezept im Mmaah-Imbiß (www.mmaah. de), direkt neben der Easy-Lodge.

Hin & Her: Ab Berlin Hauptbahnhof S7 (Richtung Ahrensfelde) bis S+U Jannowitzbrücke, dann U8 (Richtung Hermannstraße) bis Boddinstraße, von dort 7 Minuten zu Fuß. Mit dem Auto: A100 bis Tempelhofer Damm, dann Richtung Stadtmitte, rechts auf den Columbiadamm. Keine eigenen Parkplätze, aber Platz auf den Parkstreifen vor dem Haus.

Geöffnet: Ganzjährig.

Ausweichquartier: Ohne Charme mit Gartenzwerg – City-Camping in Spandau (Gartenfelder Straße 1, T 030 33503633, spandau@citycamping-berlin.de). Nur mit Mietkanu kommt man auf die Zeltinsel »Seddinwall« des Landeskanuverbandes (2 Stunden paddeln ab Erkner, Anmeldung unter T 0162 7208011 oder 0174 7759047) – danke, Sarah, fürs Ausprobieren!

Was passiert eigentlich auf den Flächen der Berliner Freibäder, wenn diese abends dichtmachen? Gar nichts. Drei Berliner entwickelten aus dieser ernüchternden Antwort ihre Idee für einen ungewöhnlichen Übernachtungsplatz: Schlafwürfel im Freibad.

Im Columbiabad nahe dem Tempelhofer Feld stellten sie die wohl kleinsten Häuser der Republik auf – 3 x 3 Meter große Holzwürfel mit Panoramafenster, Tisch und ein oder zwei bequemen Betten. Sie fühlen sich gut an und riechen nach Wald dank Massivholz aus nachhaltigem Anbau.

Die Würfel im Park kommen dem Gefühl vom »Draußen-Schlafen in der Stadt« in Berlin wohl am nächsten.

Leider trennt die Würfel heute ein Zaun vom Freibad – rein geht's nur durchs Kassenhäuschen und nur zu den Öffnungszeiten des Freibades. Und leider hat die »Easy-Lodge« keinen Platz für Zelte. Ursprünglich war die Würfel-Behausung als »Scube Park« bekannt, wechselte nach einer Insolvenz aber Besitzer und Namen.

Berlin hat somit ein Camping-Glück-Problem: Einige Jahre lang gab es die Tentstation. Seit sie schließen musste, gibt es keine hübschen Plätze mehr fürs eigene Zelt. Der »Hüttenpalast« (s. S. 148) vermietet großartige Wohnwagen, aber nur in einer ehemaligen Staubsauger-Fabrik. Und so kommt die Easy-Lodge dem Gefühl vom »Draußen-Schlafen in der Stadt« wohl am nächsten.

Auferstanden aus LPG-Ruinen

ZELTEN AM OSTGRABEN, BURG, BRANDENBURG

Unterschiedliche Sprachen tragen schon einmal unterschiedliche Bedeutungen für einen Ort. Das, was die Deutschen »Spreewald« nennen, heißt auf Niedersorbisch »Blota«, übersetzt: »die Sümpfe«. Die Spree verzweigt und verliert sich in vielen Kanälen, Gräben und feuchten Wiesen. Ein Biosphärenreservat mit 830 Schmetterlingsarten, 113 verschiedenen Muscheln und Schnecken, 18 Lurchen, 48 Libellen- und 36 Fischarten – Natur-Reichtum, der Touristen anzieht, der aber auch seinen Preis hat.

Bernd Seyberth bekam das zu spüren. Er kam in diese Ecke Brandenburgs, weil ihn die Liebe lockte: Kerstin, seine Frau, war hier aufgewachsen. Er heiratete in eine Familie ein, der seit der Wiedervereinigung ein gutes Stück Land (wieder) gehörte. Zuvor hatte eine LPG jahrzehntelang auf den Äckern gewütet, Gemüseanbau ganz und gar nicht im Einklang mit der Natur: Bernd und seine frisch Angetraute standen vor den Ruinen einer Folientunnel-Landwirtschaft.

Eine Wiese unter hohen Bäumen, mit schöner Anlegestelle für Paddelboote. Auf dem Steg sitzen an warmen Tagen die Urlauber, lassen ihre Beine ins Wasser baumeln.

Wer heute auf den Zeltplatz am Ostgraben kommt, findet eine Wiese unter hohen Bäumen, ruhig und friedlich, abseits der Straßen und Touristenströme, die am Wochenende durch den Spreewald fließen. Grün, satt, mit schöner Anlegestelle für Paddelboote auf dem Stauens-Fließ – das ist der poetische Namen eines kleinen Entwässerungs-Kanälchens. Auf dem Steg sitzen an warmen Tagen die Urlauber, lassen ihre Beine ins Wasser baumeln und warten auf Neuankömmlinge.

Im Flur des Waschhauses hängen noch Fotos davon, wie es in den 1990er-Jahren hier aussah: ein Durcheinander von kaputten Gewächshäusern, zerrissene Folie überall, Steine im Boden, vermischt mit Metall, Brennnesseln schulter-

hoch. Und dann kam Bernd, Stadtkind, aufgewachsen in Cottbus. »Wir haben mit bloßen Händen angefangen, den Müll wegzusammeln.« Aber auch schwere Maschinen mussten ran. »Da war viel Geld weg in kurzer Zeit«, erinnert sich Bernd.

»Ich hatte sehr tolerante Schwiegereltern«, grinst er. »Was ich mir an Schnitzern erlaubt habe…«, ein Satz, den er nicht beendet. »Die haben uns machen lassen, auch, als wir auf die Idee kamen, hier einen Campingplatz aufzubauen.« Wenn auch die Schwiegereltern nicht in Opposition gingen – die Behörden taten genau das. Ein Campingplatz? Im Biosphärenreservat? Im Lurchparadies Spreewald? Das Gewerbeaufsichtsamt schüttelte gleich mehrere Köpfe. Es brauchte viel Energie und einige Überzeugungskraft, um zu erklären, dass ein Ort für Zelte und Boote deutlich besser wäre, als die Ruine aus Folientunnel und Müll vor sich hin rotten zu lassen.

Bernd und Familie investierten viel in ihren Traum, vom Land der Familie wieder zu leben. Ganz reicht es bis heute nicht – kein kleiner Campingplatz macht seine Betreiber reich. Und so parkt auf dem Hof das Zeugnis von Bernds zweiter Berufung: Er kurvt als Elektriker durch den Spreewald, im Winter deutlich mehr als im Sommer, wenn er sich um die Campinggäste kümmert. »Das ist nicht ganz leicht. Wenn der Campingplatz Hochsaison hat, muss ich meine Elektriker-Kunden hinhalten«, berichtet er.

Zwei Seelen schlagen in seiner Brust: Elektriker und Campingplatz-Betreiber, ein Stadtkind auf dem Land – damit ein Traum wahr wird. Aber Bernd und seine Familie haben es geschafft, den alten Hof der Familie mit neuem Leben zu füllen. Ihren persönlichen »Blota«, ihre Sümpfe aus dem Müll früherer Jahre, haben sie trockengelegt und darauf einen kleinen »Wald« gepflanzt – Bäume, die wachsen und Schatten spenden für Zelturlauber. Hier, auf dem kleinen Zeltplatz am Ostgraben, treffen sich der niedersorbische und der deutsche Name des Spreewaldes so wie Vergangenheit und Zukunft.

Zelten am Ostgraben, Schwarze Ecke 32, 03096 Burg/Spreewald // T 035603 18773 // www. zelten-in-burg-spreewald.de // seyberth@t-online.de

Sonnenseite: Eine kleine Zeltwiese mit Anlegestelle am »Stauens-Fließ«.

Schattenseite: Bullis müssen leider draußen bleiben.

Kosten: Erwachsene 11 €, Kinder bis 13 Jahre 5,50 €, Familien 30 €.

Klo & Co.: Der große Gemeinschaftsraum mit Fernseher erinnert an ein Vereinsheim, die Klos darin sind sauber, gewinnen aber keinen Schönheitspreis.

Essen & Trinken: Der Bäcker bringt Brötchen (Vorbestellung), den Rest vorher einkaufen (Supermärkte ca. 5 km entfernt in Burg).

Stadtprogramm: Zwischen riesigen Plattenbau-Siedlungen versteckt sich in Bernds Heimatstadt Cottbus (22 km) die Altstadt mit Wallanlagen und Schlossgarten. Die Kuppel des Raumflugplanetariums »Juri Gagarin« dient zugleich als Sonne in einem Planetenpark, der die Konstellation zur Silvesternacht 99/2000 festhält.

Landpartie: Zu Fuß oder Skaten auf ausgebauten Wegen – knapp 10 km nördlich liegt die alte »Holländermühle«, die heute wieder wie vor 100 Jahren ächzt, knirscht und mahlt (Laasower Straße 11a, 15913 Straupitz).

Abenteuer: »Spreeditationen« heißen die Kahntouren von Hagen Conrad (Hagens Insel, Weidenweg 4, T 035603 61839, www.hagens-insel.de) – oder auf eigene Faust per Paddelboot oder Mietkanadier (Bootshaus am Leinweber, kommt auf den Platz, Vorbestellung T 035603 60096). Im Kletterwald Lübben kann man trockenen Fußes abenteuern (Hartmannsdorfer Straße 27c, T 01573 0051727, www.kletterwald-luebben.de).

Grillfrei: Gutbürgerliche Küche im Gasthaus Erlkönig (2 km, Erlkönigweg 3, 03096 Burg, T 035603 387, www.gasthauserlkoenig. de oder im Landgasthof Ochseneck (Waldschlösschenstraße 2, 03096 Burg/Kauper, T 035603 60667, www.ochseneck.de).

Hin & Her: Mit dem Zug bis Cottbus oder Vetschau, dann weiter mit dem Bus nach Burg, einen längeren Fußweg einplanen. Mit dem Auto: A15 bis Abfahrt Boblitz/Calau, dann über Bobitz, links nach Raddusch, dann »Erste Kolonie« entlang durch Burg, links Ringchaussee, dann links Schwarze Ecke.

Geöffnet: April bis Oktober (meist Gründonnerstag bis 3. Oktober).

Ausweichquartier: Unser Favorit ist leider wegen Krankheit häufig geschlossen – die kleine Zeltwiese »Ramona's Wiesenfühlung« (Weidenweg 4, 03096 Burg, T 035603 61839, www.wiesenfuehlung.de). Hübsch ist auch die »Erleninsel« nahebei (Schwarze Ecke 6, T 035603 60543, info@erleninsel.de).

Urlaub »anna Fleuth«

ANNA FLEUTH, KEVELAER, NORDRHEIN-WESTFALEN

Wenn auch nicht bekannt ist, ob der Musiker John Cage gern Campen ging – er hat eine Erwähnung in »Camping-Glück« verdient. Denn Cage bescherte der Welt unter anderem das Musikstück »4'33« (4 Minuten 33), das ein einziges Notationszeichen enthält: die Pause.

Beim Sommerfest des Campingplatzes »Anna Fleuth« führte kürzlich die Band von Betreiber Daniel Wouters »4'33« auf. Nachdem Daniel mit flotten Schlägen vorgezählt hatte, hielten er und seine Musiker genau zwei Minuten und 16 Sekunden lang die Instrumente still. Sie boten das John-Cage-Stück quasi in doppeltem Tempo dar – kein Ton, keine Bewegung, sondern Ruhe. Dieser Auftritt der Band K-Otic Noise samt Frontmann Daniel steht für seinen Campingplatz: Denn Anna Fleuth ist ein besonderer Ort. Ein stilles Plätzchen, angenehm entspannt und ruhig. Eben gut für eine lange Pause.

Daniel veranstaltet Kräuterseminare, Osterfeuer, Apfelkuchenwochenenden und Winterzelten. Und ein selbstgebauter Steinofen wartet auf Pizza.

»K-Otic« (chaotisch) ist auf Daniels Platz gar nichts, im Gegenteil. Die Welt scheint hier in bester Ordnung zu sein, überschaubar und mit sich im Reinen. Der Zeltplatz ist Daniels sehr persönliche Antwort auf eine bekannte Frage: Wie kann ich Beruf, Leidenschaft und Familie unter einen Hut bringen?

Von Beruf ist Daniel Musiker und studierter Musikethnologe. Leidenschaftlich versucht er, die Natur zu schützen und mit ihr zu leben. Er veranstaltet Kräuterseminare, Osterfeuer und Apfelkuchenwochenenden, und auf die Zelturlauber mit Lust auf Pizza wartet ein selbst gebauter Steinofen.

Seine Familie besteht aus Partnerin Helen und seinen Söhnen Robin und Nico sowie Daniels Eltern, die erheblichen Anteil daran hatten, die große Frage zu beantworten.

Denn sie gaben ihren Garten her für Daniels Antwort: Er wollte einen Zeltplatz gründen. 2010 öffnete schließlich der Campingplatz »Anna Fleuth« hinter Daniels Elternhaus. Der Name beschreibt seine Lage – er liegt an der Issumer Fleuth (»Flöth« gesprochen), einem 25 Kilometer langen, für Schwimmer zu flachen Flüsschen, das den Platz zu einer Seite begrenzt. Wenn man »An der Fleuth« etwas luschig ausspricht, klingt das im Niederrheinischen wie »Anna Fleuth«.

An der Fleuth legen sie viel Wert auf die Atmosphäre: Nur 30 Zelte finden auf der Obstwiese Platz, Autos (und somit auch Bullis) müssen draußen bleiben. Dafür hat sich die niederrheinische Flora und Fauna ihre Nischen und Rückzugsgebiete erobert: In einer Ecke des Gartens ragt die Wurzel einer Pappel meterhoch in den Himmel, die ein Sturm im vergangenen Jahr umgelegt hat. Ins blitzneue Sanitärhaus hat Familie Wouters eine Behindertentoilette eingebaut. Integrative Gruppen – Behinderte und Nicht-Behinderte – sind besonders willkommen. Das warme Wasser kommt aus Sonnenkollektoren auf dem Dach und einer Pellet-Heizung. Zum Frühstücksbüfett (jeden Morgen von 8.30 bis 10 Uhr) gibt es selbst gebackenes Schwarzbrot und Gürkchen. Und wer sein eigenes Zelt nicht dabei hat, für den gibt es zwei mietbare Familienzelte oder Gruppenzelte mit Feldbetten. Seit 2016 gehört auch ein kleiner

Zeltplatz Anna Fleuth, Niersstraße 39, 47626 Kevelaer, OT Winnekendonk // T 02832 899980 // www.anna-fleuth.de // kontakt@anna-fleuth.de

Sonnenseite: Zelturlaub auf der Obstwiese – friedlich und entspannt. Camping-Glück pur!-
Schattenseite: Bullis müssen leider draußen bleiben.
Kosten: Zelt 5–7 €, Erwachsene 7 €, Kinder 5 €, Mietzelt für Familie 45 € (mind. 2 Nächte).
Klo & Co.: Das niegelnagelneue Klo-Holzhaus blitzt sauber und ist geräumig.
Essen & Trinken: Frühstücksbüfett für 6,50 € pro Person, Lunchpakete für 5 € und Snacks und Konservendosen am Kiosk.
Stadtprogramm: 20 km entfernt lockt eine Rarität – die einzige deutsche Stadt mit einem »X«. In Xanten wurde der Nibelungen-Sage nach Siegfried geboren, und bis ins Mittelalter hieß die Stadt »Klein-Troja«. Zu sehen sind aus dieser Zeit Funde im Archäologischen Park, ein Amphitheater und der gotische St.-Viktor-Dom.
Landpartie: Anna Fleuth liegt inmitten eines Radwege-Spinnennetzes, nahebei verlaufen unter anderem der Niers-Wanderweg, die Niederrhein-Route und die »Via Romana« entlang alter Römer-Funde.
Abenteuer: Noch eine Rarität in 10 km Entfernung – Europas größtes Bauernhof-Labyrinth, das Irrland, bietet Verwirrung unter Tausenden Bambus-, Lorbeer-, Palmen- und Sonnenblumenpflanzen.
Grillfrei: Auch eine Rarität – an der Luft getrocknetes Rindfleisch (»Dry Aged Beef«) im »Altderb« in Kevelaer (Alt Derp, Haus Stassen, Hauptstraße 63, T 02832 78476, info@alt-derp. de). Oder niederländische Leibspeisen im »Pfannekuchenhaus Hollandia« (Busmannstraße 14, Kevelaer, T 02832 971677).
Hin & Her: Am Besten mit dem Fahrrad. Oder ab Bahnhof Kevelaer mit dem Bürgerbus nach Winnekendonk bis zur Haltestelle »Friedhof«. Mit dem Pkw geht auch – begrenzte Parkmöglichkeiten.
Geöffnet: Mai bis September.
Ausweichquartier: Konventionell, aber ruhig ist der Campingpark Kerstgenshof, Marienbaumer Straße 158, 47665 Sonsbeck-Labbeck, T 02801 4308.

See zum Zeltplatz. Zu klein zum Schwimmen, aber ein gemütliches Plätzchen am Wasser fürs Picknick, zum Hütten bauen oder Seele baumeln lassen.

Daniel hat all seinen Mut zusammengenommen und sich einen Traum verwirklicht. Er lebt sein Leben dank »Anna Fleuth« so, wie es ihm passt. Weil er selbst gern mit dem Zelt unterwegs ist, sind ihm die campenden Gäste nah, und er genießt ihre Gesellschaft. Er kann viel Zeit mit seiner Familie verbringen. Oft sind seine beiden Söhne mit auf dem Platz und mischen sich unter die Gäste. Und dann und wann bleibt noch genug Zeit für Daniel, selbst Musik zu machen.

Auf der Internetseite wird jeder Camper aufgefordert, seine eigenen Musikinstrumente mitzubringen – für Gesang am Lagerfeuer, vielleicht gar für experimentelle Stücke. Denn John Cage hat in weiser Voraussicht immerhin erlaubt, sein Stück »4'33« in jeder anderen Länge zu spielen. Stille für ein Wochenende wäre also machbar, oder für einen ganzen Urlaub »Anna Fleuth«.

41

Röhren, die betören

DAS PARKHOTEL, BOTTROP, NORDRHEIN-WESTFALEN

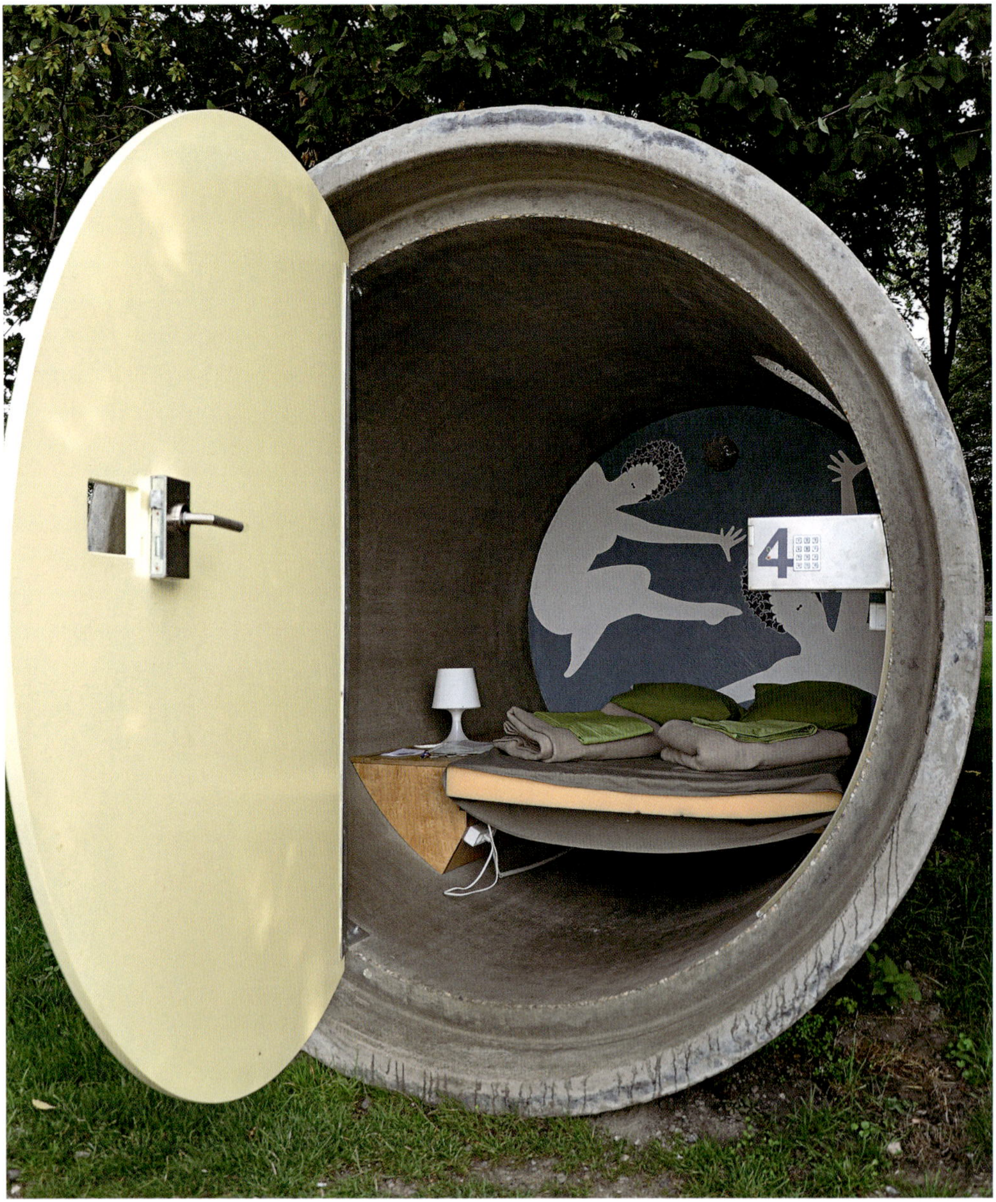

Die gelbe, runde, übergroße Tür fällt ins Schloss, und ich bin allein in meinem oberirdischen Kanalrohr. 2 Meter im Durchmesser, 2,60 Meter lang. Die kleine, weiße Stehlampe neben dem Bett könnte ich einschalten. Doch es fällt genügend Licht durch das Bullauge über mir, und ich sehe, wie der Wind die grünen Blätter draußen verweht. Das Bett ist hart, aber bequem, darunter Stauraum für meine Tasche. Zwei Kopfkissen, Decken und ein großes Bild an der Stirnseite: eine schwimmende Dame mit Badekappe in Blau-Grün. Und das in einer ehemaligen Kläranlage?

Ein kleines Stückchen Grün im Grau: Es fällt genügend Licht durch das Bullauge über mir, und ich sehe, wie der Wind die Blätter verweht.

Der harte, graue Beton um mich herum dämmt die Geräusche von draußen. Sie verstummen nicht, sie verschwimmen nur. Ein Güterzug rattert heran, die Bremsen schreien. Fern röhrt eine Maschine. Wenn ich einschlafen würde, könnte ich mit diesen Geräuschen träumen, und es wäre leicht, ins Damals zurückzureisen: als Zechensirenen den Schichtwechsel ankündigten, laut über das ganze Ruhrgebiet hinweg. Rumpelnde Stahlwalzen, schabende Kohlehobel, der »Pulsschlag aus Stahl«, den Herbert Grönemeyer in »Bochum« besingt. Man hörte ihn laut in der Nacht.

Im Parkhotel kann man davon träumen, wie das Ruhrgebiet einst klang. Schließlich schläft man mittendrin im Pott, in einem Kanalrohr, das heute für die Zukunft dieser Region steht. Denn baugleiche Kanalrohre werden einige Meter weiter gerade unter der Erde verbaut, damit das gesamte Ruhrgebiet wieder gut schlafen kann.

Einst strömten die Flüsse Emscher und Berne lebendig und gesund durch die Landschaft. Dann kam die Industrialisierung und mit ihr der Bergbau. Diese machten die zwei Flüsse zu offenen Schmutzwasserkanälen, in die sich die Abwasser von Industrien, Bergbau und Städten ergossen. »Köttelbecken« nannten sie Emscher und Berne fortan, um die Sauerei zu beschreiben, die durch die einbetonierten Flussbetten trieb.

Die Menschen im Ruhrgebiet waren nicht etwa unzivilisiert, als sie ihre Flüsse derart missbrauchten: Denn Kanalisation ließ sich hier nicht verlegen, weil ganze Gebiete durch den Bergbau absackten, an einigen Stellen um bis zu 15 Meter. Die Flüsse waren der einzige Weg, den das Abwasser nehmen konnte, und sie wurden nach Kräften geklärt. An der Mündung des Essener Stadtflusses Berne in die Emscher zum Beispiel arbeitete fast 40 Jahre lang ein Klärwerk. Hier liegt heute der Bernepark, ein kleines Stückchen Grün im Grau – mit

Schlafröhren und Spielplatz. Vom Klärwerk zum Park – was für eine Veränderung. Verantwortlich dafür ist die Emscher-Genossenschaft, der Unternehmen, Bergbau und Kommunen angehören. Sie hat den Auftrag, nach Ende des Bergbaus die Flüsse der Region bis 2020 wieder naturnah zurückzubauen und die Abwässer durch unterirdische Flusszwillinge in Kanalrohren zu leiten. Den Menschen im Ruhrgebiet gibt die Genossenschaft lebenswerten Raum entlang der Flüsse zurück. Und sie ist dabei offen für Ideen, so wie im Bernepark: Der österreichische Künstler Andreas Strauss entwickelte die fünf oberirdischen Schlafröhren. Auch Anwohner des Berneparks mieten sich heute über das Internet immer mal wieder ihr Kanalrohr für eine Nacht – vielleicht, damit sie spüren können, welchen Weg ihre Heimat schon gegangen ist.

Eines der kreisrunden Klärbecken im Bernepark wurde zum Garten umgebaut. Das andere ist unter der stählernen Räumerbrücke noch immer voll Wasser. Und man dürfte vielleicht sogar darin schwimmen, würde nicht die Badeaufsicht fehlen (Willkommen in Deutschland!). Denn die Wasserqualität ist gut. Und die Dame mit Badekappe an der Wand meines Kanalrohres könnte heute wirklich dort schwimmen, wo noch vor wenigen Jahren die Köttel aus der Berne gefiltert wurden.

Wenn ich heute Nacht die Augen schließe, werde ich im Traum vielleicht die Geräusche von morgen hören: ein lautes Platschen beim Kopfsprung ins ehemalige Klärbecken. Das leise Plätschern bei jedem Zug. Und nur in der Ferne ein Güterzug – schließlich sind wir immer noch im Ruhrgebiet.

Das Parkhotel, BernePark, Ebelstraße 25a, 46242 Bottrop // T 02041 3754840 // Buchung ausschließlich online: www.dasparkhotel.net // info@dasparkhotel.net

Sonnenseite: Eine der schrägsten (rundesten) Hütten im Land.

Schattenseite: Die fünf Kanalrohre sind begehrt, also früh buchen. Kein Platz für Zelte.

Kosten: »Pay as you like« – man zahlt, so viel man möchte. 20 € pro Nacht decken gerade die Kosten der Macher.

Klo & Co.: Dusche & Toilette im versteckten Container – zweckmäßig und sauber.

Essen & Trinken: Keine Rezeption, kein Kiosk – alles mitbringen!

Stadtprogramm: Einen Blick aufs Ruhrgebiet bietet Bottrops seltsames Wahrzeichen, der Tetraeder: eine Stahlkonstruktion auf der Halde Beckstraße, die durch Abraum aus dem Bergbau entstand. Tolle Aussicht fast 100 m hoch über Bottrop.

Landpartie: Mit »Emscher-Expeditionen« das Emschertal erkunden – Ideen für geführte oder eigene Touren per Kanu, Lama oder Mountainbike (www.emscher-expeditionen.eu).

Abenteuer: Fallschirmspringen in der Halle, für Anfänger ab 49 € (Indoor Skydiving Bottrop, Prosperstraße 297, T 01805 151010, kontakt@ indoor-skydiving.de).

Grillfrei: Von »Himmel und Erde mit Blutwurst« über »Currywurst auf moderne Art« bis zum »Havelzander mit Aromaten im Strudelteig« kocht Ernst Scherrer mit Auszubildenden im »Restaurant im Maschinenhaus« gleich neben den Schlafröhren – ein gemeinnütziges Projekt, um Jugendliche in Arbeit zu vermitteln. Scherrer macht eine Pause vom Ruhestand: Der 66-Jährige war lange Jahre Chef de Cuisine in Recklinghausens bestem Restaurant, dem »Landhaus Scherrer«.

Hin & Her: A42, Abfahrt Bottrop-Süd, dann über die Borbecker Straße.

Geöffnet: Mai bis Oktober.

Ausweichquartier: Ruhrcamping Essen (s. S. 166) oder 50 km nördlich, im Naturpark Hohe Mark, Camping Groß-Reken, Schomberg GbR, Berge 4, 48734 Reken, T 02864 4494.

42

Wagen, die behagen

RUHRCAMPING, ESSEN, NORDRHEIN-WESTFALEN

Niemand kann ruhig auf der Isomatte sitzen bleiben, wenn er hier sein Zelt aufgeschlagen hat. Man hält es noch nicht einmal auf der Holzbank aus, die vor dem roten Bauwagen »Rüttenscheid« steht. Und erst recht nicht innen drin, in einem der Bauwagen, in denen aus Camping »Glamping« wird. Man muss einfach schwimmen gehen.

Simone Bauer hat das »Glamping« ins Ruhrgebiet gebracht. »Glamping«? Der Begriff mag klingen wie ein asiatisches Reisgericht, er beschreibt jedoch eine wunderbare Kombination, die im Mutterland des »Cool Camping« erfunden wurde. »Glamourous Camping«, zusammengenommen »Glamping«, ist so etwas wie Luxus-Camping: In der Natur schlafen, ohne jede Bodenwelle zu spüren, ohne sich im Schlafsack zu vertakeln und ohne in Badelatschen durch den Matsch zu waten.

Glamping: In der Natur schlafen, ohne nass zu werden, ohne Heringe einzuschlagen und ohne 100 Meter zur Toilette zu laufen.

Im Stadtteil Essen-Horst hat Simone Bauer am Ufer der Ruhr, die dem Bergbaugebiet im 18. Jahrhundert ihren Namen gab, einen alten Campingplatz gekauft. Sie begann damit, ihn nach und nach umzurüsten, von Camping auf Glamping. Heute stehen hier sieben Bauwagen, in Dunkelblau das Modell »Steele«, in Rosa »Bredeney«. Kein Wagen gleicht dem anderen, genauso wenig wie die Essener Stadtteile, nach denen die Bauwagen benannt sind. Auch innen hat jeder Bauwagen seinen eigenen Charakter – manchmal mit Etagenbett, einfacher Küche und Toilette, manchmal mit XXL-Liegewiese, für die sich selbst in den Flitterwochen niemand schämen müsste. »Zeit ist die Seele der Welt«, steht über einem der Betten an der Wand – es könnte das Motto von »Ruhrcamping« sein.

Ein altes Bootshaus ist Simone Bauers Rezeption. Sie ist neu im Geschäft, erst 2006 kaufte

sie ihren Platz – aus Leidenschaft. Denn früher war hier einer der Stadtstrände von Essen: Die Menschen sprangen in die Ruhr, die stetig und kraftvoll vorbeifließt. Eine kleine Treppe führt

hinunter auf den Steg. Simone Bauer hat hier selbst Schwimmen gelernt. Schwimmen? In der Ruhr, die der Zoologe August Friedrich Thiemann 1911 »eine braunschwarze Brühe« nannte, »die stark nach Blausäure riecht, keine Spur Sauerstoff enthält und absolut tot ist«?

Viel ist passiert seitdem. Der Fluss ist sauberer denn je, und wenn sich die Behörden auch noch immer nicht durchringen können, die Ruhr für Schwimmer freizugeben: Es ist eine Wonne, hier einzutauchen. Vom Steg am Campingplatz kann man den Fluss leicht durchschwimmen, immer schräg zur Strömung. Auf der anderen Seite lässt es sich über ein paar Steine herausklettern. Die Radfahrer auf dem Ruhrtalweg schauen ein wenig irritiert ob des halbnackten Passanten. Vier- bis fünfhundert Meter kann man in Badehose und barfuß am Flussufer hinauflaufen, bis zur alten Schleuse Horst: 1774 erbaut, damit die Ruhr schiffbar wurde. Gegenüber summt und plätschert das Wasser durch das Kraftwerk Horster Mühle, um rund 2500 Haushalten Strom für ihre Glühbirnen zu produzieren.

Nicht zu dicht an Schleuse und Kraftwerk steigt man wieder in den Fluss. Mit ein paar Schlägen schwimmt man zurück in die Strömung. Langsam erfasst einen die Ruhr, sie nimmt Schwimmer auf und hält sie sicher umschlungen. Weiches Wasser, sauber und kühl. Es ist der Kontrast zum Fluss damals, der so fantastisch ist: früher verdreckt, eine Gosse der Industrialisierung, heute die grüne Lebensader des erwachten Ruhr-Tourismus. Der Fluss bringt den Schwimmer zurück zum kleinen Badesteg am Campingplatz und setzt ihn sanft dort ab.

Wer um diese Magie der Ruhr weiß, der kann nicht still sitzen bleiben am Ufer. Weder auf der Isomatte vor dem Zelt, noch auf der Bank vor dem Bauwagen. Es mag noch so schön sein beim »Glamping« an der Ruhr – wer hier zeltet oder einen Bauwagen bezieht, der muss schwimmen. Sofort.

Ruhrcamping, In der Lake 76, 45279 Essen, T 0178 1563910 // www.ruhrcamping.de // info@ruhrcamping.de

Sonnenseite: Fantastische Lage – mitten in der Stadt und doch im Grünen.

Schattenseite: Die Bauwagen sind schnell ausgebucht.

Kosten: Bauwagen 40–120 € zzgl. 10 € Endreinigung, Zeltplatz 8 €, Bulli 10 €, pro Person 6 €.

Klo & Co.: Noch rudimentär – düster und einfach.

Essen & Trinken: Fehlanzeige auf dem Platz – kein Kiosk!

Stadtprogramm: Essen war 2010 stellvertretend für das Ruhrgebiet »Kulturhauptstadt Europas«. Von den Kunstprojekten ist bis heute viel geblieben, neben Denkmälern der Industrialisierung wie dem UNESCO-Welterbe Zeche Zollverein.

Landpartie: Der Ruhrtalradweg läuft gegenüber am anderen Ruhrufer – 230 km vom Sauerland bis Duisburg. Seit dem Kulturhauptstadtjahr stehen entlang der Ruhr 17 Kunstwerke.

Abenteuer: Ballonfahrten übers Ruhrgebiet ab 160 € aufwärts, zum Beispiel mit dem Ballonclub Mülheim an der Ruhr (www.ballonclub.de) oder Wupperballon (www.wupperballon.de).

Grillfrei: Knut Hannappel hat die Kneipe seiner Eltern in Essen-Horst übernommen und daraus ein Gourmet-Restaurant gemacht. Nicht billig, aber sterneverdächtig. Die Michelin-Tester waren schon da (Restaurant Hannappel, Dahlhausener Straße 173, 45279 Essen, T 0201 534506).

Hin & Her: Wer mit dem Auto kommt, wartet bitte am Parkplatz gegenüber der Ruhrdestille auf Susanne Bauer, die das Eingangstor öffnen muss. Vom Hauptbahnhof Essen mit der S3 in Richtung Hattingen bis Haltestelle Horst, von dort sind es noch ca. 15 Minuten zu Fuß.

Geöffnet: April bis Oktober.

Ausweichquartier: Das Parkhotel (s. S. 162) oder eines der nahen Dauercamper-Paradiese: Horster Ruhrbrücke (In der Lake 24b, 45279 Essen-Horst, T 0179 7942179, Nachricht@horster-ruhrbruecke.de) oder am Baldeneysee (Hardenbergufer 369, 45239 Essen, T 0201 402007, www.camping-essen-scheppen.de).

43

Camping mit Cocktail-Bar

RHEINCAMPING MEERBUSCH, NORDRHEIN-WESTFALEN

Es gibt wohl nicht viele Zeltplätze in Deutschland, auf denen der frühere Empfangschef eines Hilton-Hotels das Check-in übernimmt. Und es gibt wohl noch weniger Plätze, auf denen anschließend der frühere Chefsteward einer deutschen Fluggesellschaft den Weg zum eigenen Rasenstückchen weist. Und weil abends dann noch eine Cocktail-Bar lockt, wird man wohl nicht umhinkommen, diesen Platz »einzigartig« zu nennen. Am linken Rheinufer, gegenüber von Düsseldorf, spürt man die Professionalität der Eigner in fast jedem Grashalm.

Die Heimat von »Rheincamping Meerbusch« ist eine lange Wiese am Fluss, die der Rhein im Winter oft überschwemmt. Weil der Platz vor dem Deich liegt, muss er jedes Jahr im Herbst geräumt werden. Jedes Zelt, jeder Wohnwagen, jeder Toilettencontainer verschwindet. Sogar die Standbar »Tropicana« wird abgeschleppt – was man sich im Sommer nur schwer vorstellen kann. Denn auf den ersten Blick offenbart sich nicht, dass das Kleinod aus Containern besteht: Eine große Sandfläche mit Liegestühlen weckt Südsee-Gefühle, Bastmatten und eine Holz-terrassen verbergen weiße Stahlwände.

Zudem lassen Hamburger Sausebrause, Mexiko-Bier und Karibik-Coktails schnell vergessen, dass »Rheincamping Meerbusch« durch und durch ein Dauercamper-Platz war – bis Markus Brix und Rainer Breitbach kamen. Beide ausgebildet im Hotelfach, der eine arbeitete im Hilton, der andere im Flugzeug, bevor sie sich zusammentaten: Auch privat verpartnert wagten sie den Neuanfang. 2005 übernahmen sie ein kleines Hotel am Chiemsee. Rainers Eltern (Rainer senior und Antonia) halfen mit. Doch irgendwann trieb es die gebürtigen Westdeutschen wieder zurück in die Heimat. Und weil Familie Breitbach jahrelang mit dem Wohnwagen geurlaubt hatte, übernahmen sie im Jahr 2008 kurzerhand den Campingplatz Meerbusch.

»Das ist nicht vergleichbar mit einem Hotel, es ist eine ganz andere Branche«, meint Rainer junior. »Hier herrscht ein anderer Ton.« Von einigen Dauercampern trennten sich die neuen Inhaber – sie wollten den Platz attraktiver für Kurzurlauber machen. »Das galt hier als Randalecamping, bevor wir eingestiegen sind«, erinnert sich Rainer. Nun machen die Besitzer dreimal nächtens ihre Runde, um 22 Uhr, 1 Uhr und 4 Uhr, um die Nachtruhe zu sichern.

Der frühere Hilton-Empfangschef betreut die Rezeption, der frühere Flugzeug-Steward schmeißt die Strandbar.

Seitdem ist Rheincamping Meerbusch auf gutem Weg zum »Camping-Glück«. Dauercamper bewohnen den hinteren Teil der Rheinwiese, Zelte und Bullis haben vorn viel Platz.

Abgegrenzte Parzellen gibt es nicht, und wer früh genug kommt und Glück hat, der kann seine Heringe direkt am Rhein einschlagen. Am Ufer gegenüber macht sich Düsseldorf breit, eine kleine Autofähre schippert ständig hin und her, hindurch durch die platten, langen Binnenschiffe, die den Rhein hinab fahren – ein wunderbarer Blick von einem der besten Plätze im Westen.

Dass die Atmosphäre stimmt, liegt vor allem an den Inhabern: Sie arbeiten nicht nur zusammen, sie überwintern auch zu viert in Andalusien. Markus, Partner Rainer junior, Vater Rainer senior und Mutter Antonia. Wie das funktioniert, 365 Tage im Jahr? Man trifft sich einmal am Tag, bespricht, was ansteht, und dann betreut jeder, was er am besten kann: der frühere Hilton-Empfangschef Markus die Rezeption, Ex-Steward Rainer Strandbar und Platz, und die Eltern helfen, wo Not am Mann ist.

Schade nur, dass kein Zimmermädchen mit im Team ist. Es wäre doch ein Traum, wenn morgens der Schlafsack aufgeschüttelt würde und abends Schokolade auf der Isomatte läge. Wie im Hilton.

Rheincamping Meerbusch, Zur Rheinfähre 21, 40668 Meerbusch (Langst-Kierst) // T 02150 911817 // www.rheincamping.com // info@rheincamping.com

Sonnenseite: Eine feine Zeltwiese am Rhein mit Beach-Club.

Schattenseite: Das Publikum ist etwas gesetzter als auf anderen Cool-Camping-Plätzen.

Kosten: Je nach Saison zahlen Erwachsene 7,20–9 €, Kinder 5–5,50 €, Stellplatz 7-9 €, Strom 3,20 €.

Klo & Co.: Der Fußmarsch zum Container kann je nach Platz schon mal ein bisschen dauern.

Essen & Trinken: Im »Club Tropicana« gibt's Cocktail, Kuchen und Currywurst unter Palmen und Bastschirmchen.

Stadtprogramm: Die manchmal fantastischen Ausstellungen der Kunstsammlung Nordrhein-Westfalen (K20 und K21, www.kunstsammlung.de) in Düsseldorf sind eine Fähr- und Stadtbahnfahrt entfernt. Wer unterwegs eine Pause machen will, schaut sich die alte Reichsstadt Kaiserswerth auf der anderen Rheinseite an, mittlerweile ein Stadtteil von Düsseldorf.

Landpartie: Teichmolch, Nachtigall und Fledermaus leben nahebei in der Ilvericher Altrheinschlinge (2 km entfernt), manchmal auch »Das Meer« genannt. Der verlandete Altarm des Rheins steht unter Naturschutz – eine sumpfige Auenlandschaft, fast ein Dschungel, in der Entdecker Tiere beobachten können.

Abenteuer: Ab 1,30 m Körpergröße Kartrennen in der RS Speedworld für etwa 1 € pro Minute (ca. 25 km, Friedrich-Krupp-Straße 10, 41564 Kaarst, T 02131 660700, www.gokart-online.de) – oder – für alle Körpergrößen – Skifahren im Sommer (ca. 15 km, An der Skihalle 1, 41472 Neuss, T 02131 144-0, www.allrounder.de, etwa 30 € pro Tag).

Grillfrei: »Im Schiffchen« auf der anderen Rheinseite kocht Zwei-Sterne-Gourmet Jean-Claude Bourgueil (Kaiserswerther Markt 9, 40489 Düsseldorf, T 0211 401050, restaurant@im-schiffchen.de). Weniger ambitioniert und teuer (aber trotzdem lecker) isst man im »Haus Wellen« nahe dem Campingplatz (Zur Rheinfähre 6, 40668 Meerbusch-Langst/Kierst, T 02150 2378, restaurant_cafe_haus_wellen@gourmetguide.com).

Hin & Her: Von der Stadtbahn-Station Klemensplatz in Kaiserswerth sind es knapp 2 km zur Rheinfähre. Der Campingplatz liegt gleich auf der anderen Seite. Wer mit dem Auto kommt, nimmt dieselbe Fähre oder die A57/A44, dann über Lank-Latum nach Langst-Kierst nach Meerbusch.

Geöffnet: April bis Oktober – je nach Wetter und Wasserstand.

Ausweichquartier: Ruhrcamping Essen (s. S. 166).

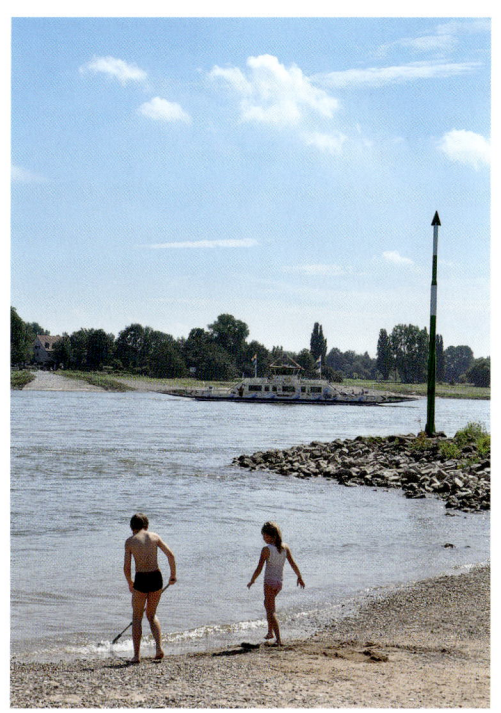

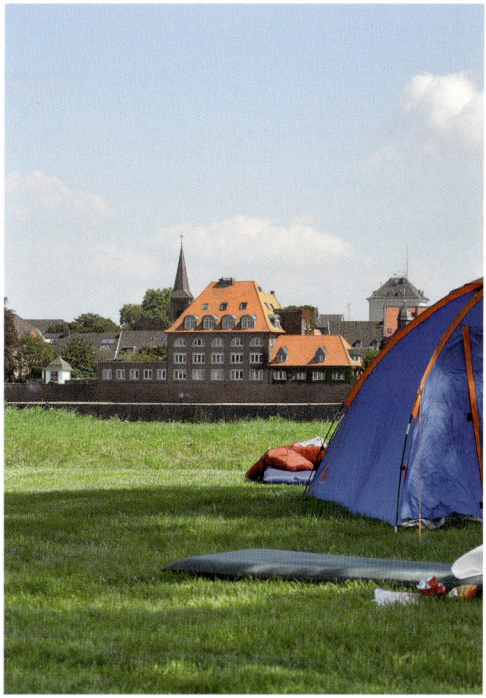

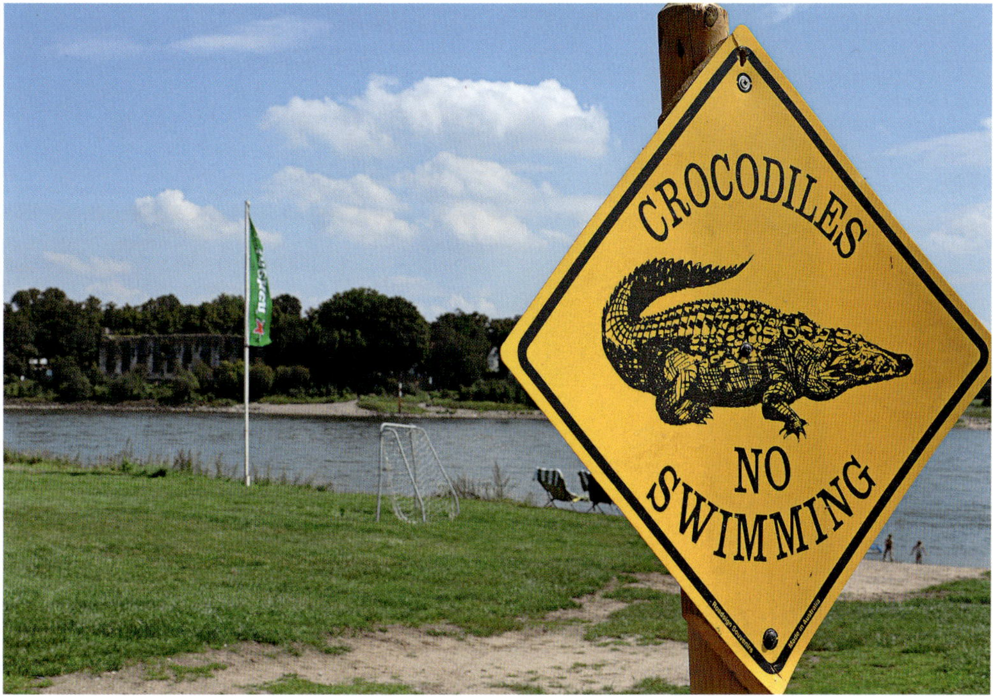
CROCODILES
NO
SWIMMING

44

Klipp, klapp, Camping

SCHAFBACHMÜHLE, SCHLEIDEN, NORDRHEIN-WESTFALEN

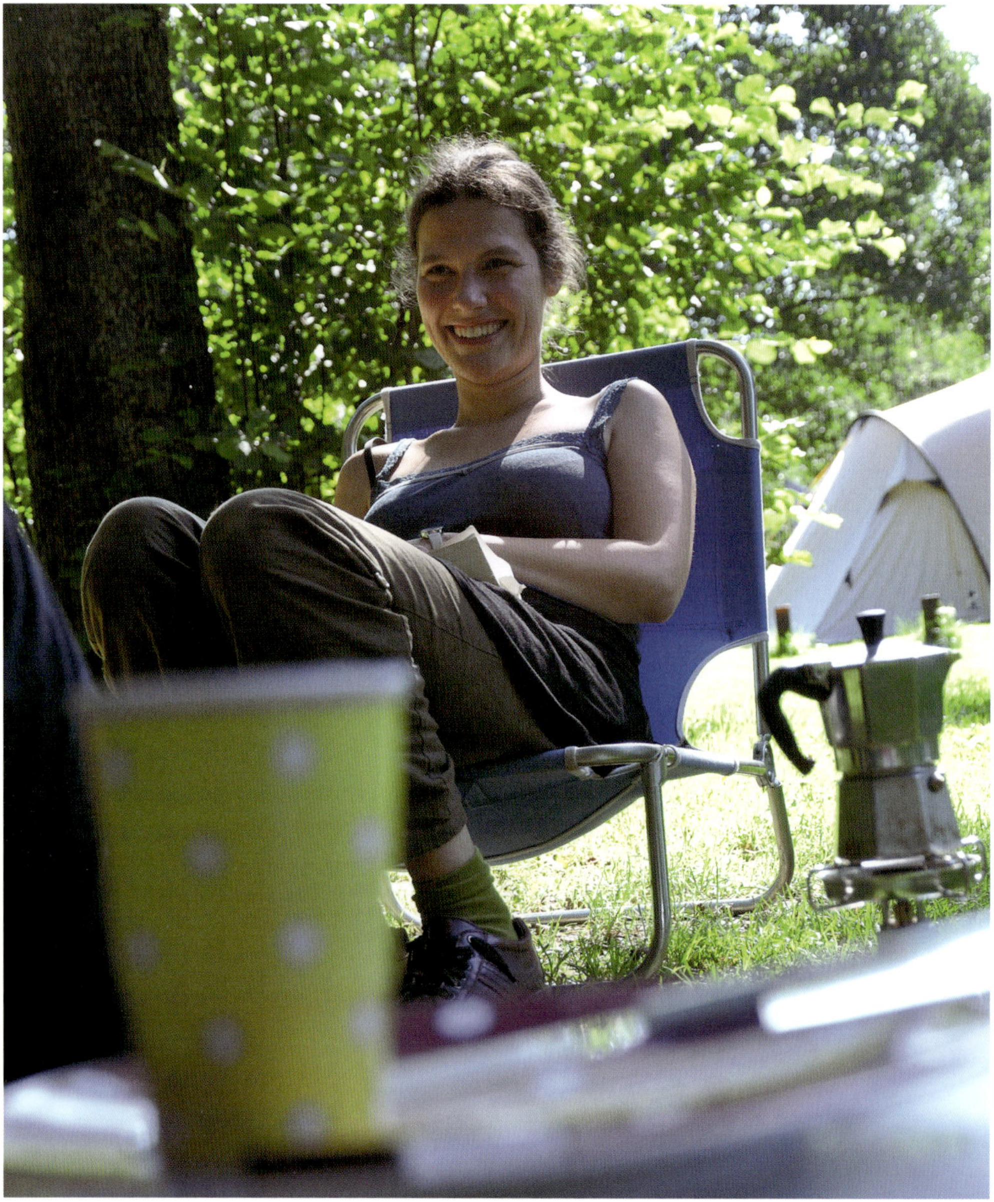

Wer in die Knie geht und sich hinabbeugt zum Schafbach, der spürt die Kraft des kleinen Flüsschens. Einst trieb es hier am Campingplatz eine Mühle an, bis in die 1960er-Jahre. Der Schafbach-Müller mahlte das Getreide der umliegenden Felder. Und für jeden Sack behielt er ein Kilogramm zurück für seine Arbeit. So war das damals.

Heute ist die Mühle verschwunden, nur ihr Name ist geblieben. Der Opa des heutigen Besitzers Jens Wagner kaufte das Gelände in den 1960er-Jahren, als die Mühle verfiel. Aus einem Dschungel voller zwei Meter hoher Brennnesseln machte er nach und nach einen Campingplatz. Wichtig war ihm, nicht zu sehr in die Natur einzugreifen. Und das ist bis heute so geblieben.

Kein spektakulärer Platz, sondern ein kleines Idyll: Zelturlauber finden eine sattgrüne Wiese im Schatten hoher, alter Bäume.

Die Schafbachmühle bietet eine gelungene Mischung – mit ausreichend Platz für unterschiedliche Interessen: Zelturlauber finden eine sattgrüne Wiese im Schatten alter, hoher Bäume. Außer Sichtweite, am bewaldeten Hang nebenan, wohnen die Dauercamper. 70 Kilometer von Köln und 50 Kilometer von Aachen ist die Schafbachmühle kein spektakulärer Platz, sondern ein kleines, feines Idyll im Grünen. Ein paar Tage lang kann man hier gut ausspannen und fünfe grade sein lassen. Klipp, klapp, klipp, klapp!

Schafbachmühle, 53937 Schleiden // T 02485 268 // www.schafbachmuehle.de // info@schafbachmuehle.de

Sonnenseite: Eine kleine Wiese, ruhig und friedlich – abseits der Touristenströme.

Schattenseite: Es gibt nicht viele Plätze auf der schönen Wiese – möglichst von zu Hause buchen.

Kosten: Erwachsene 4,50 €, Kinder 3,50 €, Zelt und Bulli 6,50–11,50 €, Strom 1,50 € plus 0,50 € pro kWh.

Klo & Co.: Einfach und zweckmäßig.

Essen & Trinken: Das Nötigste zum Frühstück gibt's an der Rezeption, im kleinen Restaurant wird gutbürgerlich gekocht.

Stadtprogramm: Bad Münstereifel (35 km) gilt als mittelalterliches Kleinod – die Stadtmauer ist fast vollständig erhalten.

Landpartie: Direkt am Campingplatz verläuft die Rur-Olef-Wanderroute, die durch den Nationalpark Eifel und zur Olef-Talsperre führt.

Abenteuer: Erd- und Bergbaugeschichte erzählt das Besucherbergwerk »Grube Wohlfahrt« in Hellenthal-Rescheid (Führungen täglich um 11, 14 und 15.30 Uhr, 53940 Hellenthal-Rescheid, T 02448 911140, www.grubewohlfahrt.de).

Grillfrei: Die Taverne »Samos« in Schleiden (Sleidanusstraße 8, 53937 Schleiden, T 02445 911175) gehört zu den besseren griechischen Restaurants – das Lamm schmeckt lecker!

Hin & Her: Die nächsten Bahnhöfe sind in Kall und Bad Münstereifel. Mit dem Auto aus Richtung Aachen über die B258 Richtung Monschau, nach 3,5 km rechts Richtung Schafbachmühle. Aus Richtung Köln über die A1 bis Euskirchen-Wißkirchen, dann die B266 bis Schleiden, weiter über die B258 Richtung Monschau. Rechts nach 3,5 km Richtung Schafbachmühle.

Geöffnet: Ganzjährig.

Ausweichquartier: Direkt am Freibad Schleiden wird konventionell gecampt: Campingplatz Dieffenbachtal, Im Wiesengrund 39, 53937 Schleiden/Eifel (T 02445 7030, info@camping-dieffenbach.de).

45

Camping, meine Perle

CAMPING PERLENAU, MONSCHAU, NORDRHEIN-WESTFALEN

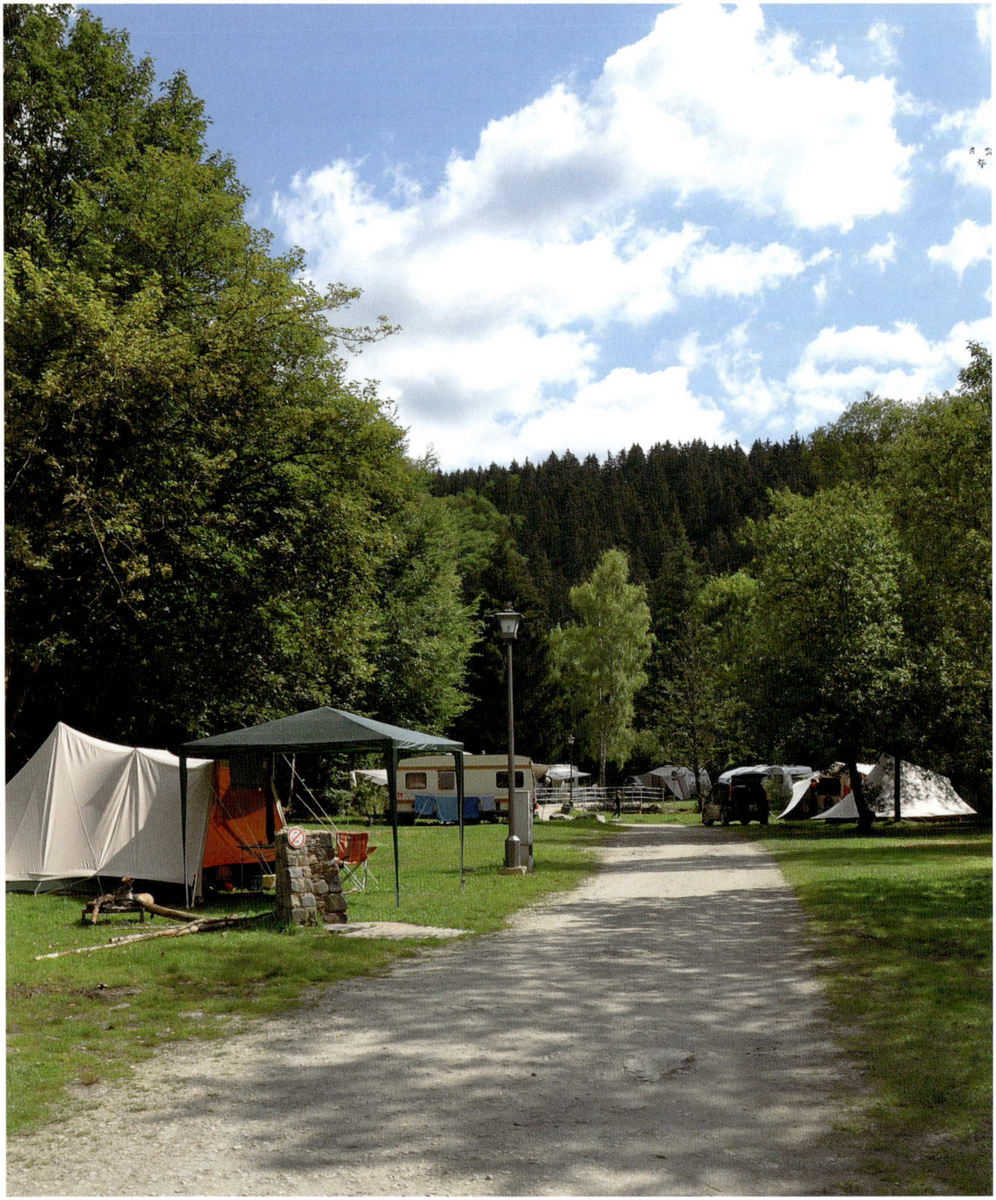

Die Namen sind hier Programm: »Perlenau« steht für die Flussaue entlang des Perlenbachs, auf der Camper ihre Zelte aufschlagen dürfen. Eine große, von hohen, alten Bäumen eingefasste Wiese, ohne Parzellen, Hecken oder Gartenzwerge. Auch Bullis dürfen hier parken. Für Wohnwagen gibt es im oberen Teil ein paar terrassierte Plätze, aber davon bekommt man auf der Zeltwiese wenig mit.

Besonders schön angelegt sind Sanitärhaus und das kleine Restaurant: Zwischen den roten Backsteinmauern der beiden Gebäude liegt ein schmaler Gang, der an die engen Gässchen einer Altstadt erinnert. Tische und Stühle warten auf Kaffeeschlürfer und Essensgäste.

Josepha und Günther Rasch, die den Platz in zweiter Generation betreiben, liegt die Atmosphäre sehr am Herzen. Das spürt man überall, auch auf der Zeltwiese. An deren Südseite

plätschert der Perlenbach fröhlich talwärts: zu flach, um ein Bad zu nehmen, aber perfekt, um Dämme zu bauen oder zu kneippen. Und mit ein wenig Glück findet man einen kleinen Schatz. Denn wie gesagt – die Namen sind hier Programm. Und der Perlenbach verdankt seinen schillernden Titel der Flussperlmuschel, die hier vor Jahrhunderten in Massen vorkam. Heute ist sie vom Aussterben bedroht.

Eine Seltenheit ist auch Camping Perlenau – eine kleine Perle unter Deutschlands Zeltplätzen.

Camping Perlenau, 52156 Monschau // T 02472 4136 // www.monschau-perlenau.de // familie.rasch@monschau-perlenau.

Sonnenseite: Eine Zeltwiese, wie sie im Camping-Glück-Buche steht: grün, groß und frei. Im Sommer gibt's sogar ein kleines Schwimmbecken.
Schattenseite: Die Bundesstraße rauscht vernehmlich oberhalb des Campingplatzes.
Kosten: Kinder 3 €, Erwachsene 5 €, Zelte 8 €, Bullis 11 €.
Klo & Co.: Die Sanitäranlagen sind gut in Schuss.
Essen & Trinken: Im Restaurant gibt's morgens frische Brötchen, abends Thunfisch auf Kartoffelrösti. Der kleine Laden verkauft das Nötigste – und Eis!
Stadtprogramm: In 20 Minuten läuft man ins schmucke Städtchen Monschau mit altem Brauhaus und Kaffeerösterei. 30 km weiter lockt Aachen mit Dom, Rathaus, Grashaus und gotischem Haus Löwenstein.
Landpartie: Der Campingplatz liegt an der

dritten Etappe des Eifelsteigs, einer 300 km langen Wanderstrecke zwischen Aachen und Trier. Zwischen Monschau und Einruhr geht's ständig auf und ab (rund 280 Höhenmeter), auf schönen Wegen, mit tollen Ausblicken.
Abenteuer: Die Sommerbobbahn in Rohren (Rödchenstraße 37, 52156 Monschau-Rohren, T 02472 4172, info@sommerbobbahn.de) dürfen auch Erwachsene hinabschießen – über 700 m geht's runter vor der beschaulichen Schleppfahrt bergauf.
Grillfrei: Schnitzel, Steak und Forelle in allen erdenklichen Variationen gibt's nach 5 Minuten Fußmarsch im Hotel Perlenau (Perlenau 1, 52156 Monschau, T 02472 2228, info@hotel-restaurant-perlenau.de).
Hin & Her: Der Campingplatz Monschau-Perlenau liegt an der B258 zwischen Monschau und Höfen. Der nächste Bahnhof liegt in Aachen.
Geöffnet: 10 Tage vor Ostern bis Ende Oktober.
Ausweichquartier: Schafbachmühle, s. S. 174.

46

Lärm, Lavafetzen und Aschewolken

NATURCAMPING VULKANEIFEL, MANDERSCHEID, RHEINLAND-PFALZ

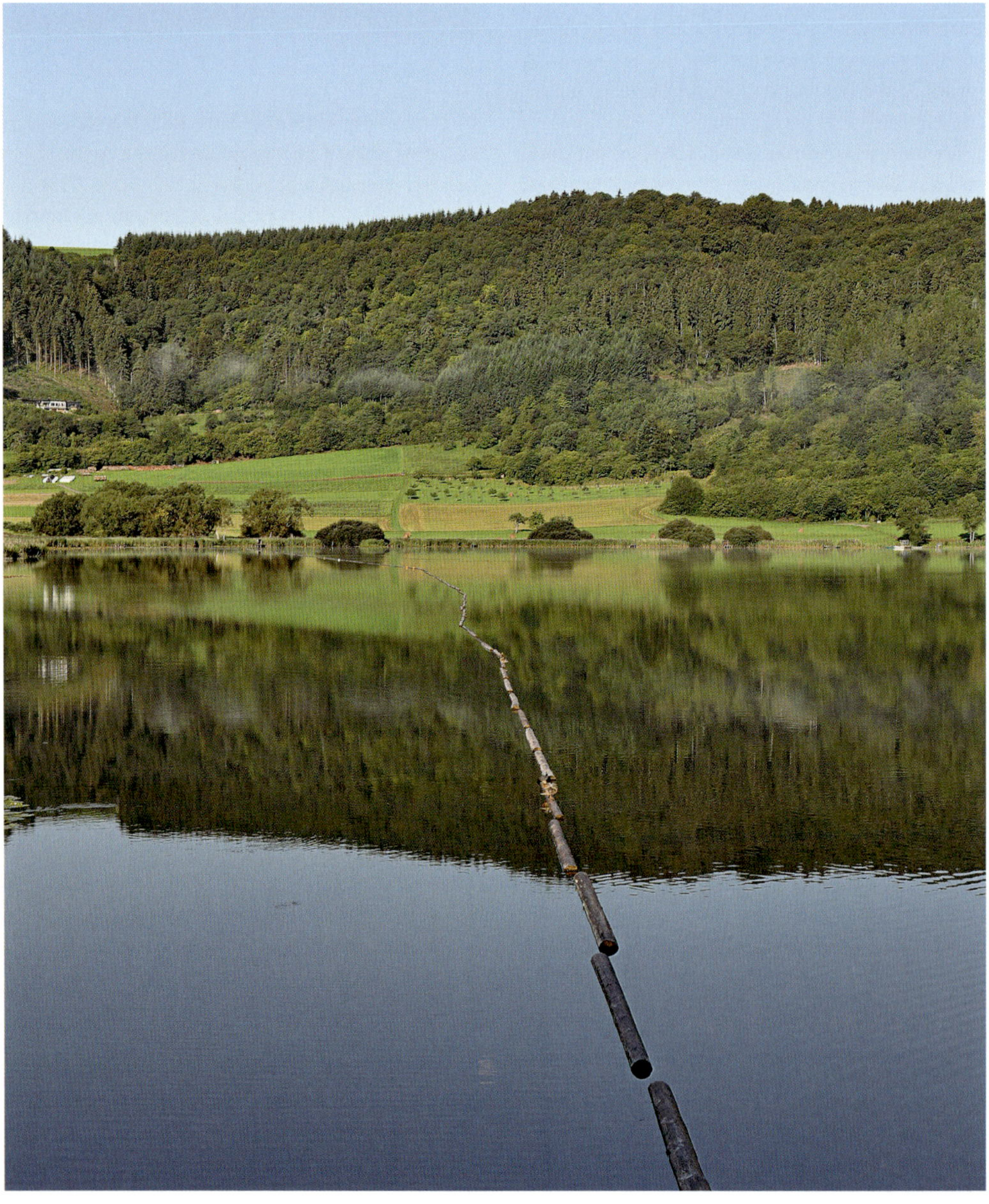

Wer zum Campingurlaub in der Vulkaneifel aufbricht, der wird beunruhigt feststellen, dass dieser Abschnitt der Eifel als »vulkanisch aktiv« gilt: Gase treten aus, Mineralquellen sprudeln, und Geysire spritzen unvermittelt, wenn auch nur kaltes Wasser. Der »Brubbel« beispielsweise stößt keine 15 Kilometer vom Campingplatz entfernt alle 35 Minuten eine Fontäne aus. Uns Camper stellt das vor drei entscheidende Fragen:
1. Werden sich unsere Heringe biegen, weil wir sie in heiße Vulkanerde einschlagen?
2. Werden Würstchen schon gar, wenn man sie nur aufs Gras legt?
3. Müssen wir täglich duschen, weil wir ständig nach Schwefel riechen?

Immerhin gibt es ansehnliche Duschen auf dem Campingplatz Vulkaneifel, sowohl für Freunde des kollektiven Duscherlebnisses im Waschraum als auch für die Speerspitze des Camping-Glücks – in kleinen, hypermodernen Container-Solozellen (gegen Aufpreis).

Der »Brubbel« stößt keine 15 Kilometer vom Zeltplatz entfernt eine Fontäne aus – Camping zwischen Maaren, Kratern und Geysiren.

Familie Moritz, der der Platz gehört, bemüht sich eben sehr um uns Camper: Es gibt rund siebzig große Stellplätze unter hohen Bäumen, nebeneinander gereiht auf vier Terrassen am Hang. Wer oben an der Einfahrt ankommt, darf sich zuerst seinen Platz aussuchen, bevor er hinabsteigt in Richtung Rezeption. Es ist nur ein Detail, aber ein schönes:

Erst kommt der Zeltplatz in seinem üppigen Grün und dann die Rezeption mit ihren Formalitäten. Auf dem Weg zum Check-in wird man bunte Hütten passieren – denn neben dem Campingplatz betreibt Familie Moritz ein Feriendorf, in dem vor allem Kinder ihre (Schul-) Freizeiten verleben. Es ist die Passion dieser Familie, Menschen jeden Alters für die einzigartige Natur der Eifel zu begeistern: Urlauber

bekommen schon am ersten Tag ungefragt eine Wanderkarte in die Hand gedrückt, auf der die Wege zu den nächsten Maaren eingezeichnet sind – den charakteristischen Kratern der Vulkaneifel, die einst durch Wasserstoff-Explosionen entstanden sind.

Der mittlerweile verstorbene Platzgründer Wolfgang Moritz war überzeugter Anthroposoph. Er begriff die Landschaft, in der der Campingplatz liegt, als reichen Schatz, den er behütet. Als Grünen-Politiker saß er im Gemeinderat und kämpfte gegen den Lavaabbau. Er erreichte beispielsweise, dass der nahe Mosenberg komplett unter Naturschutz gestellt wurde.

Vom Vater hat Sohn Jan den Platz übernommen. Er teilt mit ihm die Leidenschaft für die Nähe zur Natur – auf absehbare Zeit wird der Campingplatz in der Vulkaneifel also ein besonderes Plätzchen auf dieser Erde bleiben, mit viel Raum zum Toben, einem Volleyball- und einem Badmintonfeld sowie einem großen Spielplatz.

Zur Beruhigung noch dieses: Beim Campingspaß auf dem Vulkan wird sich zunächst kein Camping-Glück-Leser verbrennen. Der letzte Ausbruch in der Eifel liegt 13 000 Jahre zurück. Damals explodierte der Laacher-See-Vulkan spektakulär mit viel Lärm, Lavafetzen und Aschewolken. Für Geologen allerdings sind 13 000 Jahre nicht viel mehr als ein Lidschlag, und sie meinen, dass der spektakuläre Ausbruch

Naturcamping Vulkaneifel, Herbstwiese, 54531 Manderscheid // T 06572 92110 // www.naturcamping-vulkaneifel.de // info@natur-camping-vulkaneifel.de

Sonnenseite: Großer, naturbelassener Campingplatz im Zentrum der Vulkaneifel.

Schattenseite: Das Feriendorf auf dem Gelände zieht viel Kindertrubel an – aber auch Kinderlose finden ein ruhiges Eckchen.

Kosten: Kinder 1–4 €, Erwachsene 7,50 € (inklusive Kurtaxe), Stellplatz 7–10 €, Strom 2,50 €.

Klo & Co.: Nichts Besonderes – Camper teilen sich die Anlagen mit Feriendorfgästen. Neu sind die Einzeldusch- und Waschkabinen, die aber zusätzlich Geld kosten. Ebenso Waschmaschine und Trockner.

Essen & Trinken: Die Rezeption verkauft das Nötigste, und im Gemeinschaftsraum gibt es Bio-Essen zu festen Zeiten.

Stadtprogramm: Daun (16 km) ist die eher unspektakuläre Hauptstadt der Vulkaneifel mit drei eigenen Maaren, Vulkanmuseum und eigenen Mineralquellen. Trier (56 km) und Koblenz (80 km) verbindet die Moselweinstraße – Prosit.

Landpartie: Touristenmagnet der Umgebung ist das Meerfelder Maar, mindestens 30 000, nach neuesten Erkenntnissen wahrscheinlich aber schon 80 000 Jahre alt, entstanden durch eine gewaltige unterirdische Explosion. Zum Maar führt vom Campingplatz eine schöne Wanderung, die Karte gibt's an der Rezeption. Oder der Maare-Moselradweg – er verläuft auf einem alten Bahndamm mit maximal 3 % Steigung.

Abenteuer: Wer das Land der Vulkane querfeldein mit dem Mountainbike erobern will, freut sich über www.trailpark.de – mit Routen, Tipps, GPS-Daten und Angeboten für geführte Touren rund um Manderscheid.

Grillfrei: Eifelhonig, Senf, Ziegenkäse und andere Spezialitäten aus der Region bekommt man auf dem Vulkanhof in Gillenfeld (Vulkanstraße 29, 54558 Gillenfeld, T 06573 9148, info@vulkanhof.de).

Hin & Her: Der Bahnhof Manderscheid liegt einen Fußmarsch entfernt (ca. 500 m). Mit dem Auto über die Autobahn A48/A1, Ausfahrt Manderscheid, der Hauptstraße bis zum Kreisel folgen, geradeaus in Richtung Daun, hinter dem Ort die 1. Einfahrt links, dann den Schildern folgen. (Achtung – es gibt in der Eifel zwei Manderscheids – dieses gehört zum Kreis Bernkastel-Wittlich!)

Geöffnet: 1. April bis 31. Oktober.

Ausweichquartier: Konventioneller geht's bei Pulvermaarcamping zu – aber direkt am Kraterrand, mit Bademöglichkeit im Maarsee (Am Pulvermaar 1, 54558 Gillenfeld, T 06573 311, info@pulvermaar-camping.de).

damals der Auftakt zu einer neuen Episode von Vulkanausbrüchen sein könnte. Also: Vorsichtshalber Fotoapparat und lavafeste Schuhe einpacken. Und vielleicht ein paar Ersatzheringe, sollten die sich in der heißen Erde doch verbiegen. Nur bis zum nächsten Ausbruch gelten hiermit folgende Antworten:

1. Eher nicht.
2. Leider nein, aber Grills sind erlaubt.
3. Zum Glück nicht, aber Duschen schadet nicht.

47

Ein Versteck für Schinderhannes

BURGRUINE SCHMIDTBURG, SCHNEPPENBACH, RHEINLAND-PFALZ

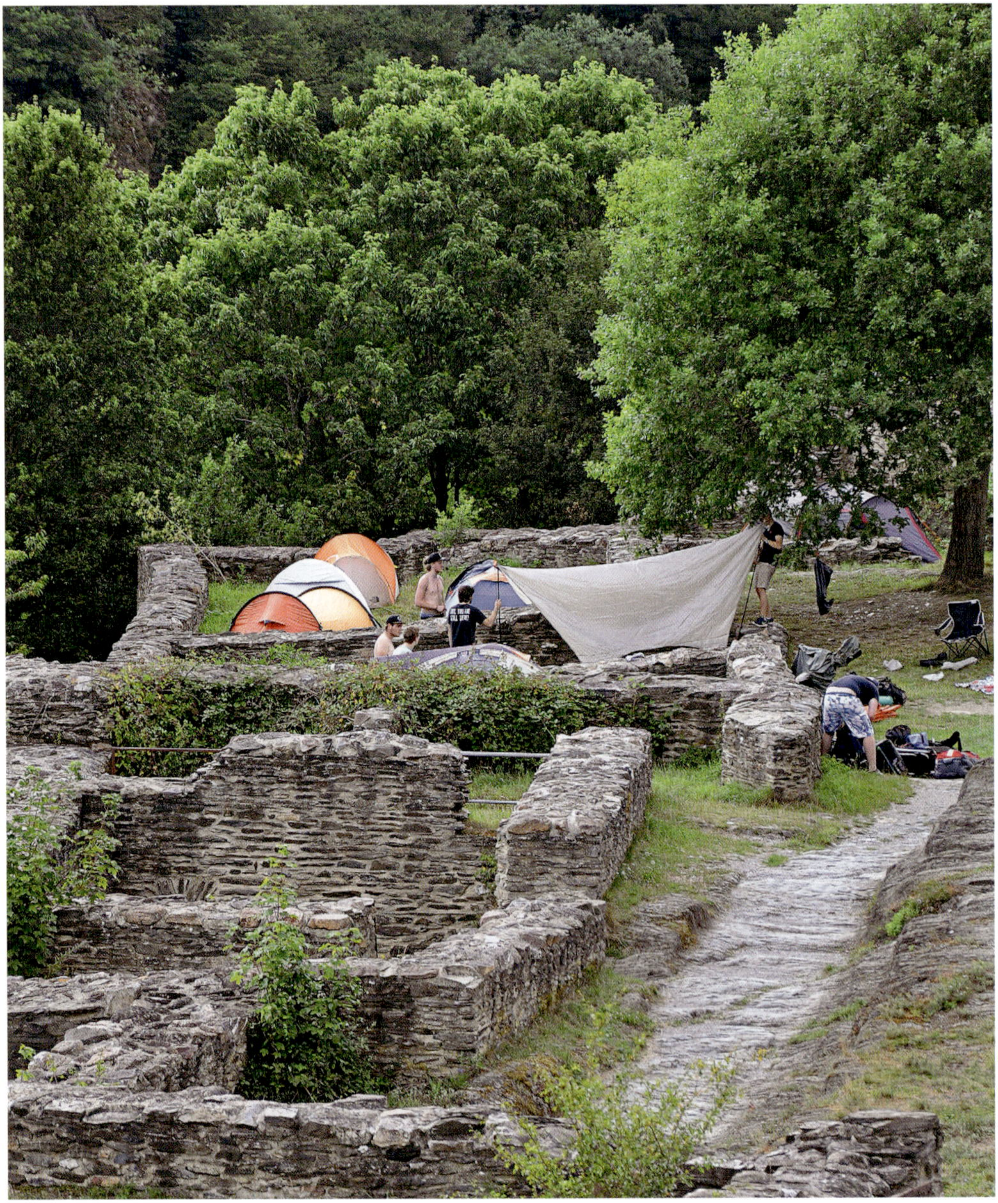

Hier hat er gehaust, der Schinderhannes. Johannes Bückler war sein wirklicher Name, weil er aber in seiner Jugend für mehrere Abdecker (»Schinder«) Tierkadaver beseitigte, bekam er seinen Beinamen. Schinderhannes – ein verruchter Räuber, der Ende des 18. und Anfang des 19. Jahrhunderts Schutzgeld erpresste, Pferde stahl und Kutschen überfiel. Sie hatten ihn schon ins Gefängnis gesteckt, in den Turm zu Simmern, aber Schinderhannes war ausgebrochen und schlug hier, auf der Schmidtburg, sein Lager auf.

Wer hier zeltet, muss sich beim Burgvogt anmelden.Unser Zelt steht am Rand der Unterburg, unter Burgturm und großer Eiche.

Heute schlagen wir hier unsere Heringe ein – große weiße Wolken hängen am Sommerhimmel, das Abendlicht wärmt ein wenig. Die Heringe lassen sich nicht ganz leicht in den Boden stecken – die Grasnarbe ist dünn geblieben auf dem Fels darunter. Unser Zelt steht am Rand der Unterburg, unter letzten Resten der Burggebäude und einer großen Eiche. Wir setzen uns auf die Mauer, die unseren Zeltplatz umgibt – zwischen uns Brot, Oliven, Hummus. Abendbrot. Es ist wohl die Wand eines früheren Wirtschaftsgebäudes der Schmidtburg. Wer weiß, ob das

Häuschen noch stand, als der Schinderhannes hier hauste.

Wer hier zeltet, muss sich beim Burgvogt anmelden. Hans-Georg Gerlach arbeitet im Pfadfinderhemd – ein Beleg dafür, wer früher vor allem (neben verruchten Räubern) hierher kam: Pfadfindergruppen. Aus der Zeit hat auch Gerlach die Verantwortung für die Burg. Er grummelt und erzählt ein wenig maulfaul, dass sich niemand wirklich um den Zeltplatz auf der Burg kümmere. »Wenn ich das nicht mache, macht es niemand«, meint er. Was sehr schade wäre.

Die Burg liegt im Tal des Hahnenbachs, zwar auf einem Felsrücken, aber unterhalb von Bundenbach im Westen und Schneppenbach im Osten. Vor fast tausend Jahren soll sie von drei fränkischen Edelherren errichtet worden sein – sie wollten von der Burg aus eine aktive Mine schützen. Eine große Anlage, mit Oberburg, Unterburg und Bergfried. Sie erlebte gute und schlechte Zeiten. Als Schinderhannes sie für sich als Lager auserkor, war sie wohl schon eine Ruine, vielleicht so wie heute: die meisten Gebäude verfallen, ohne Dach, ihre Wände allenfalls knie- bis hüfthoch, der Grundriss aber so klar erkennbar, das man die Größe der Burg erahnen kann.

Die Atmosphäre ist wunderbar. Selten mehr als zehn, zwölf Zelte, die sich über die Unterburg

verteilen. Zwischen den Mauern steigt der Grillkohle-Qualm empor. Anderswo klimpert eine Gitarre. Jeder und jede hat seine kleine Ecke, geschützt von den Naturgewalten, aber auch den Nachbarn. Die Vorstellung ist reizend – in einem ehemaligen Zimmer der alten Burg zu campen. Wer hier wohl welchen Knecht gegängelt hat, wer gekämpft hat oder geliebt. Ein Zeltplatz mit viel Geschichte und Geschichten.

Im Hunsrück spielt auch heute noch mancher Krimi, in der zerklüfteten Landschaft verstecken sich Schicksale und Charaktere. Schon damals, zu Schinderhannes' Zeiten, hatten es die Behörden nicht leicht, in der Gegend für Recht und Ordnung zu sorgen: Denn den Aufenthalt der Räuberbande um Schinderhannes verrieten die Bewohner der benachbarten Dörfer nicht. In Griebelschied feierte man im August sogar öffentlich einen »Räuberball«, bei dem sich die Räuber mit den Frauen des Orts vergnügten. Vielleicht etwas zu übermütig – die Räuber wurden immer dreister, schließlich fasste die Polizei den Schinderhannes und seine Bande im Jahr 1802. Ein Jahr später wurde der Bewohner der Schmidtburg zum Tode verurteilt und hingerichtet.

Seitdem liegt sie da, hat Gut und Böse gesehen, gestrahlt und gelitten. Eine große, mächtige Burg, die langsam eins wird mit Berg, Baum und Gras, die sie umgeben und überwachsen. Es wirkt ein wenig so, als verstecke sich die Burg nach und nach im Tal des Hahnenbachs, so wie einst Schinderhannes. Was für ein grandioser Ort, um sein Zelt aufzuschlagen!

Burgruine Schmidtburg, 55608 Schneppenbach, Burgvogt Hans-Georg Gerlach // T 06752 3160 // siehe auch www.naturcamps-hunsrueck.com

Sonnenseite: Eine Burgruine für Zelte – wild und wunderbar.

Schattenseite: Der Burgvogt grantelt. Der Bulli muss draußen bleiben.

Kosten: Zelten pro Tag und Person 2 €, Auto 2 €.

Klo & Co.: Zwei Plumpsklos sind am Fuße der Burgmauer versteckt.

Essen & Trinken: Der Burgvogt verkauft (wenn er da ist) Fanta, Cola, Sprite und Bier. Den Rest mitbringen.

Stadtprogramm: Idar-Oberstein hat viele Steine im Brett. Deutsches Edelstein- und Deutsches Mineralienmuseum, nahebei die Edelsteinminen Steinkaulenberg, das einzige für Besucher zugängliche Mineralienbergwerk Europas. Achat, Jaspis, Amethyst und Bergkristall wurden hier bis 1875 abgebaut.

Landpartie: Vor 2000 Jahren war Wohnen ein wenig wie Camping – eine Wanderung zur Kelten siedlung Altburg (ca. 45 Minuten) beweist das. Häuser im Bauzustand des 1. Jahrhunderts v. Chr. neu gebaut – ein frühgeschichtliches Freilicht-museums. Die Schmidtburg liegt zudem mitten in einem dichten Wanderwegenetz, die Traumschleife »Hahnenbachtaltour«, die 2012 zu Deutschlands

schönstem Wanderweg gekürt wurde, führt direkt durch die Burg.

Abenteuer: Wanderführer Michael Brzoska (T 06544 9520, 0152 28795566, info@wandern-im-hunsrueck.de) geht im Hahnenbach auf Gold-suche, ist aber noch kein reicher Mann. Nichts für schwache Nerven ist die Hängebrücke »Geierlay« bei Mörsdorf (40 km) – 360 m lang, 100 m schwingt sie über dem Grund.

Grillfrei: Eine halbe Stunde dauert der Fuß-marsch zum Forellenhof – runter vom Berg zum Hahnenbach, dann südwestlich (Reinhartsmühle 1, 55626 Bundenbach, hotel-forellenhof.de, T 06544 373). Extrem lecker: Forellenfilets in Weißwein pochiert mit Rieslingsoße.

Hin & Her: Mit dem Zug bis Kirn, dann per Bus nach Schneppenbach oder Bundenbach, Abstieg zur Burgruine. Mit dem Auto ist die Anfahrt abenteuer-lich – bis Schneppenbach, dort den Schildern zum Wanderparkplatz zur Burgruine folgen. Am »Ein-fahrt-verboten«-Schild (mit Billigung des Burgvogts) vorbei den Waldweg hinunter, unten an der Burg sind einige Parkplätze.

Geöffnet: Ganzjährig, – nur nach vorheriger Anmeldung beim Burgvogt.

Ausweichquartier: An der »Harfenmühle« (18 km) finden Kinder Edelsteine im Fischbach und Zelte ein entspanntes Eckchen (Harfenmühle 2, 55758 Mör-schied, T 06786 1304, www.harfenmuehle.de).

48

Wenn der Uhu Urlaub hat

TREKKING-CAMPS IM PFÄLZERWALD, RHEINLAND-PFALZ

Diesen Ausblick haben wir uns erarbeitet: Ein steiler Aufstieg, samt Wanderkarte und Wegsymbolen (»Folgen wir dem gelben Kreis oder dem gelbem Dreieck?«). Zuvor hatten wir unser Auto auf einem Waldparkplatz an der Totenkopfstraße geparkt – allein das hätte uns Warnung genug sein sollen.

Mein 8-jähriger Sohn Lasse ähnelt mit seinem Rucksack gefährlich einem Käfer, der, sollte er einmal auf den Rücken fallen, immobil nicht wieder auf die Füße kommt. Aber dann erspäht er, mitten im Pfälzerwald, zuerst die kleine Holzhütte mit Herzchentür, in einiger Entfernung vom Trekking-Platz auf der Kalmit. Kurz dahinter ein großer, runder Haufen aus Steinen, in der Mitte abgeflacht – die Feuerstelle. Eine kleine Lichtung, direkt am Hang – von dort gen Westen Kieferkronen, so weit das Auge reicht. Erst bergab, dann ein grünes Auf und Ab. Kein Schornstein, keine Straße, kein Flugzeug am Himmel. Hier wohnen nur Uhu, Fuchs und kleines Getier, von dem später noch die Rede sein muss.

Es ist eine fantastische Idee, die der Tourismusverein Südliche Weinstraße in die Tat umgesetzt hat. Leicht war das sicher nicht – in einem Biospährenreservat Behörden, Förster und Umweltschützer zu überzeugen, dass Touristen auf kleinen Trekkingplätzen ihre Zelte aufschlagen dürfen. »Wir hatten in den vergangenen Jahren ab und an das Problem, dass Menschen wild gecampt und ihren Müll zurückgelassen haben«, erklärt Christoph Bauer, der die Plätze für den Tourismusverein organisiert. »Seit wir dem wilden Campen ein wenig Ordnung geben, haben wir das Problem im Griff.«

Auch Lasse und ich haben uns für unser Waldabenteuer angemeldet. Erst nach der Online-Buchung bekamen wir per E-Mail die GPS-Koordinaten für unseren Trekking-Platz auf der Kalmit – einen von insgesamt 13 Plätzen abseits der gängigen Wanderwege. Ein anderer (am Modenbacher Hof) liegt an einem kleinen Bach, unserer hat sicher die schönste Aussicht.

Harter, brauner Waldboden – eine Herausforderung für jeden Hering. Als unser Zelt steht, sind wir sicher: Wegwehen wird es nicht. Dass andere Gefahren drohen, beginnen wir zu ahnen, als wir mit einem anderen Vater-Kinder-Gespann ins Gespräch kommen. Die drei sind seit zehn Tagen unterwegs und raten uns dazu, unseren Proviant an einer Leine zwischen zwei Bäumen aufzuhängen: »Mäuse.« Vielsagendes Nicken. »Ja gut, Mäuse«, denke ich entspannt.

Eine fantastische Idee: 13 kleine Trekkingplätze, abseits der Ortschaften und der gängigen Wanderwege. Unserer hat sicher die schönste Aussicht.

Als am Abend unser Proviant zwischen den Bäumen und die Sonne über dem Horizont hängt, nach Pestonudeln und einer Wanderung zum Felsenmeer (siehe »Landpartie«), kriechen Lasse und ich ins Bett. Und als die Dämmerung parallel zu den Augenlidern meines Sohnes fällt, beginnt auf unserer Vorzeltplane der regeste Verkehr, den ich in meiner Camping-Karriere je erlebt habe. Ständig saust und braust es an meinem Ohr vorbei. Im Schein der Taschenlampe zähle ich zwischenzeitlich sieben Mäuse, die ihren unsichtbaren Kumpeln dabei zuschauen,

Trekking-Camps im Pfälzerwald, über den Verein Südliche Weinstraße e. V., An der Kreuzmühle 2, 76829 Landau // T 06341 940 407 // www.trekking-pfalz.de // info@suedlicheweinstrasse.de

Sonnenseite: Organisiert wild campen – Deutschland kann so pragmatisch sein.

Schattenseite: Saisonale Gefahr von schweren Mäuseattacken.

Kosten: Pro Zeltplatz 10 € pro Nacht.

Klo & Co.: Ein Kompostklo pro Trekkingplatz – eine Holzhütte mit Herzchentür und leidlich gutem Geruch, aber weit genug entfernt, dass die Nase entspannt schläft. Kein fließend Wasser.

Essen & Trinken: Abgesehen von wilden Blaubeeren – Fehlanzeige.

Stadtprogramm: Neustadt an der Weinstraße (15 km) hieß früher »an der Haardt« (nach dem Mittelgebirgszug, zu dem auch die Kalmit gehört), glänzt aber noch immer mit historischer Altstadt samt Stiftskirche, früherer Universität Casimirianum und modernem Elwedritschenbrunnen, an dem man dem Pfälzer Fabeltier auf die Spur kommen kann.

Landpartie: Eine halbe Stunde Fußmarsch entfernt liegt das »Felsenmeer« auf dem Hüttenberg (Wanderung erst in Richtung Kalmit-Parkplatz, dann östlich). Frost hat die einheitliche Felsschicht zersprengt in zum Teil bis zu 10 m hohe

Felsblöcke – eindrucksvoll, und perfekt zum Bouldern.

Abenteuer: Wenn der Trekkingplatz nicht Abenteuer genug ist ... Aber gut: Mit der Südpfalzdraisine auf Schienen radeln. Los geht's morgens zwischen 10 und 11.30 Uhr in Bornheim in Richtung Westheim, ab 14 Uhr in der Gegenrichtung (Hornbachstraße 11, 76879 Bornheim, T 06344 9442670, www.suedpfalz-draisine.de).

Grillfrei: Als »Geheimtipp« in der Südpfalz gilt – mit traditioneller Pfälzer Küche – die »Dorf-Chronik« in Maikammer (7 km, Marktstraße 7, T 06321 58240, restaurant-dorfchronik.de). Die Inhaber-Familie Schwaab erklärt beim »History Dinner«, was es mit dem ungewöhnlichen Restaurant-Namen auf sich hat.

Hin & Her: Den Trekkingplatz auf der Kalmit erreicht man am besten über Maikammer, dann Totenkopfstraße Richtung Kalmit-Parkplatz. Der nächste Bahnhof liegt in Maikamer-Kirweiler, von dort eine Tageswanderung (Wanderkarte 1:25 000 mitnehmen). GPS-Geräte verleihen die Touristeninformationen in Landau und Leinsweiler.

Geöffnet: Der Wald ist nie geschlossen (der Uhu hat aber manchmal Urlaub), die Trekking-Plätze werden von Oktober bis April vergeben.

Ausweichquartier: Einer der 13 Trekkingplätze sollte immer verfügbar sein. Rechtzeitig buchen!

wie sie unser Hab und Gut durchsuchen (und durchkauen, wie sich am nächsten Morgen zeigt). Ich mache kein Auge zu, während Lasse neben mir tief und fest schläft (er muss mindestens von Mäusen träumen, so laut ist es).

Irgendwann, kurz vor Mitternacht, wecke ich ihn. Wie es mit einer kleinen Nachtwanderung zum Auto wäre, inklusive Rucksack? Und wie es wäre, mal im Auto zu pennen? Pädagogischer Ansatz: »Ich habe einen Plan, mein Sohn.« Lasse durchschaut mich sofort, ist erst wütend, dann verständnisvoll. Wir halten uns an den Händen, rutschen den Waldhang hinab zum Wanderparkplatz und kuscheln uns unbequem ins Auto. Unser Zelt opfern wir für die Nacht dem Mäusegott auf der Kalmit. Als die Wagentür ins Schloss fällt, setzt der Starkregen ein.

Es ist klar, wie am nächsten Morgen die Rollen verteilt sind: Einer liest im Auto Comics. Der andere baut im strömenden Regen das Zelt auf der Kalmit wieder ab. Ich erinnere mich an frühere Abenteuer: Es gibt nichts Klebrigeres, Dreckigeres als die Mischung aus Regen, feinem Waldboden und Tannennadeln. Die dicken Löcher, die die Mäuse in Schlafzelt und Plane

gefressen haben, sind das Sahnehäubchen auf dem Unwetterkuchen.

An sich ist die Idee großartig, im Pfälzerwald wild zu campen. Beim nächsten Mal stimmen wir unsere Urlaubspläne allerdings mit dem Uhu ab, der bei unserem Besuch im Urlaub gewesen sein muss. Denn diese Mäuseattacke war ungewöhnlich, meint auch Christoph Bauer vom Tourismusverein, den wir am nächsten Morgen zum Katerkaffee treffen. Camping-Glück und -Unglück liegen eben nah beieinander. Als wir später auf der Heimfahrt über Nagebiester, rutschige Nachtmärsche und kaputte Zelte lachen, weiß ich aber auch: An kein Abenteuer werden wir uns so lange erinnern, wie an dieses. Das ist auch »Camping-Glück«, oder?

49

Schlafen im Hinterhalt

FORSTHAUS LAUSCHHÜTTE, DAXWEILER, RHEINLAND-PFALZ

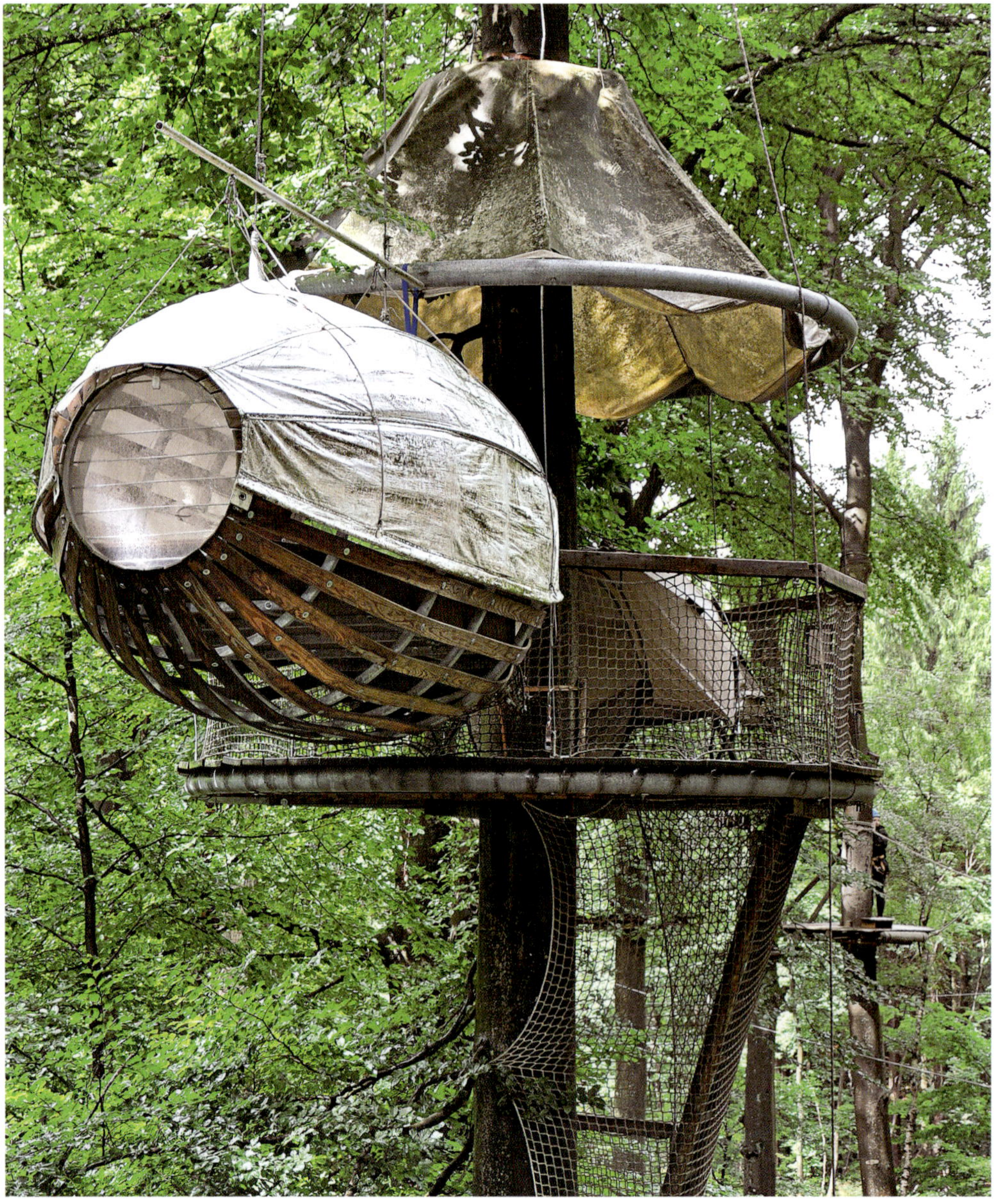

Forsthaus Lauschhütte, 55442 Daxweiler // T 06724 6038013 // www.lauschhuette.com // info@lauschhuette.com

Sonnenseite: Im Nest schaukelt der Baum dich in den Schlaf.

Schattenseite: Das Nest ist nicht ganz wasserdicht – bei Regen ausweichen aufs Wald-mobil, wenn es frei ist.

Kosten: Baumnest und -haus 60 € pro Nacht, Baumzelte 40 €, Bauwagen »Waldmobil« 30 € plus 10 € pro Person, Hängematten 10 €, eigenes Zelt (für Sonnwald-Wanderer) 10 €.

Klo & Co.: Geduscht wird zu Hause, die Toilette liegt nach Fußmarsch im Forsthaus.

Essen & Trinken: Das Forsthaus Lauschhütte auf der anderen Straßenseite kocht Walnuss-Kartoffelknödel, Zwiebelrostbraten und Wild-sülze mit Bratkartoffeln. Und Kaffee!

Stadtprogramm: Gigantomanismus der Römer – um das Jahr 250 bauten sie einen Riesen-Palast mit 50 Räumen allein im Erd-geschoss. Die Funde sind heute in der Römer-halle von Bad Kreuznach (25 km) ausgestellt.

Landpartie: 500 m entfernt im Wald steht der »Salzkopfturm«, 24 m hoch, gebaut aus heimischem Holz. Rundumblick zur Eifel, in den Westerwald, zum Großen Feldberg und runter zum Rhein.

Abenteuer: Sieben Kletterparcours hängen rund um das Kletternest in den Bäumen – und jeder endet mit einer »Zipline«. Hui!

Grillfrei: Das »Zollamt Bingen« brät japa-nisches Kobe Beef, Australien Wagyu Beef oder Irish Dry-Aged Beefoder (Hafenstraße 3, T 06721 1869666, info@zollamtbingen.de).

Hin & Her: Der nächste Bahnhof liegt in Bingen am Rhein (12 km). Mit dem Auto über die A61 bis Stromberg, dann über Warmsroth und Daxweiler in den Bingener Wald.

Geöffnet: Mai bis September.

Ausweichquartier: Die Lauschhütte liegt am Wanderweg Sonnwaldsteig, an dem es (für angemeldete Camper) Trekkingplätze gibt (www.soonwaldsteig.de/). 60 km entfernt liegt – ebenfalls am Steig – die Burgruine Schmidtburg (s. S. 182). In Bingen gibt es am Rhein einige tradi-tionelle Plätze.

Wer heimlich im Hinterhalt liegt und das Wild belauscht, der »laußt« oder »lugt« in der Jäger-sprache. Die »Laus-Hitt« oder »Lausit« war ein solcher Hinterhalt – zunächst jedenfalls. Gebaut wurde hier im Bingener Stadtwald wohl Anfang des 19. Jahrhunderts zunächst eine einfache Holzhütte mit Stall und Scheune. Und damit der hier ab 1900 stationierte Förster über die Runden kam, betrieb er nebenher eine kleine Gastwirtschaft.

Aber irgendwann war das Revier den Be-hörden nicht mehr groß genug, es wurde mit einem in der Nachbarschaft zusammengelegt – und der Förster verschwand. Seitdem ist die »Lauschhütte« (mittlerweile umgebaut zum ordentlichen Forsthaus) kein Hinterhalt mehr, sondern nur noch: Gastwirtschaft. Vor einigen Jahren übernahm Markus Bender mit Partnern den Laden und begann, drum herum seinen »Outdoor-Park« herzurichten. Mit Kletterwald,

Bogenschießen und Fußball-Golf. Und mit Über-nachtungsplätzen.

Es gibt ein »Waldmobil«, einen umgebauten Bauwagen am Boden. Urlauber können aber auch in die Bäume klettern und unter dem Blätterdach schlafen, entweder im Baumhaus oder im »Erlebnest«: Holzstreben formen ein Ei, in dem eine weiche Matratze liegt. Gegen den Wind kann sich der Eibewohner mit Planen schützen, gegen den Regen leider nicht ganz.

Wer sich hineinlegt und die Augen schließt, der wird eins mit dem Baum, der ihn trägt. Es rauscht und ruckelt, schaukelt und schabt, wenn das Nest sich am Stamm reibt. Ein fantastischer Ort, um der Natur nah zu sein. Ganz in der Tra-dition der Lauschhütte: ein Hinterhalt, aus dem man Specht oder Eule beobachten kann, die nichts ahnend auf dem Ast nebenan Platz und die Bewohner des großen Holznestes irritiert zur Kenntnis nehmen.

Naturwunder im Märchenwald

OUTDOOR-ZENTRUM LAHNTAL, GREIFENSTEIN-ALLENDORF, HESSEN

Als der Schreinermeister Manfred Köhnlein seinen ersten Bauwagen in ein Waldstück südlich von Allendorf im Lahn-Dill-Kreis zog, da belächelten ihn Anwohner, Lokalpolitiker und Geschäftsleute. Einen vergammelten Märchenwald hatte er gekauft. »Was will der Penner damit?«, hätten sich manche gefragt, erinnert sich Manfred. Als aber Jahre später im Fernsehen der zweite Bericht über ihn und sein »Outdoorzentrum Lahntal« lief, da wurde Manfred als Lokalheld gefeiert. Denn in der Zwischenzeit war viel passiert.

Manfred lebt mit seinen Gästen das wilde Leben – samt Hochseilabenteuer, Bogenschießen und Floßbau.

Das Outdoorzentrum Lahntal ist fleisch-, besser: holzgewordene Fantasie. »Ich packe meine Säge, gehe in meinen Wald und fange an zu bauen«, sagt Manfred. Zwölf Jahre lang hat er gezimmert und gewerkelt, und vor allem hat er geglaubt, an sich und seine Idee: Er wollte einen Platz schaffen, an dem er selbst mit seiner Familie in der Natur leben kann. Und er wollte einen Platz schaffen, an dem er dieses Erlebnis mit anderen Menschen teilen kann.

Und so müssen Autos heute draußen bleiben, wenn ihre Fahrer das Outdoorzentrum besuchen. Vom Parkplatz an der Straße schlängelt sich ein Weg hinauf zum Herzstück des Areals – drei Holzhäuser unter hohen Bäumen. In einem lebt Manfred mit seiner Familie, im zweiten betreibt er ein in der Umgebung beliebtes Restaurant. Im dritten kann unter Glaskuppeln, im grünen Waldlicht, gefeiert oder beraten werden – der Raum wird für Feste und Seminare vermietet.

Von dieser kleinen Waldsiedlung führt ein Pfad noch weiter durch den Wald, ein paar Meter hinab an den Rand einer Wiese – ein schöner Ort für Manfreds Tipidorf: Zur Hälfte unter hohen Bäumen, die übrigen Indianerzelte stehen auf einer kleinen Lichtung. Außer Bäumen und der kleinen Wiese nebenan sieht man nichts – nur Natur pur.

Gruppen und Familien finden hier den perfekten Ort für ein Abenteuerwochenende im Wald, mit Lagerfeuer und Sternenhimmel. Alleinreisende und Pärchen könnten sich in der Nebensaison ein wenig verloren vorkommen, denn Zelte oder Bullis haben keinen Platz im Outdoorzentrum – ein reines Tipidorf, ganz konsequent. Vielleicht funktioniert es deshalb so gut. Denn die belächelte Idee eines Schreinermeisters ist heute gefragt: Unternehmen wie die Europäische Zentralbank, die Lufthansa oder der Supermarkt-Gigant Rewe schicken ihre Mitarbeiter zum Seminar in Manfreds Wald. Er lebt mit ihnen das wilde Leben, samt Hochseilabenteuer, Bogenschießen und Floßbau. Als Urlauber kann man davon so viel oder so wenig miterleben, wie man möchte.

Es lohnt sich, ein paar Stunden mit Manfred zu verbringen. Denn er kennt seinen Wald wie kein anderer. Überall stehen kleine Figuren, die er geschnitzt und gezimmert hat – Adler, Holztipis, Totempfähle. Und außer ihm kann auch niemand so spannend vom Leben erzählen, dass er konsequent in seinem Wald lebt: Sogar seine Kinder unterrichtet Manfred selbst, zu Hause – was nur erlaubt wird, weil sie zur Hälfte amerikanische Staatsbürger sind.

Outdoor-Zentrum Lahntal, Märchenpark 1, 35753 Greifenstein-Allendorf // T 06473 412555 // www.outdoorzentrum-lahntal.de // info@outdoor-zentrum-lahntal.de

Sonnenseite: Ein reines Tipidorf im tiefen Wald.

Schattenseite: Keine Zelte, keine Bullis.

Kosten: bis 12 Jahre 15 €, sonst 20 € – Schlafsack mitbringen!

Klo & Co.: Indianer müssen bergauf kraxeln, um am nahen Restaurant ihre Geschäfte zu verrichten.

Essen & Trinken: Manfreds Gaststätte verkauft Frühstück, Mittag- und Abendessen sowie Kaffee und Kuchen. Indianer, die sich selbst versorgen wollen, sollten jedoch das Nötigste einkaufen (ca. 3 km zum nächsten Supermarkt in Allendorf).

Stadtprogramm: Die Altstadt von Wetzlar mit Butter-, Fisch-, Korn- und Eisenmarkt (was da wohl verkauft wurde?) ist gut erhalten und hübsch (23 km).

Landpartie: 10 km nördlich liegt Burg Greifenstein, die höchste Burg im Lahn-Dill-Kreis, mit schöner Aussicht über das Dilltal.

Abenteuer: Hochseilgarten sowie Kanu- und Eselswanderungen bietet Manfreds Outdoorzentrum an. Wer höher hinaus will: Der Deutsche Alpenverein hat in Wetzlar einen sehr coolen Kletterwürfel gebaut (Cube-Kletterzentrum, Sportparkstraße 1, 35578 Wetzlar, T 06441 4494350, info@cube-kletterzentrum.de).

Grillfrei: Die Outdoor-Gaststätte mit Urwald-Optik kocht Rindswurst, Steak und Ofenkartoffeln. Frühstück vom Büfett kostet 6,50 € (Kinder) / 9 € (Erwachsene).

Hin & Her: Vom Bahnhof Wetzlar fährt Bus 125 direkt zur Haltestelle »Outdoorzentrum Lahntal«. Mit dem Auto über die B49 bis Biskirchen, dann Richtung Allendorf. Oder A45, Abfahrt Ehringshausen, dann über Katzenfurt und Allendorf.

Geöffnet: Ganzjährig.

Ausweichquartier: Lahntours (Lahntalstraße 45, 35096 Roth, T 06426 92800, info@lahntours.de) betreibt zwei kleine Zeltwiesen in Runkel (26 km) und direkt am Ufer der Lahn (13 km) – perfekt für Kanuwanderer. Auch der Platz in Gräveneck (20 km, In der Aue 1, T 06471 490320, camping-graeveneck@web.de) hat eine eigene Zeltwiese.

Denn Manni hat Sanni geheiratet, die in den USA die Hollywood-Prominenz mit Naturkleidung ausstattet. Carrie-Anne Moss zum Beispiel trägt die Mode der Ehefrau des Mannes, den in Deutschland einige noch immer als seltsamen Außenseiter betrachten. Wenn aber die Hollywood-Freunde in Hessen einfliegen, dann bewundern sie Schreinermeister Manfred Köhnlein uneingeschränkt für sein kleines Naturwunder, das er in einem hessischen Wald geschaffen hat. Und für die Konsequenz und den Mut, mit denen er sein Leben im Wald lebt.

Adrenalin oder Natur, beides pur

HOFGUT STAMMEN, TRENDELBURG, HESSEN

Es begann damit, dass er Platz brauchte, um an seinen Motocross-Maschinen herumzuschrauben: Jörg Valtingojer war in jungen Jahren eher kein Kandidat für ruhige Angelwochenenden mit Spaziergang in der Natur. Er war ein Adrenalin-Junkie, der den Nervenkitzel suchte. Mit zwölf Jahren lernte er in seiner Heimat Tirol, Motorrad zu fahren – und er sollte fortan nicht mehr viel anderes machen. In ganz Europa raste er als Rennprofi auf die vorderen Ränge. Er kachelte durch WM-Läufe in Spanien und Frankreich, doch in Deutschland fand er schließlich eine Heimat für sich und seine zweirädrigen Freunde.

Wer etwas erleben will, muss nicht weit fahren: Jörg bietet Enduro-Kurse, Kanutouren und Moutainbike-Ausflüge an.

1990 kaufte er ein verfallenes Hofgut an der Diemel, einem hübschen Nebenfluss der Weser in Hessen an der Grenze zu Niedersachsen. Stallungen, Gebäude – alles war verfallen. Doch die Lage war derart schön, dass Jörg nicht lang nachzudenken brauchte, um die Zukunft des Hofguts zu sehen: Es war das perfekte Ausflugsziel für Kurzurlauber. Und ein schönes Örtchen für einen Campingplatz am Flussufer.

Ohne Zäune und Schlagbäume liegt die sattgrüne Zeltwiese heute zwischen den dicken Steinmauern des Hofguts und dem friedlichen

Fluss. Ein an den Seiten offenes Zirkuszelt dient als Campertreff mit Feuerstelle. Und als Nachtparkplatz für Motorräder, die Jörg noch immer am Herzen liegen. Am anderen Ende der Wiese

stehen einige Tipis, deren Anblick Indianer vermutlich den Glauben an den großen Manitou verlieren lassen würde: Es sind wenig charmante Holzkonstruktionen. Für Radfahrer sind sie vielleicht praktisch, wenn sie ein warmes Plätzchen für die Nacht suchen und ohne Zelt unterwegs sind – aber schön sind sie nicht.

Das Hofgut Stammen ist mehr als ein Campingplatz: Jörg Valtingojer rühmt sich, eines der ersten Heuhotels in Deutschland eröffnet zu haben. Die Idee kam ihm, als er in seiner Jugend (in einer kurzen Pause vom Motocross-Dasein) als Wanderarbeiter durch Australien zog und auf vielen Farmen nachts auf Strohsäcken in der Scheune schlief. An der Diemel betreibt er heute zudem eine rustikale Gaststätte, in der auch große Gruppen bewirtet werden. Und so brummt das Hofgut an den Wochenenden.

Die Umgebung bietet viel: Im Norden liegt das Obere Wesertal. Bei Wahmbeck schiebt der schmale Strom eine kleine, blumengeschmückte Fähre am Drahtseil über den Fluss – Idylle pur. Ein paar Kilometer dahinter beginnt der Naturpark Solling mit seinen riesigen Wäldern. Bad

Karlshafen liegt nahebei, ebenso die Universitätsstadt Göttingen und die documenta-Stadt Kassel.

Doch wer etwas erleben will, der muss nicht weit fahren. Auf seinem Hofgut bietet Jörg Enduro-Kurse an, er organisiert geführte Kanutouren, Mountainbike-Ausflüge und Bogenschießkurse. Das Karriereende als Motocross-Profi mag irgendwann unvermeidlich gewesen sein, doch zur Ruhe gesetzt hat sich der Abenteurer nicht: Jörg ist heute der Verwalter eines Erlebnishofs, ein moderner Gutsherr.

Genug Platz hat er noch immer, um an seinen Maschinen herumzuschrauben – aber das ist nur noch Nebensache. Vor allem verschafft Jörg heute anderen Adrenalin pur – wenn sie denn wollen. Den übrigen Urlaubern bietet er ein schlichtes, schönes Campingwochenende am Diemelufer – als ehemaliger Motocross-Profi ist er dabei sicher einer der ungewöhnlichsten Gastgeber im ganzen Land – und schön gelegen dazu am Flüsschen Diemel.

Hofgut Stammen, Schloßstraße 29, 34388 Trendelburg // T 05675 725094 // www.hofgut.de // info@hofgut.de

Schattenseite: Am Wochenende kann's etwas wuselig und laut werden – das Gut ist ein beliebtes Ausflugsziel, und die Gaststätte brummt.

Kosten: Kinder 4,50 €, Erwachsene 6,50 €.

Klo & Co.: Sehr einfach, etwas duster, einen kleinen Fußmarsch entfernt.

Essen & Trinken: Die »Landwirtschaft« Huckebein, die gutseigene Gaststätte mit überdachtem Biergarten, kocht deftig und gut vom Spanferkel bis zum Pasta-Büfett. Frühstücksbüfett gibt's für 4,50 € (Kinder) bzw. 7,50 € (Erwachsene).

Stadtprogramm: Schloss Wilhelmshöhe in Kassel (35 km) und die Universitätsstadt Göttingen (50 km) sind eine Autofahrt entfernt.

Landpartie: Wer herausfinden möchte, warum der Erdboden die Reinhardswald-Riesin Trendula verschlang und wie die riesigen Erdfälle in der Nähe wirklich entstanden, sollte diemelabwärts zu den Wolkenbrüchen von Trendelburg wandern (ca. 7 km) – imposante Einsturztrichter mitten im Wald.

Etwas weiter gen Norden liegt das Wasserschloss Wülmersen.

Abenteuer: Das Hofgut bietet geführte Kanu-, Fahrrad- und Mountainbike-Touren an. Außerdem kann man traditionelles Bogenschießen lernen.

Grillfrei: Hinter dicken Burgmauern kann man bei schöner Aussicht im Hotel »Burg Trendelburg« speisen – Reinhardswälder Reh, Wiener Schnitzel oder Trendelburger Ritterspieß, allerdings zu gehobenen Preisen (Steinweg 1, 34388 Trendelburg, T 05675 9090, info@burg-hotel-trendelburg.com).

Hin & Her: Der nächste Bahnhof ist »Hofgeismar-Hümme«, der Bus (Linie 180 RKH) hält an der Bundesstraße B83 in Stammen. Mit dem Auto aus Süden über die Bundesstraße 83 oder über die A7, Abfahrt Nörten-Hardenberg, dann über Hardegsen und Bad Karlshafen.

Geöffnet: Ganzjährig.

Ausweichquartier: Der Campingplatz Gieselwerder (ca. 18 km, In der Klappe 21, 34399 Oberweser–Gieselwerder, T 05572 7611, info@camping-gieselwerder.de) liegt nicht nur an der Weser, sondern auch an einem beheizten Freibad.

52

Ruhe vor dem Turm

CAMPINGPLATZ WALLENSTEIN, KNÜLLWALD, HESSEN

Manchem Feldherrn wird beim ersten Anblick etwas flau im Magen geworden sein. Wie sollte er diese Burg jemals einnehmen? In 350 Meter Höhe trotzt sie allen Angriffen: Gebaut auf einem Bergsporn, der nach drei Seiten steil abfällt, zur vierten Seite erhebt sich der Berg Babloh. Ganz gelassen hockt die kleine Burg dort oben, fast rechteckig. Im Nordosten wurden ihre Mauern noch verstärkt – denn nur von hier könnte man sich ihr überhaupt nähern, nach einem längeren Aufstieg.

Ein atemberaubender Platz, von dicken Burgmauern beschützt und doch auf weichem Gras, direkt unterm Sternenhimmel.

Auch auf Campingurlauber wartet dieser Weg: Den Hang hinauf (notfalls auch mit dem Auto), vorbei an manchem Dauercamper-Gut samt Jägerzaun und Gartenzwerg, bis sich schließlich unter den dicken Außenmauern der Burg eine Wiese öffnet. Früher stand hier

die alte Vorburg – nur einige Mauerreste sind übrig geblieben von den Gebäuden, in denen das Gesinde arbeitete und schlief. Wer möchte, kann sein Zelt schon hier aufschlagen – für Bullis ist hier Endstation.

Weiter nach oben in die Kernburg führt nur der Weg über die Rampe des engen Torzwingers. Mauern an beiden Seiten verhinderten, dass

sich ein ungebetener Gast an den Wachen vorbeimogelte. Oben schüchtert Besucher noch ein gotischer Torbogen ein, bevor sie schließlich auf dem Burghof stehen. Einst wimmelte hier das Leben vor dem Palas-Bau, dem Haupthaus, in dem sich der Burgherr präsentierte. Heute liegt dieser Palas in Trümmern, und auf dem Burghof wächst heringsfreundliches Gras: ein perfekter Platz für Zelte.

Und das ist das Besondere an Burg Wallenstein: Die Wege sind nicht abgesperrt wie im Museum. In jeder Ecke dieser Ruine könnte man sein Zelt aufschlagen – ein atemberaubender Platz, von dicken Burgmauern beschützt, und doch auf weichem Gras unterm Sternenhimmel. Wo kann man schon Zelturlaub im Mittelalter machen – inklusive moderner Annehmlichkeit? Denn unten, am Fuß des Bergsporns, liegt noch auf dem Gelände des Zeltplatzes das Naturfreibad von Wallenstein, mit Rutsche und Gummitieren. Es empfiehlt sich, vor dem Sprung ins Wasser die Ritterrüstung abzustreifen.

Das runde Becken ist nicht die einzige Abwechslung vom Burgalltag: Der Knüllwald in Nordhessen war auch die Heimat der Brüder Grimm. Der Tourismusverein nennt die Region daher ganz subtil das »Rotkäppchenland«. Kleid und Mützchen aus rotem Samt trug indes nicht nur die junge Dame, die der böse Wolf zu Mittag fraß. Auch die traditionelle Tracht in Nordhessen sieht so aus. Wer Märchen mag, der kann Märchenhäuser, Märchenfiguren und Märchenerzähler besuchen. Im Wildpark Knüll wartet auf Urlauber der gute Wolf, im Offroad Park »Böser Wolf« dagegen das Tier im Mann.

Wer aber mit Märchen gar nichts anfangen kann, der darf einfach im Mittelalter verweilen und im Burghof von Burgfräulein und Rittern in blank polierter Rüstung träumen. Morgens kann man es dann dem Burgherrn gleichtun und aufsteigen, um den Blick über das Land schweifen zu lassen: Der alte Treppenturm der Burg Wallenstein wurde restauriert und bietet nach einigen Stufen und Windungen eine fantastische Aussicht. Von hier oben erschließt sich auch, wie gut geschützt die Burg doch war auf ihrem kleinen Bergvorsprung, hoch oben über dem Örtchen Wallenstein. Man könnte darüber nachdenken, den mit Erde verfüllten Burggraben wieder auszuheben, um die Burg ganz für sich zu haben. Auf immer und ewig Burgherr – im eigenen Zelt.

Campingplatz Wallenstein, Burgstraße 35, 34593 Knüllwald-Wallenstein // T 05686 395 // www.burgwallenstein.de // info@burgwallenstein.de

Sonnenseite: Camping an und in einer alten Burgruine – mit Freibad.

Schattenseite: Viele Dauercamper, die man aber von der Burg aus nicht sehen kann.

Kosten: Erwachsene 5 €, Kinder 2,50 €, Zelt oder Bulli 8 €.

Klo & Co.: Ältere Anlagen, aber Wasser läuft.

Essen & Trinken: Das Freibad hat ein kleines Café, das auch Schnitzel, Kartoffelsalat und Bratwurst verkauft.

Stadtprogramm: Homberg an der Efze (13 km) ist eine der wenigen Städte, deren mittelalterlicher Stadtkern weitgehend erhalten geblieben ist. Viele Gebäude, die sich auf alten Kupferstichen finden, stehen bis heute. Und immerhin schon 2009 entzog der Stadtrat Adolf Hitler postum die Ehrenbürgerwürde der Stadt.

Landpartie: Wer noch nie mit einem dicken Haflingerpferd im Unterholz stecken geblieben ist, sollte das mal ausprobieren: Haflingerhof im Knüll, Schmiedebergstraße 11, 34593 Knüllwald, T 05686 930330, info@haflingerhof-knuell.de. Wer lieber wandert, kann die Lochbachklamm erlaufen, ein tief eingeschnittenes Bachbett zwischen ausgewaschenen Buntsandsteinwänden – 150 Höhenmeter und 16 Brücken lang.

Abenteuer: Der Name ist Programm – der Off-road-Park »Böser Wolf« bietet denen Abwechslung, die ihren VW-Bus nicht mehr sehen können. Wie wär's mit einem britischen oder russischen Panzer, einem Militär-Hummer, einem Bagger oder Kettendozer? Ab 45 €, Hellwigwerke 4, 34593 Knüllwald-Remsfeld, T 05681 861 oder 0172 5690662, info@offroadpark-knuellwald.de.

Grillfrei: Nur mittags geöffnet ist das Ausbildungsrestaurant Unterhaus in Homberg (Untergasse 25, T 05681 71707) – ein Arbeitsplatz für schwer vermittelbare Jugendliche, betrieben vom Verein »Starthilfe«, der auch den Campingplatz gepachtet hat.

Hin & Her: Autobahn 7, Ausfahrt Homberg (Efze), in Remsfeld links in Richtung Wallenstein abbiegen (Burg ist ausgeschildert). Die nächsten Bahnhöfe sind in Wabern, Treysa und Malsfeld.

Geöffnet: Mai bis September.

Ausweichquartier: Nicht cool, aber nah dran ist der Campingplatz am Bauernhof, Zum Lierloch 1, 34593 Knüllwald-Niederbeisheim, T 05685 228, info@campingplatzambauernhof.de.

53

Häuptling Backender Bio-Bauer

RHÖN-INDIANERHOTEL, POPPENHAUSEN AN DER WASSERKUPPE, HESSEN

Die Geschichte des Indianerhotels in der Rhön ist eine besondere Geschichte. In einer Nebenrolle spielt sogar ein echter Indianer mit. In den Hauptrollen jedoch treten Menschen auf, die alles geben wollten für ihr Land, ihre Leidenschaft und ihre Ideen. Die Geschichte handelt von Hoffnung und Magie. Und von einem Mann, dessen Leben gerettet wurde, und von einem anderen, der sein Leben verlor.

Die Geschichte beginnt vor vielen, vielen Jahren: Seit Generationen betreibt Familie Gensler ihren Bauernhof in Poppenhausen in der Rhön, mit Sicht auf die Wasserkuppe, Hessens höchsten Berg. Die meisten Felder der Genslers liegen nach Norden und Nordwesten, das macht die Landwirtschaft mühsam. Vor fast 20 Jahren übernimmt Christof Gensler den Hof vom Vater. Wie er kann auch Christof zunächst vom Hof allein nicht leben: Der gelernte Landwirt macht sich als Gärtner, Parkettverleger oder Lkw-Fahrer nützlich. »Aber du wirst immer nur bezahlt wie ein Hilfsarbeiter, trotz allem, was du kannst«, erinnert er sich.

Als Christof dann seine spätere Ehefrau Petra trifft, beginnt eine Idee langsam zu reifen: Zum ersten Mal in seinem Leben will Christof als Vollzeit-Landwirt arbeiten. Es kann doch nicht mit rechten Dingen zugehen, wenn ein prächtiger Bauernhof noch nicht einmal eine Familie ernähren kann. Also lernt Christof von seiner Mutter, im alten Holzofen der Genslers Brot zu backen. Auf seinen Feldern lässt er Hochlandrinder und braun-weißes Fleckvieh weiden. Fleisch und Brot verkauft er in seinem Hofladen. Und Christof lernt: Er kann sich und seinen Ideen trauen. Nur leben kann er von Rindern und Brot noch immer nicht.

Wieder hilft die Mutter Christof auf den rechten Weg: Er solle doch einen Zeltplatz eröffnen, liegt sie ihm in den Ohren. Den Genslers gehört ein kleines Stückchen Land, rund 200 Meter vom Hof entfernt. Früher feierte die Familie dort ihre Feste: an einem See, den Christofs Vater künstlich angelegt hatte. Ein besonderes Plätzchen – umschlossen und beschützt von hohen Fichten, Erlen, Weiden und Buchen – eine kleine Welt für sich. Und ein Platz, der für Christof schon immer »Energie« ausstrahlte.

Ein besonderes Plätzchen – umschlossen und beschützt von hohen Fichten, mit so viel Atmosphäre, dass echte Häuptlinge für Friedens-Zeremonien einfliegen.

Allein hätte Christof sein Indianerdorf nicht gegründet. Irgendwann aber trifft er einen Mann, den Freunde nur »Tipi-Peter« nennen. Wenn Peter Schäfer wandert, schläft er nachts in einer Kohte, einem traditionellen Stoffzelt – bei Wind und Wetter, auch im Winter. Irgendwann fragen Tipi-Peter und seine Freunde Christof, ob sie auf seinem Land übernachten können. Christof lässt ihnen die freie Wahl, und sie schlagen ihre Kohte am »besonderen Plätzchen« nahe dem See auf.

Am nächsten Morgen brennt Tipi-Peter vor Begeisterung. Endlich habe er, so meint er, den Ort gefunden, an dem er seinen großen Traum verwirklichen will – ein ganzes Tipidorf zu bauen. Christof willigt ein, schließlich sucht er noch die zündende Idee, um seinen Hof am Leben zu halten. Seine Hoffnung setzt er in die Tipis und in die Magie der Wiese am See.

Im Jahr 2008 öffnet das Indianerhotel in der Rhön – und wird schnell zum Erfolg. Wenn Tipis in vielen deutschen Landschaften wie Fremdkörper wirken – in Christof Genslers Land fügen sie sich wie selbstverständlich ein. Kein Camping-Schnickschnack, sondern ein kleinen Dorf für sich. Mit so viel Atmosphäre, dass seit einiger Zeit der Cherokee-Indianer Robert Standing Bear extra aus den USA einfliegt, um indianische Friedenszeremonien zu feiern. Auch andere Urlauber kommen für Naturrituale. »Und die Magie des Platzes wächst und wächst«, meint Christof.

Auch wer von Magie und Energie nichts hören will, genießt mit Familie oder Freunden einfach die Ruhe im Indianerdorf, das kühle Wasser des Sees. Bogenschießen, Brotbacken, Bio-Bauerei – man kann viel lernen bei Christof Gensler.

Wie gut, dass Tipi-Peter seinen Traum vom Indianerdorf noch verwirklichen konnte. Nur wenige Wochen nach der Eröffnung, irgendwann im Dezember 2008, ging Peter Schäfer wieder in den Wald – vor Kurzem hatte er hier die Fichtenstangen für das Tipidorf geschlagen. Er kam nicht zurück von seinem Spaziergang, sondern starb unter unbekannten Umständen. »Mit seiner Idee vom Indianerdorf in der Rhön hat er mir das Leben gerettet«, sagt Christof Gensler heute über den toten Freund.

Bio-Hof Gensler, Rhön-Indianerhotel, Hohensteg 5, 36163 Poppenhausen // T 06658 1595 // www.bio-hof-gensler.com // service@bio-hof-gensler.com

Sonnenseite: Deutschlands schönstes Indianerdorf.

Schattenseite: Cowboys mit eigenem Zelt und Bleichhäute mit Bulli dürfen nur neben dem gemieteten Tipi campieren.

Kosten: 22 € für die erste Nacht, danach 17 € inklusive Liege & Heusackmatratze.

Klo & Co.: Neue Toiletten und Duschen (mit Fußbodenheizung für Barfußindianer) 300 m entfernt am Bio-Hof.

Essen & Trinken: Christof Gensler backt Biobrot und verkauft auch sonst allerlei in seinem Hofladen mit kleinem Café. Frühstück oder Abendessen für Indianer kostet 9 €, für 11 € pro Person organisiert Christof einen Grillabend im Indianerdorf.

Stadtprogramm: In Fulda (ca. 20 km) stehen eine der ältesten Kirchen Deutschlands (die Michaeliskirche von 818) sowie das größte Mühlrad Europas. Damit man versteht, wozu das gut ist, muss man die naturtrüben Biere des Brauhauses Wiesenmühle probieren, zu dem das Mühlrad gehört.

Landpartie: Hessens höchster Berg, die Wasserkuppe, liegt etwas mehr als 4 km nördlich. Raufwandern, zum Beispiel ab Parkplatz Guckaisee, runter rodeln (zumindest ein Stückchen) im 1000 m langen »Rhönbob« der Sommerrodelbahn.

Abenteuer: Die Wasserkuppe gilt auch als Wiege der deutschen Segelfliegerei. Die »Fliegerschule« verkauft Rundflüge ab 50 € (36129 Gersfeld, T 06654 364, info@fliegerschule-wasserkuppe.de). Das Segelflugmuseum zeigt unzählige Modelle von Lilienthal bis heute.

Grillfrei: Der »Kleine Italiener« in Poppenhausen (Marktplatz 7, T 06658 918796) mit Biergarten bietet Abwechslung vom Gutbürgerlichen. Gleich nebenan (Marktplatz 5, T 06658 1202) versorgt der Landgasthof »Zum Stern« diejenigen, die noch nicht genug von Wickelklöß, Grömmbellesobbe und Zwetschedaitscher haben.

Hin & Her: Mit dem Bus Nr. 26 ab Fulda nach Poppenhausen. Mit dem Auto über A7, B458.

Geöffnet: April bis Oktober.

Ausweichquartier: Das Rhönschaf-Hotel in Seiferts (www.rhoenerlebnis.de, T 06683 96340) bietet Nächte im Schäferwagen auf der Obstwiese (ab 39 € pro Wagen) und den besten Apfelsherry weit und breit.

54

Camping (fast) ohne Waldbad

CAMPING AM WALDBAD, ST. KILIAN, THÜRINGEN

Campingplatz am Waldbad, Zum Campingplatz 7, 98553 St. Kilian, OT Breitenbach //
T 036841 41153 // www.campingbreitenbach.de
// info@campingbreitenbach.de

Sonnenseite: Die schöne Wiese über dem
terassierten Gelände mit fantastischem Weit-
blick.
Schattenseite: Einigen Ecken des Platzes
sieht man die Vergangenheit an.
Kosten: Kinder 2,50 €, Erwachsene 6 €, Zelt
3–4,50 €, Bulli 5 €. Strom 2 € pauschal. Duschmarke (oh nein!) 0,50 €.
Klo & Co.: Das Waschhaus ist ordentlich,
die Eingangstüren sind seltsamerweise an der
Straße, auf der vom Campingplatz abgewandten
Seite. Sonntags und mittwochs Sauna im Fass.
Essen & Trinken: Thomas verkauft das Nötigs-
te zum Selberkochen.
Stadtprogramm: In Meiningen (40 km) heißt
das Schloss Elisabethenburg und die Burg
Schloss Landsberg. Macht aber nichts – beide
sind hübsch, und die Altstadt kann sich sehen
lassen.
Landpartie: Das Vessertal ist ein großartiges
Wandergebiet – vom Turm auf dem Adlersberg
sieht man ganz Thüringen. In Vesser steht am
Waldrand die größte Natur-Sprungschanze
Deutschlands, die »Vessertalschanze« (früher
Walter-Ulbricht-Schanze).
Abenteuer: 420 m Gas geben – die Sommerrodelbahn im Feriendorf »Auenland« (25 km)
ist harmlos, aber lustig (Zum Burgberg 1, 98673
Eisfeld, T 03686 618900, www.feriendorf-auen-
land.de).
Grillfrei: Thomas empfiehlt Thüringer Küche
im »Blockhaus« Breitenbach (Wilke 1, T 036841
48164), hübsch gelegen gegenüber auf dem
Hang, am Waldrand.
Hin & Her: Der nächste Bahnhof liegt in Hild-
burghausen. Von dort per Bus nach Schleusingen
(200), dann Breitenbach (252). Mit dem Auto A73
bis Schleusingen, dann Ilmenauer Straße, Am Sät-
tel, Zum Vessertal. Der Platz ist ausgeschildert.
Geöffnet: Ganzjährig.
Ausweichquartier: Am »Bergsee Ratscher«
(Am Bergsee 40, Schleusingen, T 036841 32229,
www.bergseeratscher.de) gibt's neben Halli-Galli
in Tüten und jährlichem Rockkonzert auch Platz
für Zelte direkt am See.

Das, was dem Campingplatz seinen Namen gibt,
ist eigentlich geschlossen. Denn es ist nicht ganz
unaufwendig, ein Schwimmbad zu betreiben.
Thomas Salzmann ist zu dem Bad gekommen
wie zu seinem Campingplatz: Er ist irgendwie
hineingestolpert. Thomas war selbst Dauercamper auf dem kleinen Platz im Vessertal, schon
als Kind. Bis heute stehen einige Wohnwagen
dauerhaft auf den Terrassen des Platzes. Darüber liegt das eigentliche Kleinod – eine große,
weite Wiese mit wunderschönem, weitem Blick
hinüber auf die andere Seite des Vessertals.
Nur zwei schwere holländische Zelte haben die
Wiese unter sich aufgeteilt, als wir vorbeischau-
en – viel Platz für Camper. »Ich habe noch nie
jemanden weggeschickt«, meint Thomas.

**So still, wie es da liegt, wirkt es wie eine Fata
Morgana. Rote Treppengriffe vor grüner Wiese
und hellblauem Bad, unberührt, das Wasser
etwas grünlich.**

Als er zugriff und Campingplatzbetreiber
wurde, stand der Platz kurz vor der Schließung.
»Es wäre schade gewesen, wenn der Platz dicht-
gemacht hätte«, meint Thomas. Heute lebt
er hier mit seiner Familie. »Ich arbeite da, wo
andere Urlaub machen.« Auch das angrenzen-
de Freibad wollte die Gemeinde irgendwann
loswerden. »Da hab ich wieder zugegriffen«,
sagt er. Seitdem chlort er zurückhaltend. Denn
der Breitenbach, der durch das Freibad fließt,
versorgt das Becken mit genug frischem Wasser.
So still, wie es da liegt, wirkt es wie eine Fata
Morgana. Rote Treppengriffe vor grüner Wiese
und hellblauem Bad, unberührt, das Wasser
etwas grünlich. Man ahnt, was für eine Perle das
Bad einmal war. Offiziell ist das Becken gesperrt,
ohne Badeaufsicht. Schwer vorzustellen aber,
dass nie jemand hineinspringt. Thomas erhält
das Bad, so gut er kann – weil es eben zum Platz
gehört. Denn was wäre der »Campingplatz am
Waldbad« ohne »Waldbad«?

55

Panorama-Blick im Palumpa-Land

PALUMPA-LAND, NIEDERDORLA, THÜRINGEN

Wer oder was ist ein Palumpa? Der Einfachheit halber (und aus Unwissenheit) machen wir dieses Palumpa zur Sache: Vielleicht sieht man »es« nicht, vielleicht hört man es nicht, aber man spürt seine Anwesenheit. Denn hätte nicht ein seltsam-schräges Wesen seine Finger im Spiel, es gäbe dieses wunderbare Palumpa-Land wohl gar nicht – hier, an einem Stausee im Westen Thüringens.

Das Palumpa mag offenbar die Farbe Blau, schlumpfblau: Der rumpelig-runde Schriftzug am Eingang verrät diese Vorliebe. Das Palumpa mag außerdem die Farbe Gelb. Denn mitten im Grün der umliegenden Wiesen leuchtet der grellgelbe Sand eines Beachvolleyball-Felds. Und mitten im Blaugrau des Stausees leuchtet das grellgelbe Tretboot mit pinkfarbenen Rädern, das Zelturlauber mieten können. Helle Farben, helle Stimmung – das Palumpa liebt es fröhlich. Eine Strandbar mit Bambusmatten an den Wänden suggeriert, dass man vielleicht doch 5000 Kilometer weiter im Süden gelandet ist. Und das Palumpa mag das Sonnenlicht. Das Sanitärhaus ist neu gestaltet, offen, mit viel Holz und großen Fenstern.

Eigentlich passt das alles nicht hierher, als wäre ein Wesen hier gelandet und hätte seine eigene, kleine Welt aus dem Schwarzen Loch mitgebracht. Und genau das macht das Palumpa-Land so anziehend. Aus einem durchschnittlichen Stückchen Erde ist ein Platz geworden, der es wert ist, besucht zu werden.

Vielleicht ist das Palumpa eben nicht fassbar oder sichtbar, sondern nur der Geist eines besonderen Platzes am geografischen Mittelpunkt der Republik.

Die Aussicht ist nicht spektakulär, aber der See direkt am Zeltplatz ist schön. Urlauber können schwimmen, surfen – oder eben Tretboot fahren. Die Strandbar versorgt sie nach den Mühen des Zeltaufbaus mit Bier und Pommes.

Und wer die dritte Nacht in Folge im Regen abgesoffen ist, der hat vielleicht Glück. Denn zum Palumpa-Land gehört eines der schönsten Ferienhäuschen der Welt, mit Panoramablick auf den See.

Zudem bietet das Palumpa-Land einen unschlagbaren Vorteil: Es liegt am geografischen Mittelpunkt des vereinigten Deutschlands – perfekt für das Großfamilientreffen, bei dem Cousin, Cousine, Opa und Tante aus vier Himmelsrichtungen anreisen. Auch das Umland ist attraktiv – ein wunderschöner Wald-Nationalpark, der Hainich, und schöne Städte wie Eisenach oder Mühlhausen liegen um die Ecke.

Der Vater des Palumpa-Landes ist ein Einheimischer: Klaus Dieter Koch. Eigentlich ist er Elektro- und Saunameister, geboren und aufgewachsen in der Region. »Meine Heimat ist doch wunderschön«, sagt er. »Aber trotzdem wandern die jungen, cleveren, interessanten Leute ab. Aber mit genau denen möchte ich zu tun haben!« Also beschloss Koch zusammen mit seiner Familie, die Cleveren mit einem ungewöhnlichen Campingplatz zurück nach Thüringen zu locken. Seine Kreativität ist ein Fass ohne Boden: Bald will er zum Beispiel eine schwimmende Sauna auf den See stellen. Und man kann sicher sein, dass das nicht seine letzte Idee sein wird.

Palumpa-Land, Am Stausee 1, 99986 Niederdorla // T 03601 888942 oder 0173 4460707 // www.palumpa-land.de // info@palumpa-land.de

Sonnenseite: Eine kleine, blau-gelbe Welt für sich – der perfekte Treffpunkt dank seiner Lage am Mittelpunkt Deutschlands.

Schattenseite: Wenig Schatten.

Kosten: 6 € für Erwachsene, 2 € für Kinder, Zelt 4 €, Bulli 8 €.

Klo & Co.: Wunderschön im neuen Häuschen – abwaschen kann man sogar mit Seeblick dank riesiger Scheibe.

Essen & Trinken: Das Palumpa-Land hat eine Strandbar, die »Pommes Schranke« und Cappuccino verkauft. Und Cocktails!

Stadtprogramm: Die vielen Türmchen winken schon von Weitem – 10 km nördlich liegt Mühlhausen, die »Stadt der Kirchen« mit Hauptkirchen, Filialkirchen, Klosterkirchen, Hospitalkirchen und Synagogen. Und selbst die Stadtmauer hat (Wehr-) Türmchen.

Landpartie: Der Nationalpark Hainich – der größte zusammenhängende Wald Deutschlands – ist nah. Wer diesem Urwald aufs Dach steigen will, wählt den Baumkronenpfad nahe Thiemsburg (Alterstedter Chaussee 1, 99820 Craula) – 300 m auf Brücken durch die Wipfel.

Abenteuer: In Lengenfeld unterm Stein (20 km) könnt Ihr eine Draisine über eine alte Kanonenbahn steuern – für 4 Personen ab 14 €, die Doppel-Draisine für 7 Strampler ab 24 €.

Grillfrei: Das »Landhaus Frank« mit dem Restaurant »Zum Nachbarn« (Eisenacher Landstraße 34, T 03601 812513, info@landhaus-frank.de) hat eine der besten Küchen Mühlhausens – wenn auch kaum etwas für Vegetarier. Die Geschichte ist komisch: Im 19. Jahrhundert tranken schon Schüler hier gern das selbst gebraute Bier – aber das war illegal. Um unbekannt zu bleiben, sprachen sie sich nur mit »Nachbar« an. Prost, Nachbar!

Hin & Her: Das Palumpa-Land liegt am Stausee südlich von Niederdorla. Navis zeigen manchmal den falschen Weg. Von der A4, Abfahrt Mühlhausen, etwa 35 km ; von der A38, Abfahrt Mühlhausen, etwa 30 km. Mit der Bahn bis Mühlhausen/Thüringen, dann Bus 153 nach Niederdorla/Anger, dann 10 Minuten Fußweg.

Geöffnet: 1. April bis 30. September.

Ausweichquartier: Eine kleine Zeltwiese am »Landgasthof Probstei Zella« bietet auch Reiterferien, direkt an der Werra nahe Eisenach (99826 Frankenroda, T 036924 41976, zella@zella.de).

Wie er seinen Platz nennen könnte, darüber hat Klaus Dieter Koch lange nachgedacht. Bauern haben das fruchtbare Land geliebt und sich hier eine goldene Nase verdient. »Goldberg« war folglich eine Idee für den Campingplatz-Namen, schlicht »Camping am See« eine andere. Aber dann hat sich Klaus Dieter Koch darauf besonnen, dass er schon immer etwas anders war, und er hat auf seine Tochter gehört. »Palumpa-Land«, das sei »assoziationsfrei«, jeder soll sich etwas anderes darunter vorstellen können, so die Idee.

Wer sein Zelt im Palumpa-Land aufschlägt, der sollte sich vielleicht von vornherein beschränken: Es genügt, die erste Nacht zu durchwachen, um nach dem Palumpa Ausschau zu halten. Denn wer es dann noch nicht gesehen hat, der wird es wohl auch nicht mehr erblicken. Vielleicht ist das Palumpa eben nicht fassbar oder sichtbar – vielleicht ist es nur der Geist eines besonderen Platzes, den Klaus Dieter Koch geschaffen hat? Oder ist es doch ein schlumpfähnliches Wesen, hellblau-gelb gestreift, mit federndhüpfendem Gang, das des Nachts heimlich Freudenstaub in Camperaugen streut?

56

Zeltplatz mit Aussicht

BERGWIESE THÜRINGEN, THALWENDEN, THÜRINGEN

»So einen wie mich gibt's nicht nochmal.« Erich Gaßmann grinst und schenkt noch ein wenig selbstgebrannten Kirschlikör nach. Seine Wangen sind noch rot, weil er bis eben am Herd stand. Gulasch im Spätsommer – »kann ja niemand ahnen, dass es nochmal warm wird«. Aber lecker. Jetzt sitzt Erich am Tisch in seinem Restaurant, schaut raus auf seine Bergwiese.

Ein sanfter Hang am Ortsrand des kleines Nestes Thalwenden ist heute die Heimat für Zelte, Wohnwagen und Bullis. Nach und nach hat Erich neue Terrassen angelegt, erst unten, dann weiter oben. Je höher Camper kommen, desto grandioser der Blick. Ein friedlicher, feiner, ruhiger Platz, der den Kopf freimacht. Der weite Blick beruhigt, von Thüringen bis hinüber nach Niedersachsen und Hessen.

Er sah die Freiheit jeden Tag von seiner Bergwiese aus. »Meine Welt war mir zu eng«, erinnert sich Erich.

Es ist dieser weite Blick, der zu verstehen hilft, warum es so einen wie Erich nicht noch einmal gibt: Es war der Blick hinüber in die Bundesrepublik, als Erich auf diesem Fleckchen Erde aufwuchs. Die Eltern bewirtschafteten einen Bauernhof in der ehemaligen DDR. Kein leichtes Leben. Und kein Leben in der Freiheit, von der Erich träumte. Schon lange hatte er über eine Flucht nachgedacht – wie gesagt: Die Freiheit lag so nah – in Sichtweite seiner Bergwiese.

Ende Juli 1989 wurde aus dem Gedankenspiel ein Plan. Erich packte seine Familie ein. Er wollte nicht allein rüber – seine beiden Jungs, vier und neun Jahre alt, und seine Frau, wollte er sicher in den Westen bringen. Über Ostberlin reisten sie nach Prag, weiter nach Ungarn. Nahe dem Neusiedler See erkundete Erich Nacht für Nacht die Grenze. Dann wagten sie es, zusammen mit einer zweite Familie. Es klappte.

Erich und seine Familie gingen nach Garmisch, zu Verwandten. Doch auch in der neuen Freiheit fehlte ihm vieles. Nachdem die Mauer gefallen war, kehrte er zurück auf seine Bergwiese in Thüringen. »Mein Vater war dagegen, als ich ihm von der Idee erzählte, aus dem Bauernhof einen Campingplatz zu machen«, erinnert sich Erich. Wörtlich: »Das war ein bisschen ein Problem.« Abbringen ließ er sich aber nicht von seinem Plan.

Es muss ab und an auch ein einsames Leben gewesen sein, mit einsamen Entscheidungen. Die Familie in Garmisch, der Vater gegen den Camping-Quatsch. »Und ich kannte das Camping-Geschäft überhaupt nicht«. Sein erster Gast war ein Holländer, der mit dem Fahrrad vorbeiradelte. Der kam wieder und brachte Freunde mit. Und so kamen mehr und mehr.

Heute ist der Platz für Erich »ein großes Stück Freiheit, aber auch Gebundenheit.« Das Publikum ist international, er trifft viele Menschen, mit denen er (sehr gern!) ins Gespräch kommt. Er bekocht sie, Erich ist der perfekte Gastgeber, weltoffen, »der Platz erweitert meinen Horizont«. Er setzt sich zum Klönschnack an den Tisch, und er erzählt von sich und seinem Weg. Wäre Erich nicht so offen, würde ihm die Freiheit nicht so viel bedeuten, sein Platz wäre wohl nicht der, der er ist: einer, auf dem sich jeder wohlfühlt, unabhängig von Alter oder Herkunft. Er heißt sie alle willkommen, das

macht den Charme des Platzes aus. Wer bleiben will, sucht sich ein schönes Fleckchen und meldet sich später bei Erich, der irgendwo auf dem Platz unterwegs ist oder den Ofen anfeuert. Eine Rezeption gibt es nicht.

Erichs Vater lebt heute übrigens im Altersheim, ist 97 Jahre alt. Gestern war er zu Besuch auf der »Bergalm«, dem kleinen Restaurant mit offener Terrasse und Pizzaofen, das Erich oben am Hang gebaut hat. »Du hast nicht alles falsch gemacht«, hat der Vater versöhnlich gesagt, und den Blick bei einem Kaffee genossen. Den Blick hinüber nach Niedersachsen und Hessen, den Blick, der jahrelang die Freiheit versprach, die Erich nicht haben konnte. Die Bergwiese Thüringen ist Erichs kleines Camping-Glück – mit Happy End im Vater-Sohn-Verhältnis.

Es ist kein Wunder, dass er diese Freiheit heute in vollen Zügen genießt – die Freiheit, zu tun, was ihm gefällt. Diese Freiheit birgt aber auch eine Gefahr: »In acht Jahren will ich den Platz verkaufen, dann bin ich hier weg«, droht Erich. Und er meint es ernst. Sein Ziel: Valparaiso, in Chile. »Das lieb' ich.« Was dann wohl aus seinem Platz wird? So einen wie Erich gibt's jedenfalls nur einmal.

Bergwiese Thüringen, Trift 73, 37318 Thalwenden // T 036083 149956 oder 0178 3256002 // www.bergwiese-thueringen.de // info@bergwiese-thueringen.de

Sonnenseite: Je höher am Hang, desto besser – die Aussicht von der Bergwiese ist wundervoll.

Schattenseite: (Nur!) Samstags wagt Erich Musik auf seiner »Bergalm« – die beschallt den Campingplatz schon mal bis 2 Uhr nachts.

Kosten: Zeltplatz 3–12 € pro Nacht, Erwachsene 4,50 €, Kinder bis 14 Jahre 2,50 €, sonst 3,50 €. Strom 1,50 € plus Verbrauch.

Klo & Co.: Das Waschhaus ist wie viele andere auch – weder hübsch noch besonders hässlich. Sauber.

Essen & Trinken: Lamm, Wildbraten, Flammkuchen oder Apfelstrudel – Erich kocht selbst in seinem Biergarten »Sommeralm«. Eine Rezeption gibt es nicht – und damit auch keinen kleinen Kramladen für das, was noch fehlen könnte. Nächster Supermarkt in Uder.

Stadtprogramm: Eines der ältesten Rathäuser Deutschlands steht in der Fachwerkstadt Duderstadt (30 km). Johann Sebastian Bach wählte dagegen die seinerzeit mächtige und heute nur noch hübsche Stadt Mühlhausen (45 km), um dort zwei Jahre lang zu orgeln.

Landpartie: Direkt über dem Campingplatz bietet der Röhringsberg Wanderwege. Schöne Aussichten bieten auch das »Thalwendener Kreuz« auf dem Iberg und die »Hennefeste«.

Abenteuer: »Magic Mushroom«, »U-Boot«, »Räuberschloss« und »Müllkippe« sind markierte Hotspots im Boulder-Paradies Wiesental, fußläufig vom Campingplatz. Talk an die Finger – los geht's. Wenn's regnet, geht dasselbe auch in der Kletterhalle in Göttingen, im »roxx« (Am Sprangerweg 2, T 0551 3910278, www.hochschulsport.uni-goettingen.de/roxx/).

Grillfrei: Wer anderswo essen möchte, findet im »Landhaus Biewald« (Weghausstraße 20, T 05504 93500, www.biewald-friedland.de) in Friedland (17 km) regionale und mediterrane Küche, vom Acquerello-Risotto mit Steinpilzen bis zu geschmorter Lammhaxe mit Landgemüse.

Hin & Her: Der nächste Bahnhof liegt in Uder und Heiligenstadt, eine gute halbe Zugstunde von Göttingen (an der Schnellstrecke Hannover–München). Von dort weiter per Bus nach Thalwenden. Mit dem Auto A38 bis Arenshausen, dann B80, weiter über Birkenfelde nach Thalwenden.

Geöffnet: Von Ostern bis zum 31. Oktober.

Ausweichquartier: Nahebei liegt der Camping-Glück-Platz Am Niemetal (s. S. 96).

57

Freiheit am Brockengipfel

HARZ-CAMPING, SCHIERKE, SACHSEN-ANHALT

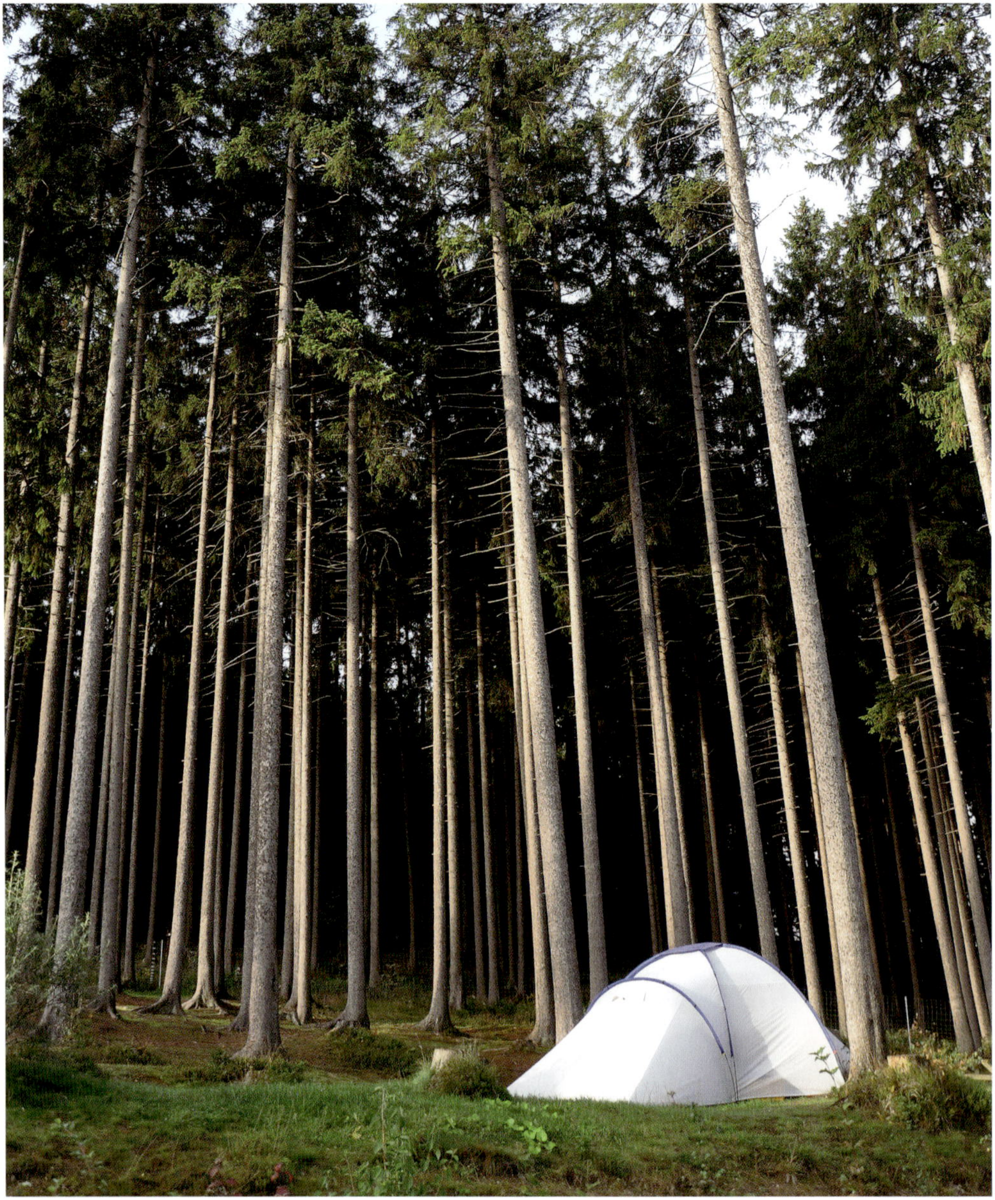

Es gibt nicht viele Campingplatzbetreiber, deren Foto in einem Geschichtsbuch abgedruckt wurde. Ingo und Corina Nitschke jedoch sind ein lebendiges Stück deutscher Vergangenheit. Ihr Foto ist berühmt. In dicken Jacken stehen sie auf dem Dach der Wetterstation auf dem Brocken und halten ein Transparent in den blauen Himmel: nur zwei Worte – »Mauer weg«. Von unten jubeln ihnen Menschen zu. Am 3. Dezember 1989 waren fast 6000 Mutige auf den Brocken gezogen, ein Sternmarsch aus den Dörfern des Harzes. Endlich, Wochen nach dem Berliner Mauerfall, wollten sie auch den Brocken befreien. Und sie hatten Erfolg: Um 12:50 Uhr öffneten die Grenzer das Tor, das danach nie wieder geschlossen werden sollte.

Camper spüren Freiheit dort, wo früher ein Grenzkontrollhäuschen stand – am Eingang zum Sperrgebiet Brocken.

Bis dahin hatte Ingo Nitschke im Sperrgebiet gearbeitet. Wie schon sein Vater war er Wettertechniker auf dem Brocken. 1968 hatten Sowjets und Staatssicherheit den Gipfel zur Abhörstation ausgebaut: ein militärischer Sicherheitsbereich, umgeben von einer drei Kilometer langen Mauer. Auf dem Weg zur Arbeit wurde Nitschke täglich gleich zweimal kontrolliert. Und wenn

er, oben angelangt, die Außenstationen der Wetterwarte ablesen wollte, begleiteten ihn russische Soldaten mit Kalaschnikow. Denn wer hier arbeitete, stand unter dem Dauerverdacht, fliehen zu wollen. Ehefrau Corina durfte ihren Mann daher auch nie ins Sperrgebiet begleiten. Als die beiden Söhne der Nitschkes geboren wurden, reifte dennoch der Plan zur Flucht. Schlaftabletten waren schon gekauft, um die beiden Sprösslinge ruhigzustellen während des Grenzübertritts. Doch dann kam der Mauerfall dazwischen. Und die Nitschkes schrieben ihr ganz eigenes Kapitel der Wiedervereinigungsgeschichte, an jenem 3. Dezember 1989, an dem Ingo zum ersten Mal seine Corina mit auf den Brocken nahm.

Freiheit – dieses Gefühl, dass die Nitschkes im Großen, Historischen erfahren haben, das suchen auch Camper – im Kleinen. Und wo kann man ihm wohl besser nahekommen als hier, in Schierke. Hier, wo Camper den Brockengipfel immer im Blick haben, der so lange ein Symbol für den Verlust der Freiheit in Ostdeutschland war. Heute kann man hier die Freiheit spüren: Der Campingplatz liegt hoch genug, um den Blick schweifen zu lassen. Hinüber zu den Häusern des Dörfchens Schierke, das sich über Kilometer die kleine Straße entlangzieht. Auf die fichtenbewachsenen Hänge oder hinauf

Harz-Camping, Hagenstraße / Am Schierker Stern 1, 38879 Schierke // T 039455 58817 // www.harz-camping.com // info@harz-camping.com

Sonnenseite: Camping mit Brockenblick, direkt am Waldrand.

Schattenseite: Der Platz liegt an der Landstraße nach Braunlage / Wernigerode. Der Verkehr hält sich aber in Grenzen.

Kosten: Erwachsene 5 €, Kinder 3 € (plus Kurtaxe 1,80 € / 0,90 €), Zeltplatz 6,50 €, Bulli 8,50 €.

Klo & Co.: Neues, blitzsauberes Haus wie bei Muttern – auch wer nur pinkeln will, muss seine Schuhe ausziehen und Leihlatschen tragen.

Essen & Trinken: Ein kleiner Laden verkauft das Nötigste.

Stadtprogramm: Nach Hermann Löns liegt »Die bunte Stadt am Harz« nahebei: Wernigerode (18 km) ist die schönste Stadt im Harz, mit viel Fachwerk, schickem Rathaus am großen Marktplatz und dem »kleinsten Haus der Stadt«.

Landpartie: Ab auf den Brocken! Ab Parkplatz »Am Thälchen« über die Alte Bobbahn – oder über den Eckerlochstieg.

Abenteuer: Die »Mystische Höhlenwelt« der Rübeländer Tropfsteinhöhlen für Vorsichtige (Blankenburger Straße 35, 38889 Rübeland, T 039454 49132). Wagemutige rasen mit Monsterrollern den Wurmberg runter (ab 14 €, Am Amtsweg 5, Braunlage).

Grillfrei: Die Nitschkes schwören auf das Schierker China-Restaurant (Brockenstraße, T 039455 58788). Oder fürstlich speisen in der »Villa Fichtenhof« (Hagenstraße 3, T 039455 88888, www.villa-fichtenhof.de): Fasanenbrust, Hirschkalbsroulade oder Lammfiletspitzen.

Hin & Her: Der Campingplatz liegt am Ortseingang von Schierke, aus keiner Richtung zu verfehlen! Der nächste Bahnhof liegt in Wernigerode, von dort entweder Bus 257 nach Schierke erreichen – oder mit der Harzer Schmalspurbahn fahren.

Geöffnet: Ganzjährig.

Ausweichquartier: Camping am Brocken, Schützenring 6, 38875 Elbingerode, T 039454 42589, www.campingambrocken.de.

zum Gipfel des Brockens. Und alles lässt sich erwandern, ohne jede Grenze.

Auf Erschöpfte wartet abends eine sattgrüne, feste Zeltwiese am Waldrand, unter riesigen Bäumen. Oben am Hang wachen zwei falunrote Schweden-Häuser. Wem es im Herbst oder Winter im Zelt zu kalt wird, der kann sich hier einmieten. Bullis und Wohnmobile parken auf einem grauen Schotterplatz nebenan. Er gewinnt keinen Schönheitspreis, aber der Wald drum herum macht vieles wett.

Selbst würden die Nitschkes wohl nie sagen, dass ihr Campingplatz auch im Lichte ihrer eigenen Geschichte entstanden sein könnte: Sie locken Menschen genau dorthin, wo früher ein Grenzkontrollhäuschen stand – am Eingang zum Sperrgebiet Brocken. Hier wurde Ingo Nitschke jeden Tag kontrolliert. Heute begegnen sich auf dem Campingplatz am Schierker Stern Menschen, die die Freiheit des Brockens genießen können. Auch dank der Mutigen, die an jenem 3. Dezember 1989 auf den Brocken zogen, um ihren Berg zu befreien.

58

Wildwest in Nahost

TIPI-DORF BERTINGEN, SACHSEN-ANHALT

Man muss schon mit einiger Überzeugung Tipis vermieten, wenn man sogar in der Nachsaison mit Stirnband und Feder herumläuft: Gerhard Müller hat sich mit Leib und Seele seiner Idee verschrieben, in einem touristisch eher unbeleckten Winkel Sachsen-Anhalts ein Indianerdorf zu eröffnen. In der Colbitz-Letzlinger Heide, nahe der Elbe, gehört ihm ein grünes Stück Land samt Kiefernwald. Und weil Müller gut mit der Kettensäge umgehen kann, hat er eigenhändig an der Wildwest-Atmosphäre gearbeitet. Es gibt ein Restaurant im Blockhausstil, das Bisonfleisch auf den Tisch bringt. Allerlei Holzskulpturen von der tanzenden Kobra bis zum Totem verteilen sich über das Gelände. »Silbersee« heißt der kleine Teich in der Mitte des Platzes, Wolfs- und Tornadowiese liegen nebenan. Also Vorsicht: Ganz unberührt wird niemand bleiben von Müllers Indianerbegeisterung. Wer das mag, wird den Platz genießen: Die Tipis fügen sich hübsch in die Landschaft, und es gibt viel Raum für Zelte. Unsicher sind wir jedoch mit Blick auf die Atmosphäre des Platzes, den wir Ende August menschenleer gefunden haben. Und so möge jeder selbst sehen und seinen Treck in den Wilden Westen der Heide starten, um den Indianer-Häuptling vom Elbtal zu treffen. Man erkennt ihn an der Feder am Kopf, selbst im Winter. Howgh.

Tipi-Dorf Bertingen, Zu den kurzen Enden 1, 39517 Bertingen // T 039366 51037 // www.tipi-dorf.de // info08@tipi-dorf.de

Sonnenseite: Zelt oder Tipi mit Schnecke und Frosch als Nachbarn – Idylle pur.

Schattenseite: In der Nachsaison fast menschenleer, und wir haben schon freundlichere Betreiber getroffen.

Kosten: Im Tipi Kinder 11,90 €, Erwachsene 13,90 €. Camping für Kinder 4,90 €, Erwachsene 5,90 €, eigenes Zelt 2 €, Bulli 3,50 €.

Klo & Co.: Vorhanden, zum Teil aber im wenig charmanten Container.

Essen & Trinken: Der Kiosk verkauft Weißhäuten Milch, Mehl und Margarine, während das Indianer-Restaurant Rothäute mit Bisonfleisch bekocht.

Stadtprogramm: Die Kleinstadt Tangerhütte (12 km) bietet für gerade 2000 Einwohner ein hübsches »Neues Schloss« samt Stadtpark. Eher zum Shopping als zum Sightseeing lockt Magdeburg (45 km); hier wurde sowohl im Dreißigjährigen Krieg als auch im Zweiten Weltkrieg viel gebaute Geschichte zerstört.

Landpartie: Bertingen liegt im Abschnitt Tangermünde–Magdeburg des Elberadwegs. Bei Burg wird der Mittellandkanal in Europas größter Trogbrücke über die Elbe geführt – imposant.

Abenteuer: In einer alten russischen Kaserne Panzer fahren (pro Stunde ab 150 €, Heerstraße 1, T 0176 241 96 251, www. panzerfahrschule.de) oder die höchste Erhebung zwischen Magdeburg und der Ostsee erklimmen – einen Kaliberg (Kalimandscharo, Anfragen an Tourismusverband Colbitz-Letzinger-Heide e.V., August-Bebel-Straße 2, 39326 Colbitz, T 039207 80691, info@heideinfo.de).

Grillfrei: Altmärker Spezialitäten kocht das Restaurant »La Porte« im nahen Feriendorf (Im Wald 3, T 039366 979000, info@hotel-laporte.de).

Hin & Her: Vom Bahnhof Mahlwinkel sind es 6 km zum Tipidorf, entweder per Taxi oder Shuttle vom Platz (vorher anfragen!). Mit dem Auto über die A2, Abfahrt Magdeburg-Zentrum, dann über die B189 gen Norden, über Rogätz, Angern, Mahlwinkel.

Geöffnet: März bis November.

Ausweichquartier: Direkt an der Elbe liegt das hübsche Family-Camp Kellerwiehl (39517 Bittkau an der Elbe, T 039362 81610, info@kellerwiehl.de).

59

Krokodilsichtung am deutschen Amazonas

OUTTOUR SAALE-UNSTRUT, KIRCHSCHEIDUNGEN, SACHSEN-ANHALT

Jens Bellmann hat recht lebhafte Vorstellungen davon, wie sein liebster Fluss einst durch Sachsen-Anhalt floss: Die Unstrut hat ihren Namen vom germanischen »Strüdu«, was Sumpfdickicht heißt. Die Vorsilbe »Un« steigert diese Bedeutung noch, wie etwa bei »Unwetter«. Morastige Ufer, ein versumpfter Streifen Land, »wie der Amazonas«, meint Bellmann und räumt freundlicherweise ein: »Aber ohne Krokodile und Piranhas.«

Denn an dieser Unstrut hat der Anhaltiner einen Campingplatz eröffnet. Wer heute jedoch auf der grünen Wiese unten am Fluss sein Zelt aufschlägt, der mag kaum glauben, wie die Unstrut einst ausgesehen haben soll. Heute ist sie ein friedlicher, tiefblauer Fluss, der seine Schleifen sachte durch die Wiesen zieht – »ein ruhiger Wanderfluss«. Große Pappeln erheben sich am Ufer, eine seltene Ulme und eine große Kopfweide, die alle vom Wasser der Unstrut leben.

Kein Zaun, keine Hecke trennt die Zeltwiese vom Fluss. Wer will, kann direkt in die Unstrut hüpfen und sich treiben lassen.

Unter den Pappeln steht ein kleines Tipidorf: praktisch für Radfahrer oder Kanuwanderer, die eine Übernachtung ohne eigenes Zelt suchen. Neu ist der kleine Schäferwagen, in dem bis zu vier Menschen übernachten können. Das Kleinod des Platzes ist jedoch die wunderbare Zeltwiese unter Bäumen: Kein Zaun, keine Hecke trennt sie vom Fluss oder vom Dörfchen Kirchscheidungen. »Wir sind ein offener Campingplatz«, meint der Betreiber. Früher wurde hier wild gecampt, die Wiesen des Zeltplatzes sind nach wie vor auch der Ort, wo viele Kirchscheidunger für ein kühles Bad in die Unstrut springen.

Denn vom Campingplatz kann man direkt in den Fluss hüpfen und sich treiben lassen – wenn man möchte bis zur Saalemündung knapp zwanzig Kilometer weiter flussabwärts. Etwas komfortabler legt man die Strecke in den Kanus zurück, die Bellmann vermietet – sein Hauptgeschäft sind geführte Kanureisen auf Saale und Unstrut.

Dass das Unstruttal nicht auf den vorderen Plätzen der beliebtesten Urlaubsregionen in Deutschland steht, ist gut – Touristen treten sich nicht auf die Füße. Es ist aber auch ein wenig seltsam. Denn die Unstrut bietet viel – beispielsweise schönes Wetter: Der Harz hält die Regenwolken fern, die Sonne scheint kräftig. In der Senke entlang der Unstrut kühlt es nachts zudem kräftig ab – ein Klima, das die Region zu einem beliebten, aber weniger bekannten Weinanbaugebiet macht. 1606 Stunden lang scheint die Sonne im Mittel – in etwa so viel wie in den Weinbaugebieten in Rheinland-Pfalz und Franken. Angebaut wird traditionell: In Steillagen kommt der Weinbauer leicht ins Schwitzen,

Schiffs-Abfahrten: 03445/ 202830
www.froehliche-doerte.de

Outtour Saale-Unstrut, Jens Bellmann, An der Unstrut, 06636 Kirchscheidungen // T 034462 601951 // www.outtour.de // info@outtour.de

Sonnenseite: Camping am Flussufer – vom erfrischenden Bad in der Unstrut trennt Euch nur der Zelt-Reißverschluss.

Schattenseite: Früher waren die Tipis ein Fremdkörper – die neuen passen besser hierher, meint Jens.

Kosten: Erwachsene 7 € pro Nacht, Kinder 5 € pro Nacht, Dusche 1 €. Für die Nacht im Tipi zahlen Erwachsene 12 €, Kinder 8 € – Decke, Isomatte und Schlafsack mitbringen!

Klo & Co.: Das kleine, neuere Sanitärhäuschen ächzt im Sommer, wenn der Platz voll ist.

Essen & Trinken: Auf dem Platz organisiert Jens Bellmann Grillabende und Winzervespern samt Weinprobe, wenn sich genügend Teilnehmer melden. Ansonsten alles mitbringen.

Stadtprogramm: In Naumburg an der Saale (20 km) warten Uta, Ekkehard, Regelindis und Herrmann auf Besucher. Die lebensgroßen Stifterfiguren aus Kalkstein stehen im Westchor des Naumburger Doms, dem Wahrzeichen der Stadt.

Landpartie: Eine Radtour entfernt wartet die Arche Nebra, in der eine Replik der rätselhaften Himmelsscheibe ausgestellt wird. Das Original der Bronzescheibe wurde 1999 hier gefunden. Das multimediale Besucherzentrum führt 3600 Jahre zurück in unsere Vergangenheit.

Abenteuer: Eine Kanutour mit Jens auf der Unstrut.

Grillfrei: Zweimal speisen, nur einen Fußmarsch entfernt – im Restaurant »Gräfin Cosel« auf Schloss Burgscheidungen isst man edel und lecker (Schlossbergstraße 56, 06636 Burgscheidungen, T 01805 372836, info@schloss-burgscheidungen.de), etwas günstiger bewirtet der Gasthof »Zum Grünen Tal« in Tröbsdorf (Am Biberbach 44, T 034462 20872).

Hin & Her: Mit dem Auto über die A9, Abfahrt Weißenfels, oder die A38, Abfahrt Eisleben. Der Bahnhof Kirchscheidungen liegt ein paar 100 m vom Ufer der Unstrut entfernt.

Geöffnet: April bis Oktober.

Ausweichquartier: Der Kanuverleih Nebra hat einen kleinen Zeltplatz mit Tipi-Vermietung (An der Unstrut 25, 06642 Nebra (Unstrut), T 034461 24388, info@kanuverleih-nebra.de).

wenn er seine Stöcke mit Seilzug und Hand-
hake bearbeitet.

In Bellmanns Nachbarschaft rackert der
Winzer Klaus Böhme: Er bietet auf dem Campingplatz schon mal seine Weine zur Probe an:
frisch, fruchtig, jung und überwiegend weiß,
mit schillernden Namen. »Burgscheidunger
Veitsgrube« heißt eine Hanglage nahe dem
Campingplatz, »Dorndorfer Rappental« eine
andere – ein Riesling »mit zarten Ananas- und
Apfelaromen« im Bukett, wie Böhme erzählt.
Wo Weine gut gedeihen, werden sich auch
Camper wohlfühlen (wenn sie die kalten Nächte
im warmen Schlafsack wegkuscheln). Das gilt
sogar an einem Flüsschen mit dem schauerli-
chen Namen »Unstrut«. Denn man muss schon
eine ganze Menge Silvaner oder Müller-Thurgau
trinken, bevor man im Amazonas Sachsen-Anhalts die ersten Krokodile sichtet.

60

»Made in Ottendorf«

MIO MINICAMPING, LICHTENAU-OTTENDORF, SACHSEN

Der ovale NL-Aufkleber prangt an jedem zweiten Wohnwagen – dieser Eindruck von der Autobahn täuscht nicht: Die Niederländer sind Camping-Europameister (immerhin, wenn's schon im Fußball nicht klappt!). Jeder fünfte Oranje campte 2010 im Urlaub, dagegen schlug nur jeder zwanzigste Deutsche seine Heringe ein. Und wer mit »Camping-Glück« die Republik erobert, der wird viele Niederländer treffen. Denn sie mögen die entspannten, kleinen Plätze, die auch »Camping-Glück« schätzt. Es ist ein wenig wie die Geschichte vom Hasen und vom Igel: »Ich bin schon da!«, rufen uns die Niederländer auf manchem vermeintlich neu entdeckten Platz entgegen. Selbst als Inhaber haben sie mittlerweile die Nase vorn. Ein kleiner Platz im sächsischen Ottendorf ist ein gutes Beispiel dafür.

Ein sächsisch-niederländisches Pärchen paart Camping und Kochwerkstatt: mit Geschick, Geschmack und Gastfreundschaft.

Auf den ersten Blick ist »MiO Minicamping« alles andere als spektakulär. Kleine Obstbäume beschatten die Wiese auf einem Hügel nahe der 500-Einwohner-Siedlung Ottendorf. Für 26 Zelte und Wohnwagen gibt es Strom und Wasser, weitere 14 passen noch ohne Kabel & Schlauch auf die Wiese. Neu ist »Hans«, eine »Auszeithütte«, die die Holzfreunde von »cabinwood.de« gebaut

haben. Am Rand der Wiese steht eine dunkle Scheune – auch aus Holz-, in der das Geheimnis von »MiO« wartet.

Denn es muss ein Geheimnis geben. Wie hätte MiO es sonst geschafft, 2010 als einziger Platz in Deutschland für den begehrten holländischen Camping-Oskar nominiert zu werden, als bester kleiner Campingplatz in Europa? Zuletzt hatte der niederländische Campingverband 2007 einen deutschen Platz in die engere Auswahl genommen.

»MiO« steht für »Made in Ottendorf«, und das gilt zum einen für die eine Hälfte des Betreibergespanns: Birgit Fischer wuchs in Ottendorf auf. Ihren Eltern gehörte der Bauernhof, dessen Scheune bis heute steht. 1987 lernte Birgit beim Ungarn-Urlaub Stan Olgers kennen und lieben. 1989, noch vor der Wende, wurde geheiratet, und Birgit folgte Stan in seine Heimat. Doch nach 16 Jahren und manchen Jobs in den Niederlanden entschieden sie: Sie wollten etwas Neues ausprobieren, in Birgits Heimat. Denn das elterliche Grundstück wartete auf eine neue Bestimmung.

Und so reifte langsam ihre Idee. Heute steht »MiO« auch für das Essen, das in Ottendorf gekocht wird. Mit großem Aufwand haben Stan und Birgit die Holzscheune zu einer Kochwerkstatt umgebaut. Ein hoher Raum öffnet sich mit einer großen Glasfront der Abendsonne. Am Herd und am Dampfgarer (seinem Lieblingsgerät) steht Stan, der sich hier einen Traum erfüllt. Er wuchs in Den Haag auf, wo fast vier Prozent der Einwohner aus Kolonialzeiten indonesische Vorfahren haben. Die indonesische Küche hat er mit der Muttermilch aufgesogen. Heute kocht er nach Bedarf, wenn sich Camper zum Abendessen anmelden, zum Beispiel Soto Ajam (javanische Hühnersuppe), Gado Gado (Gemüsevielfalt mit Erdnusssauce) oder Sambal Goreng Bunchis (grüne Bohnen in süß-pikanter Soße). Camper lernen sich beim Abendessen kennen – eine (gast-)freundliche, freundschaftliche Atmosphäre. Manchmal singen Jazz-Musiker, und Schriftsteller lesen aus ihren Büchern. Auch Stan Olgers erzählt Geschichten zu seinen Gerichten – und er gibt einen kurzen Abriss von seiner Sicht auf die Welt. Denn Stan

kann über die deutsche Behörden und Banken wie ein Rohrspatz schimpfen. Es war sicherlich nicht leicht, die Genehmigung für diesen Platz zu bekommen und eine Finanzierung auf die Beine zu stellen. Einen Querulanten würden ihn seitdem manche nennen, klagt Stan, der sich lebhaft an Treffen mit Landesbeamten erinnert.

In den Niederlanden schossen Minicampingplätze wie Pilze aus dem Boden, als es den Bauern in den 1980er-Jahren schlecht ging. An Deutschland ist diese Entwicklung vorübergegangen – vor allem, weil Behörden neue Plätze blockieren. Es brauchte wohl die Energie eines Stan Olgers, gepaart mit der beharrlichen Freundlichkeit einer Ottendorfer Ureinwohnerin, um dieses Projekt Wirklichkeit werden zu lassen. »Made in Ottendorf« ist nur zur Hälfte sächsisch – weitere Zutaten sind holländischer Unternehmergeist, Risikofreude sowie Geschick, Geschmack und Gastfreundlichkeit.

MiO Made in Ottendorf, Hohe Straße 28, 09244 Lichtenau OT Ottendorf // T 037208 877848 // www.mio-minicamping.de // info@mio-minicamping.de

Sonnenseite: Eine wunderbare Kombination – Kochen & Campen.

Schattenseite: Leider keine – die Bäume wachsen noch und schützen kaum an heißen Tagen.

Kosten: 3 € bis 11 Jahre, sonst 6 €. Zelt oder Bulli 10 €, mit Strom 13 €. Vor- und Nachsaison 19 € (2 Camper, alles inklusive).

Klo & Co.: In der frisch umgebauten Scheune mit Fußbodenheizung (Biogas!).

Essen & Trinken: Nach Anmeldung kocht Stan auch für Einzelreisende. Freitags: Rijstafel mit über 17 Gerichten. Und das Frühstück ist großartig.

Stadtprogramm: Ottendorf mit seinen 1500 Einwohnern mag in der Pampa liegen – die nächsten Städte aber sind per Auto gut erreichbar: Weimar (140 km), Dresden (70 km), Leipzig (90 km), Chemnitz (15 km) oder Prag (170 km). Die perfekte Basis für Ost-(Deutschland-)Entdecker!

Landpartie: Einen Fußmarsch entfernt liegt das Zschopautal mit wilden Tälern, bizarren Felsen und Talsperren. Oder Wanderwege über Waldeshöhen, Schaubergwerke und Schlösser im Erzgebirge.

Abenteuer: Wasserski, (www.wasserskirossau.de), Klettern (www.kletterwald-kriebstein.de).

Grillfrei: Am besten jeden Abend, um sich durch Stans Karte zu essen. Mittags empfiehlt die MiO-Crew das »Alexxanders« in Chemnitz (drei Gänge ab 15 € – Ludwig-Kirsch-Straße 9, T 0371 4311111).

Hin & Her: Der nächste Bahnhof ist in Ottendorf (bei Mittweida, ca. 3 km). Mit dem Auto über die A4, Ausfahrt 71 Chemnitz-Ost. Dann Richtung Mittweida, nach 2 km rechts ins Gewerbegebiet Ottendorf, am Ende der Straße links. Navi-Adresse: Gottfried-Schenker-Straße 10, Lichtenau, OT Ottendorf.

Geöffnet: März bis September, Oktober bis Februar nur per Anmeldung.

Ausweichquartier: 25 km weiter lockt Kulturinteressierte die »Universitas im Bauernhaus« mit Zeltwiese unterm Weidendom (Reichenbacher Straße 15, 09661 Striegistal, OT Gossberg, T 037207 3215, uni-im-bauernhaus.de). Oder 80 km weiter das Tal der Weiße Elster (Camping Am Töpferberg, Clodra Dorfstraße 35, 07980 Berga/Clodra, T 036623 20438 toepferberg.de)

61

Herrlich ab vom Schuss

THORWALDBLICK, HINTERHERMSDORF, SACHSEN

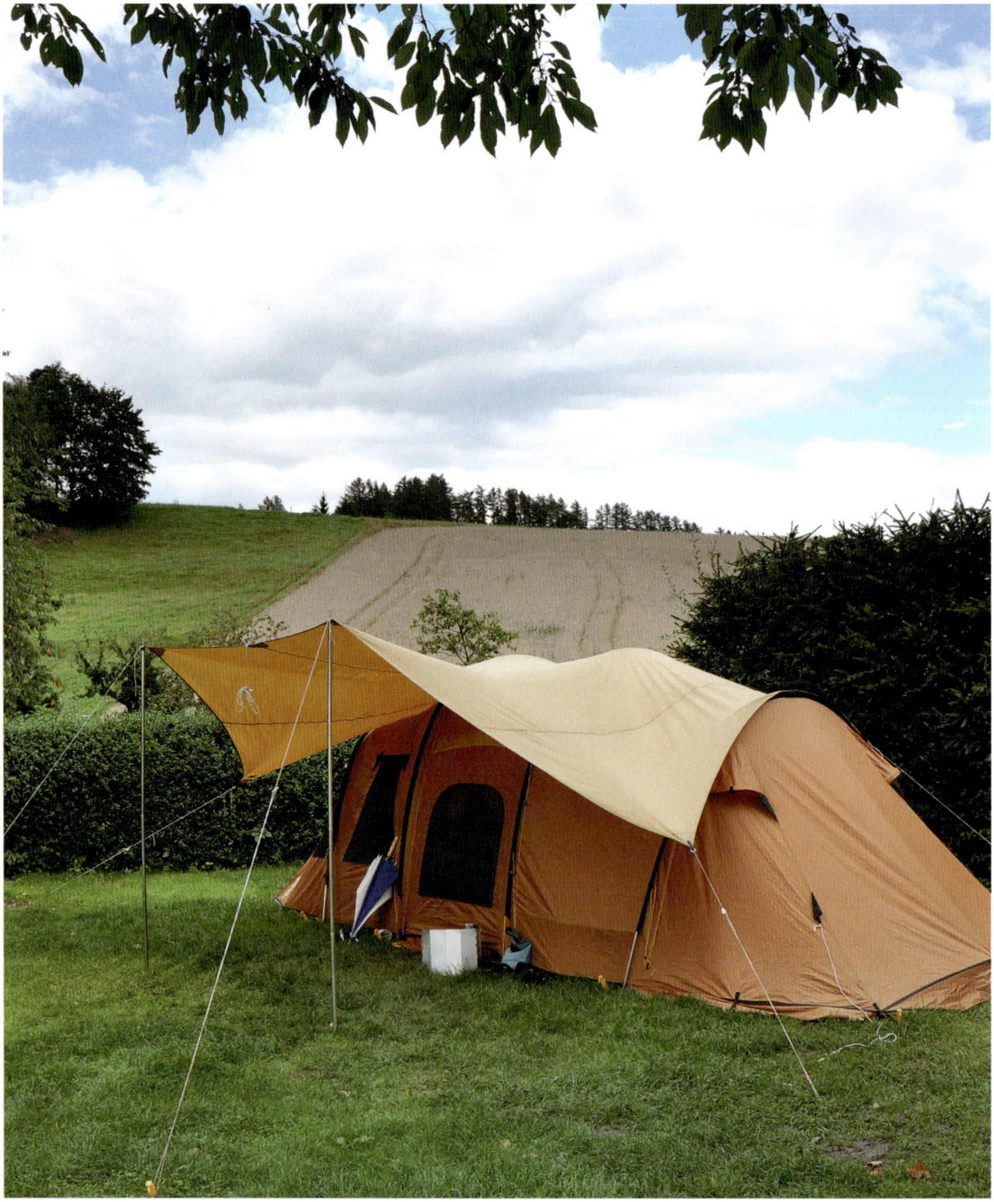

Wer auf die Karte schaut, wird denken: Eine entlegenere Ecke lässt sich in Deutschland kaum finden. Wer sich dann aufmacht nach Hinterhermsdorf, der wird schnell feststellen: Obwohl das Dorf in einem kleinen Winkel liegt, an drei Seiten von der Staatsgrenze zu Tschechien fast umschlossen, liegt es mittendrin. Mittendrin in einer Urlaubsregion, die vielfältiger kaum sein könnte.

Nur eine einzige Straße führt von Sebnitz nach Hinterhermsdorf. Gleich am Ortseingang liegt der kleine Campingplatz »Am Thorwaldblick« – ein kleines, feines Familienunternehmen. Der Name »Thorwaldblick« ist Programm: Zu allen Seiten Wald und noch mal Wald.

Wer als »Sommerfrischler« kommt, ist am Rand der Republik und trotzdem mittendrin: Klettern im Elbsandsteingebirge, Wandern in den Lausitzer Bergen.

Die Pehs betreiben den Platz seit 1996. Die Ausstattung ist einfach, aber völlig ausreichend. Hübsch ist die kleine Zeltwiese unter Obstbäumen. Hinter ihr steigt steil ein Weizenfeld an zu einem bewaldeten Bergrücken, zur anderen Seite öffnet sich der Blick auf den dunklen Thorwald. Diese Aussicht können die Fahrer von Bullis und Wohnwagen genießen – für sie gibt es nebenan 25 terrassierte Plätze, nicht ganz so hübsch wie die Zeltwiese. Auf Kinder wartet ein Spielplatz mit Klettergerüst, Sandkasten, Rutsche, Wippe und Tischtennisplatte, auf Erwachsene ein Kühlschrank, eine Waschmaschine, ein Trockner und ein Abwaschbecken – gerechte Aufgabenteilung eben.

Hinterhermsdorf wurde einst zum »schönsten Dorf Deutschlands gekürt«, und in der Tat lohnt sich der kleine Spaziergang. Eine Einbahnstraße erschließt das Dorf ringförmig. An ihr liegen die vielen Umgebindehäuser, deren erster Stock von Holz eingekleidet ist. Dieses Holz sicherte über Jahrhunderte auch die Existenzen der Menschen, die hier lebten: Die dichten Buchen- und Nadelwälder der Region wurden abgeholzt, um in den nahen Städten Häuser zu bauen. Schon im 16. Jahrhundert wurden Baumstämme über den heutigen Grenzfluss zu Tschechien, die Kirnitzsch, geflößt.

Die Nachfrage nach dem Holz aus der Sächsischen Schweiz stieg rasant. Und so verfügte der Kurfürst August von Sachsen, dass in Hinterhermsdorf eine Stauanlage errichtet werden solle (damals aus Holz, im 19. Jahrhundert wurde sie durch eine Steinmauer ersetzt). Wenn die neu gebaute »Obere Schleuse« geöffnet wurde, entstand eine Flutwelle auf der Kirnitzsch, die die Holzstämme über das Flüsschen bis in die Elbe trieb. Ein gefährliches Geschäft in eiskaltem Wasser – selbst im Sommer misst die Kirnitzsch gerade 8 °C. Mancher Flößer verlor erst das Gleichgewicht und dann das Leben. Heute

kann man sich bei einer Kahnfahrt auf dem engen Stausee noch einiges von der harten Arbeit der Waldarbeiter und Flößer berichten lassen.

Hinterhermsdorf liegt an der Grenze zwischen dem Elbsandsteingebirge der Sächsischen Schweiz und dem Granit des Lausitzer Berglandes. Wanderer und Kletterer locken Hügel im Norden und Felsen im Süden. Zur tschechischen Grenze sind es nur ein paar Kilometer, und für Radfahrer und Fußgänger gibt es mehrere Übergänge (ohne Kontrollstelle – Personalausweis aber trotzdem nicht vergessen!). Mehr Vielfalt kann man in einem Urlaub kaum ertragen. Und so kommen die »Sommerfrischler« (wie sie Urlauber hier nennen) schon seit über 100 Jahren nach Hinterhermsdorf.

Wie gut, dass man nach aufregenden Tagen abends auf einen kleinen, idyllischen Platz zurückkehren kann, um es sich gemütlich zu machen. »Am Thorwaldblick« ist man mittendrin – aber trotzdem irgendwie herrlich weitab vom Schuss.

Camping am Thorwaldblick, Schandauer Straße 37, 01855 Hinterhermsdorf // T 035974 50648 // www.thorwaldblick.de // info@thorwaldblick.de

Sonnenseite: Klein & familiär, perfekt gelegen für den Nationalpark Sächsische Schweiz & Tschechien.

Schattenseite: Schnell ausgebucht mit nur etwa 50 Plätzen – und die Dorfstraße führt direkt am Zeltplatz vorbei.

Kosten: Kinder 3,50 €, Erwachsene 5,50 €, Zelt und Bulli 3,50–6 €, Strom 2,50 €.

Klo & Co.: Gerade wird ein neuer Sanitärblock gebaut. Wir sind gespannt!

Essen & Trinken: Die Rezeption verkauft nur das Nötigste, aber Hinterhermsdorf ist nur einen Fußmarsch entfernt.

Stadtprogramm: Zwei fantastische Städte liegen nicht weit entfernt: das Elbflorenz Dresden (60 km) mit Zwinger und Frauenkirche – und die Goldene Stadt Prag (130 km) mit Karlsbrücke und Nachtleben.

Landpartie: Hoch hinaus geht's auf dem Aussichtssturm auf dem Weifberg – ein großartiger Rundblick über die Sächsische Schweiz. Tief hinab geht's auf

der Festung Königsstein mit ihren unterirdischen Befestigungsanlagen. Beides in Wanderdistanz.

Abenteuer: Die Sächsische Schweiz ist ein Klettermekka mit mehr als 1000 Gipfeln. Die Kletterschule Klettermax hilft beim Erklimmen (T 035971 86997, kontakt@klettermax-online.de).

Grillfrei: Zünftiges Wandereressen kocht die Buchenparkhalle (Buchenstraße 11, 01855 Hinterhermsdorf, T 035974 55763 oder 0175 2436290, www.buchenparkhalle.com).

Hin & Her: Die nächsten Bahnhöfe sind in Neustadt/Sachsen und Bad Schandau – der Campingplatz bietet einen Shuttle-Service an. Mit dem Auto über die A4, Abfahrt Burkau, dann über Bischofswerda, Neustadt, Sebnitz nach Hinterhermsdorf oder über die A17, Abfahrt Pirna, dann B172 bis Bad Schandau, durch das Kirnitzschtal bis Hinterhermsdorf.

Geöffnet: Ganzjährig.

Ausweichquartier: Schön gelegen ist auch »Panorama-Camping Kleine Bergoase« (Obere Straße 19, 01855 Kirnitzschtal OT Mittelndorf, T 0176 22906538, www.berg-oase.de).

62

Fabulosum für Draußenschläfer

KULTURINSEL EINSIEDEL, NEISSEAUE, SACHSEN

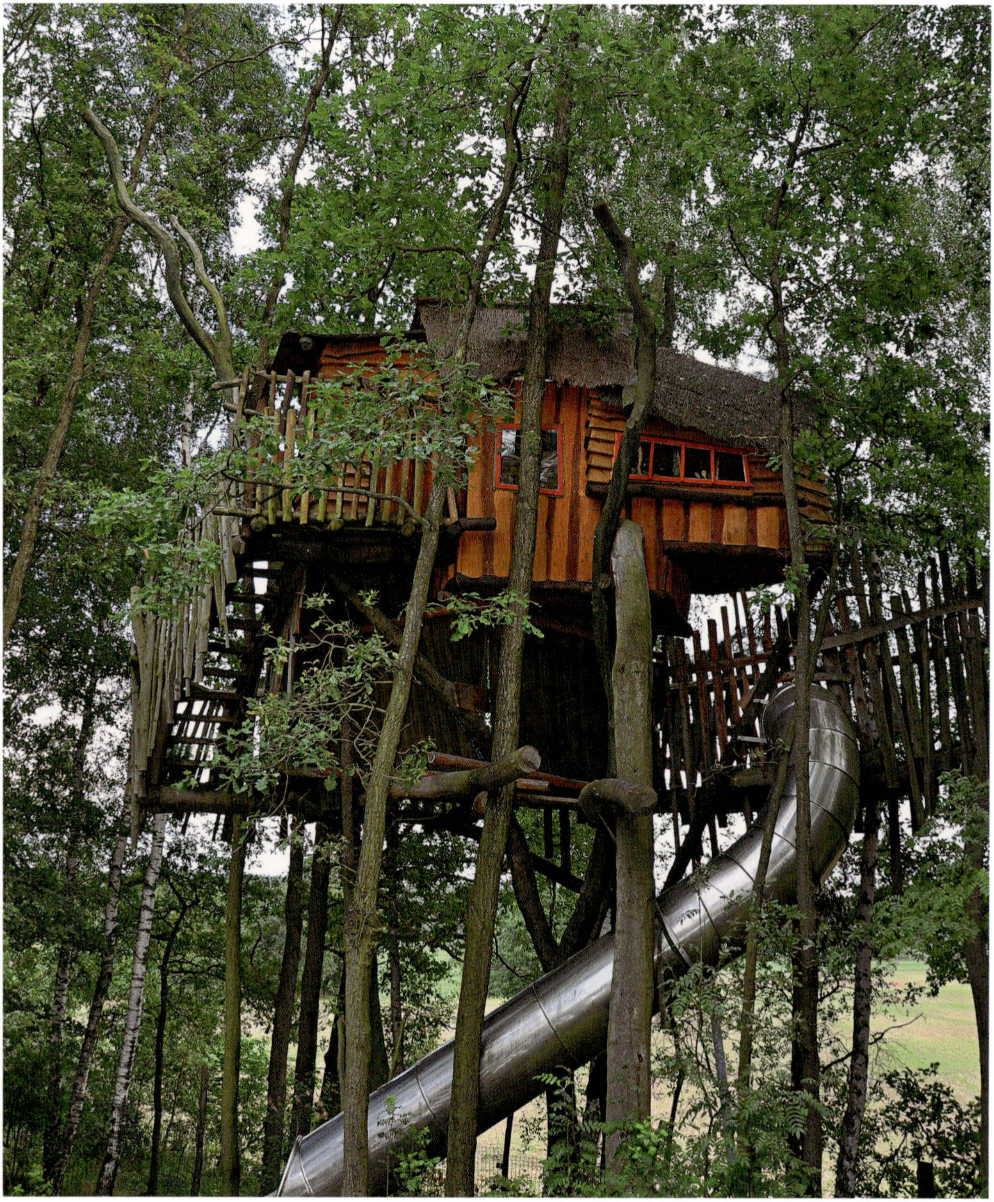

Erwachsene Menschen fühlen sich in diesem Winkel von Sachsen schnell behäbig, grau und langweilig. Die Kulturinsel Einsiedel gehört anderen Lebewesen: Quer über den Weg flitzen kleine Gestalten. Sie huschen über eine Lichtung, links heraus aus der Betonröhre, rechts hinein in ein Dickicht, das erst bei genauem Blick den Eingang zu einem kleinen Geheimpfad preisgibt. Sie jauchzen und rufen freudig »huuuuh«, man hört ihre Schritte, aber man sieht sie nur selten: Kinder finden ihre eigenen Wege durch diesen Abenteuerpark, der so weit im Osten Deutschlands liegt, dass danach nur noch die polnische Grenze kommt.

Tipi war gestern, »Behütum« ist heute. Eine fantastische Welt an der polnischen Grenze – mit wipfelhohen Preisen.

Auf der Kulturinsel Einsiedel marschiert man durch die Fantasien eines Überkreativen: Jürgen Bergmann, heute Mitte 50, begann seinen Berufsweg als Holzbildhauer. Damit Menschen seine Kunst kauften, stellte er sie nach der Wende an die Landstraße. Irgendwann eröffnete er ein kleines Café. Schnell eroberten seine Skulpturen die Landschaft – heute blitzen sie hinter fast

jedem Baum hervor auf einem Gelände, das sich »Abenteuerfreizeitpark« nennt: keine Fahrgeschäfte, kein Lärm, sondern Natur pur plus bekletter- und behüpfbare Fantasien. »Der Herr der Ringe« für Pazifisten, »Harry Potter« für Konsumverweigerer, »Being John Malkovich« (samt halber Etage) für Naturburschen.

Kinder fühlen sich hier zu Hause, aber selbst sie sind nur zu Gast. Denn in Bergmanns Fantasiewelt lebt er selbst als »König Bergamo«, und mit ihm bewohnen Waldgeister, Trolle, Elfen und Hexen »Turi Sede«, wie er sein Land nennt. Und wo könnten sie standesgemäßer residieren als in Baumhäusern? Immerhin sind die Bewohner von »Turi Sede« gastfreundlich, vermieten sie doch ihre Baumbauten: »Bodelmutzens Geisterhaus«, »Modelputzens Wipfelgipfel«, »Fionas Luftschloss« oder »Thor Alfons Astpalast«, keines gleicht dem anderen. Verwinkelt, mit steilen Treppen, schiefen Räumen, aber viel Komfort, Toilette inklusive. Wenn der Wind die Bäume bewegt, knarren und knacken die Häuser, dazu reiben sich die Blätter – das Wellenrauschen der Wälder.

Die Baumhaus-Vermieter erwarten übrigens, dass man ihnen Geschenke mitbringt für ihre recht eigentümlichen Sammlungen (Bodelmutz liebt Wecker, Modelputz dagegen Berg-Postkarten). Dafür liegt ein Geheimgeschenk für

Kulturinsel Einsiedel, 02829 Neißeaue, OT Zentendorf // T 035891 49115 // www.kulturinsel.de // info@kulturinsel.de

Sonnenseite: Ein Fabulosum für Draußenschläfer – vom Baumhaus, Behütum, Waldsiedlum bis zum eigenen Zelt.

Schattenseite: Die Baumhäuser sind früh ausgebucht, obwohl die Preise wipfelhoch sind.

Kosten: Baumhaus ab 230 € (für 2 Erwachsene und 2 Kinder inklusive Eintritt), Waldsiedlum-Zelte 50 € für Erwachsene/39,50 € für Kinder inklusive Eintritt, Behütum-Zelt 45 €/31,50 €, Schlafen im eigenen Zelt oder Bulli 2 €, dazu 5,50 €/3,50 € pro Person.

Klo & Co.: Die Morgentoilette wird nicht langweilig – selbst das Sanitärhaus ist ein Fantasiebau.

Essen & Trinken: Der Park bietet mehrere Restaurants, darunter das »Krönum« mit 8-Gänge-Mittelalter-Schnickschnack-Menü. Übernachtungsgäste können Frühstück buchen (6 € für Erwachsene, 4 € für Kinder).

Stadtprogramm: Die östlichste Stadt Deutschlands liegt 17 km weiter südlich: In Görlitz an der Neiße wurde im Zweiten Weltkrieg kaum etwas zerstört – 4000 Baudenkmale warten auf Besucher (was da wohl alles mitgezählt wurde!). Die östlichen Stadtteile gehören heute zu Polen und sind eine eigenständige Stadt (Zgorzelec).
Berühmtes Kind von Bad Muskau (40 km nördlich) ist Fürst Pückler, der nicht nur dem Erdbeer-Schoko-Vanille-Eis seinen Namen gab, sondern einen einzigartigen Landschaftspark baute (heute grenzübergreifendes, polnisch-deutsches Weltkulturerbe).

Landpartie: Die Einsiedler haben eine »Wanderbrücke« über die Neiße gebaut – ein Floß für Radfahrer und Spazierfreunde. Auf der polnischen Seite beginnt Mitteleuropas größtes geschlossenes Waldgebiet, die Niederschlesische Heide, wo sogar noch Auerhühner gesichtet werden.

Abenteuer: Eine Rafting-Tour im Schlauchboot auf der Neiße – erst seit 2002 wieder möglich (Neiße-Tours, Tormersdorfer Allee 1, 02929 Rothenburg, T 0160 1818888, info@neisse-tours.de). Neiße-Tours bietet übrigens auch eine kleine Zeltwiese für (Fluss-)Wanderer.

Grillfrei: Neben den Restaurants der Kulturinsel – »Lucie Schulte« in Görlitz. Benannt nach einer um 1890 lebenden Gastronomin, moderne schlesische Küche im historischem Tonnengewölbe (oder bei gutem Wetter unter freiem Himmel). Untermarkt 22, T 03581 410260.

Hin & Her: A4, Abfahrt Kodersdorf, Richtung Görlitz, an der Kreuzung in der Senke links abbiegen in Richtung Rothenburg, ca. 2 km hinter der Ortschaft Zentendorf im Wald an der Neiße. Mit der Bahn bis zum Bahnhof Görlitz und mit der Buslinie 139 oder 140 bis Zentendorf/Kulturinsel.

Geöffnet: März bis Oktober.

Ausweichquartier: Camping auf dem Bauernhof in Vierkirchen (Familienferienhof Leubner, 02894 Vierkirchen, T 035876 40410, an@ferienhof-leubner.de) oder klassisch am Biehainer See (Am Waldsee, 02923 Biehain, T 035892 5446, info@camping-ebs.de).

Besucher bereit, natürlich in einem Geheimfach, das man erst finden muss.

Eine fantastische Welt, in die der Eintritt einiges kostet (mehr als 300 € für das größte Baumhaus pro Nacht), aber es geht auch billiger. In den Zelten des Waldsiedlums zum Beispiel, die an Jurten erinnern. Im Baumbett – einem Zelt in den Wipfeln – oder im Erdhaus. Und außerhalb des eigentlichen Parks steht auf einer Wiese noch ein eigentümliches Dorf. Tipis waren gestern, das »Behütum« ist heute. An seinen Vorfahren erinnert nur der weiße Stoff, die Form ist einmalig: wie ein freundlich-tolpatschiges Urtier auf sechs Beinen, mit bunter Mütze kommen die Behütums daher. Und wem selbst diese Unterkunft zu teuer oder zu schräg ist, der darf auf der Kulturinsel auch einfach sein eigenes Zelt aufschlagen, den Park links liegen lassen und die wunderschöne Umgebung entlang der Grenze erwandern.

Es wird niemanden überraschen, dass die Kultur-»Insel« nur an einer Seite von Wasser begrenzt wird: Die Neiße fließt am Grundstück vorbei – keine wirkliche »Insellage«. Aber wenn erwachsene Menschen ihre ersten Schritte durch Bergamos Wunderland gehen, glauben sie schnell, auf einer Insel zu sein. Denn gäbe es eine Verbindung zum deutschen Festland,

müsste unsere Nation schon längst bunter, spielerischer und verrückter sein. Wer einmal auf der Kulturinsel war, der kann die graue, behäbige, langweilige Welt da draußen nicht mehr so ernst nehmen, wie sie sich manchmal gibt.

63

Schlagbaum zum Paradies

HIRZBERG CAMPING, FREIBURG, BADEN-WÜRTTEMBERG

Diese Schranken sind schrecklich. Rot-weiße Schlagbäume, die das Ende jeder Freiheit beschreien: »Spaß muss leider draußen bleiben.« Wie ein übergroßer, warnender Zeigefinger, der sich hebt und senkt. Ein armdickes Symbol deutscher Campingkultur der 1970er-Jahre. Als ich nach Hunderten Kilometern auf Autobahn und Landstraße endlich auf dem Hirzberg in Freiburg ankomme, würde ich am liebsten gleich wieder umdrehen. Pkws und Wohnmobile drängen sich auf dem engen Platz vor dem rot-weißen Mahnmal des Campingplatzes. Und ich habe das Gefühl: Hier finde ich nie ein Plätzchen für die Nacht. Gar nicht cool.

Dann jedoch erblicke ich einen großen, drahtigen Mann mittleren Alters, der offenbar schon einige Meter gelaufen ist heute. Er sieht geschafft aus, aber er lächelt ins Fenster des ersten Wohnmobils in der Reihe. Die schreckliche Schranke öffnet sich, und Mann und Mobil verschwinden. Es dauert gar nicht lange, bis ich an der Reihe bin. Die gute Nachricht: Doch, er habe noch ein Plätzchen für mich. Georg Ziegler, der Chef selbst, geht vor, und mein VW-Bus »Florence« und ich folgen langsam bis zu einer schattigen Ecke am Rande des Platzes.

Warm, freundlich und offen: Es ist vor allem diese Atmosphäre, die den Hirzberg zu einem besonderen Plätzchen macht.

Es sei ein bisschen schief hier, sagt Georg Ziegler. Florence hat schon bei ganz anderem Gefälle geparkt, und seine Insassen sind nachts durcheinandergepurzelt, aber gut: Schon läuft Ziegler davon und kehrt mit zwei Holzbrettchen zurück. Dann dirigiert er mich auf meinen Platz, schiebt die Brettchen unter die Reifen – unendlich freundlich und geduldig, bis ich schließlich gut stehe. Erst dann verschwindet er wieder. Schnell zurück zur Schranke!

Als ich mich später an der Rezeption anstelle, werde ich warm, freundlich und offen emp-

fangen. Keine Spur davon, dass der enorme Andrang des City-Campingplatzes die Inhaber anstrengen würde – Gastfreundschaft pur. Es ist vor allem diese Atmosphäre, die den Hirzberg zu

einem besonderen Plätzchen macht – nur etwas mehr als einen Kilometer von der Freiburger Innenstadt entfernt.

Die Besitzer denken mit, und sie denken weiter: Ein eigener Leseraum mit kleiner Bibliothek und Spielen steht Besuchern offen. Morgens gibt es ein kleines Frühstücksbüfett mit Müsli, Brötchen und Marmelade zum Mitnehmen. Es ist schon wunderbar, wenn man nicht erst den Gaskocher anfeuern muss, bevor man eine Tasse heißen Kaffee in den Händen hält.

Am Rand des Platzes stehen hier und da seltsame Metallschalen. Und wenn ich zunächst auch fürchte, dies könnten abgestellte Satellitenschüsseln ausgeflogener Dauercamper sein, bin ich bei genauer Betrachtung begeistert: Auf dem Hirzberg gibt es Solarkochstellen, die Sonne bündeln und auf einen schwarzen Topf lenken. Für jedermann benutzbar, als hätte der Bürgermeister selbst dafür gesorgt. Schließlich wird Freiburg als erste Großstadt der Republik seit bald zehn Jahren von einem Grünen-Bürgermeister geführt.

Der Campingplatz liegt unter vielen Bäumen. An einem Freitag im Sommer stehen Bullis und

Hirzberg Camping, Kartäuserstraße 99, 79104 Freiburg // T 0761 35054 // www.freiburg-camping.de // hirzberg@freiburg-camping.de

Sonnenseite: Fantastische Lage nahe dem Stadtzentrum, mit kleiner, abgetrennter Zeltwiese.

Schattenseite: In der Hochsaison oft ausgebucht und etwas eng. Und der heimische Fuchs frisst Camperschuhe.

Kosten: In der Hochsaison zahlen Erwachsene 9 €, Jugendliche ab 13 Jahren 7 €, Kinder 3 €, pro Zelt 5–6 €, Bulli 6,50 €. In der Nebensaison etwas weniger.

Klo & Co.: Schöner, neuer Sanitärblock am Eingang – von der Zeltwiese ein kleiner Fußmarsch.

Essen & Trinken: Ein kleiner Laden versorgt Urlauber mit dem Nötigsten – und morgens mit einem kleinen Frühstücksbüfett samt heißem Kaffee.

Stadtprogramm: Mit dem Fahrrad in 7 Minuten, zu Fuß in 20 Minuten nach Freiburg mit seinem berühmten Münster, dem täglichen Bauernmarkt, dem Historischen Kaufhaus und vielen Clubs, Biergärten und Kneipen.

Landpartie: Der mit rund 180 km längste Wander-Querweg im Schwarzwald von Freiburg nach Konstanz verläuft wenige Meter oberhalb des Campingplatzes. Die erste Etappe nach Buchenbach bietet schöne Ausblicken und abwechslungsreiche, schmale Pfade (ca. 16 km).

Abenteuer: Das Stoffpäckchen aus dem Rucksack holen und davonschweben: Doppelsitzerflüge mit Gleitschirm bietet unter anderem Skytec, Langackerweg 7, T 0761 4766391, info@skytec.de. Der DGFC (www.dgfc-suedschwarzwald.de) vermittelt Drachen- und Ultraleichtflüge.

Grillfrei: Die Enoteca bietet »gastronomische Unterstützung für Feinschmecker, Faule und Untalentierte«. Leichte italienische Küche auf hohem Niveau, aber kein Gourmettempel mit weihevollem Anstrich (Schwabentorplatz 6, 79098 Freiburg, T 0761 3899130, restaurant@enoteca-freiburg.de).

Hin & Her: Vorsicht mit dem Auto – der Platz liegt in der Freiburger Feinstaub-Umweltzone (Umweltplakette!). Mit der Bahn – ab Bahnhof (auf der Brücke über den Gleisen) Linie 1 Richtung Littenweiler, bis Haltestelle Stadthalle. In die Unterführung und nach links, immer geradeaus bis zum Fluss Dreisam, über den Max-Müller-Steg geradeaus bis zur Kartäuserstraße. Der Eingang liegt 30 m nach links.

Geöffnet: Ganzjährig.

Ausweichquartier: Der Campingplatz am Möslepark (Waldseestraße 77, 79117 Freiburg, T 0761 7679333, www.camping-freiburg.de) vermietet neben Stellplätzen einen urig ausgebauten Holzwagen mit Namen »Örl« – ca. 2,5 km von der Innenstadt.

Zelte schon sehr eng aneinander. Abends im Halbdunkel flüstern auf dem Hirzberg fast alle Sprachen dieser Welt. Das Gelände steigt von der Rezeption aus langsam an. Und ganz oben, dort, wo der Wald endet, öffnet sich eine Wiese. Mit Seilen abgetrennt liegt hier das Kleinod des Platzes – eine Zeltplätzchen in der Natur. Die Schlange der Wohnmobile ist vergessen, ebenso der Trubel an der Rezeption. Und ich räume ein: In Freiburg bedeutet die Schranke nicht etwa Disziplin, Nachtruhe oder »Spaß verboten« – sie trennt nur die hektische, enge Stadt von der Freiheit eines stadtnahen Campingplatzes, der schöner kaum sein könnte.

64

In den Wipfeln herrscht Ruh

SCHWARZWALD-CAMP, SCHLUCHSEE, BADEN-WÜRTTEMBERG

Schwarzwald-Camp, Gewann Zeltplatz 2, 79859 Schluchsee // T 0175 9407216 // www.schwarzwaldcamp.com // camp@rafftaff.de

Sonnenseite: Schwebezelte zwischen den Bäumen, grandiose Tipis, Glamping im Schwarzwald – oder einfach nur ein Plätzchen im Wald für das eigene Zelt.

Schattenseite: Zwischen Camp und See verläuft die Bahn.

Kosten: Platz für Zelt oder Bulli 8 €, Erwachsene 7 €, Kinder ab 6 Jahren 4 € (plus Kurtaxe 2,60 € /0,90 €). Teurer wird's im Tipi oder Schwebezelt zwischen den Bäumen – ab 59 € pro Nacht mit eigener Isomatte, bis 145 € pro Nacht für 4 Leute mit Doppelbett, Küchenkiste und einer Lagerfeuer-Popcornmaschine.

Klo & Co.: Das gerade renovierte Sanitärhaus auf dem Campingplatz bietet Klo, Dusche, Waschmaschine und Trockner.

Essen & Trinken: Der nahe Campingplatz verkauft Frühstücksbrötchen, das »Seestüble« Schnitzel mit Pommes.

Stadtprogramm: Titisee ist ein Touri-Städtchen erster Güte, Neustadt nebenan hat immerhin ein großes Münster.

Landpartie: Der Schluchtensteig führt direkt am Campingplatz vorbei – über 100 km Wanderweg durch den Südschwarzwald, unter anderem in die bis zu 200 m tiefe, romantisch-wilde Wutachschlucht (20 km).

Abenteuer: Canadier, Stand-up-Paddling oder Sit-on-Tops – Raphael Kuner verleiht für jedes Schluchsee-Abenteuer die rechte Ausrüstung.

Grillfrei: Tannenzäpfle – das berühmte Rothaus-Schwarzwaldbier wird 9 km entfernt gebraut – im Brauerei-Gasthof gibt's Reh, Pfifferlinge oder Spätzle.

Hin & Her: Bis Bahnhof Schluchsee (stündlich ab Freiburg), dann 20 Minuten Fußweg. Mit dem Auto: Aus dem Rheintal A5 bis Freiburg-Mitte, dann B31 bis Titisee, B500 bis Schluchsee. Aus Osten A81/A864, dann B33 an Donaueschingen vorbei, B31 bis Titisee, dann B500 bis Schluchsee. Am westlichen Ortsende sind Campingplatz und Schwarzwald-Camp ausgeschildert.

Geöffnet: Ab April (mit eigenem Bulli), sonst Mai bis Oktober.

Ausweichquartier: Direkt neben dem Schwarzwald-Camp liegt die Zeltwiese des sehr konventionellen Platzes »Camping Schluchsee« (Gewann Zeltplatz 1, 79859 Schluchsee, T 07656 573, info@camping-schluchsee.de, www.camping-schluch-see.de). Der nächste Camping-Glück-Platz wartet in Freiburg (40 km, s. S. 242).

Die Magie des Waldes liegt nicht am Boden, sondern in den Baumkronen. Dort schlafen, wo die Eichhörnchen wohnen: Im Schwarzwald-Camp schweben zwei leichte, grazile Baumzelte in zwei Meter Höhe, abgespannt zwischen drei Stämmen. Erfunden haben die »Tentsile«-Zelte englische Outdoor-Designer. Raphael Kuner hat sie am Schluchsee in die Bäume gehängt. Isomatte ausrollen, Schlafsack drauf – und im Schweben schlafen.

Raphael hat ohnehin ein Händchen dafür, die schönsten Zelte der Welt zu finden: Er vermietet auch »Tentipi«-Zelte. Haltbar gefertigte, einfach aufzubauende, schlichte Zelte nach dem Vorbild indianischer Tipis.

Im Schwarzwald-Camp heißen sie »Chez Alfons« oder »Paul« und kommen mit Feldbett, Küchenkiste, Decken oder Kerzen. Die einfacheren, günstigeren Varianten »Weiherma«, »Heckensepp« und »Moospaul« warten dagegen auf Urlauber mit eigener Isomatte.

Raphaels Schwarzwald-Camp ist Glamping im besten Sinne: bequem für die, die ein wenig Komfort mögen. Aber auch eine Heimat für Urlauber mit eigenem Zelt. Jeder darf im Camp sein Lieblingsplätzchen zwischen Tannen, Fichten und Blaubeersträuchern suchen, auf weichem Waldgrund – ohne Hecke, Nummernschilder und Stromkästen. Damit die Magie des Waldes nicht gestört wird.

65

Blaue Stunde am Bodensee

CAMPING SEEPERLE, UHLDINGEN-MÜHLHOFEN, BADEN-WÜRTTEMBERG

Dieses Kleinod wird besonders sorgsam behütet: Eine Mauer versperrt die Sicht, das Tor ist blickdicht und mannshoch, ein Zahlenschloss sichert die Tür. Wer sich nicht angemeldet hat, der könnte seine Schwierigkeiten haben, auf diesen Campingplatz zu gelangen. Denn selbst wenn die Tür offen steht, gilt es, ein zweites Hindernis zu überwinden: Manfred Meier, den Platzinhaber. Ein netter Kerl, doch gibt er sich gern reserviert, wenn Urlauber unangemeldet mit Campingführer unter dem Arm bei ihm auf der Matte stehen. Kurzurlauber sind seine Sache nicht.

Der Aufenthalt in der Seeperle ist eines der süßesten Campingerlebnisse, das Süddeutschland bietet.

Denn im Sommer quälen sich zu viele Autos um den Bodensee, und zu viele Wohnwagen verstopfen die Campingsiedlungen am Ufer. Ruhe gibt es wenig in der Hochsaison, es sei denn, die Tür zum »Campingplatz Seeperle« fällt hinter einem ins Schloss. »Wie lange wollen Sie denn bleiben?«, fragt Manfred Meier Neuankömmlinge. Und nur, wer ein wenig Zeit mitgebracht hat, läuft in offene Arme und findet eine Heimat auf dem schönsten Campingplatz am Bodensee.

Manfred Meier sucht sich seine Gäste aus. Damit schafft er eine Atmosphäre, die am Dreiländersee einzigartig ist: entspannte Ruhe, offene Freundlichkeit – Familien, Einzelreisende,

Bullis und Wohnwagen – eine feine Mischung. Jugendgruppen lehnt Meier ab, und seine Nachtruhe gilt von 21 bis 8 Uhr. Den fantastischen Blick hinaus auf den See wird man so besonders genießen können – in der Stille der blauen Stunde.

Wie wählerisch Manfred Meier ist, das kann man auch schmecken: Am kleinen Kiosk verkauft er Birnen und Äpfel, die auf dem Zeltplatz an alten, knorrigen Bäumen wachsen. Eines dieser Früchtchen, das »Geißhirtle«, gilt als besonders gute Tafelbirne: eher klein, aber sehr süß und saftig, mit Zimtaroma – eine Birne wie der Campingplatz. Denn auch der Aufenthalt in der »Seeperle« ist eines der süßesten Campingerlebnisse, das Süddeutschland bietet.

Camper wohnen unter den Obstbäumen direkt am Seeufer – die Zelte stehen vorn, hinaus bis auf eine kleine Landzunge, die sich in den See reckt. Dahinter finden Bullis und Wohnwagen ihr Plätzchen. Eine grüne Wiese, eben, mit festem Boden. Und von fast jedem Platz aus sieht man den großen See. Wer sich ein Fläschchen Wein von einem der umliegenden Güter mitbringt, der braucht nur noch die Decke auszubreiten und zu genießen, wie Boote und Bötchen vorüberziehen, wie die Wolken sich jagen über dem Bodensee – wenn es sie denn überhaupt gibt. Denn im Jahr 2009 wurden hier, in Uhldingen-Mühlhofen, die meisten Sonnenstunden Deutschlands gemessen (übertroffen nur von zwei Wetterstationen auf der Ostseeinsel Hiddensee. 2077 Stunden eitel Sonnenschein, das sind durchschnittlich fast 6 Stunden an jedem Tag – ideal für Schönwetter-Camper!

Es war ein hoher Herr aus Freiburg, der diesem Paradies auf die Sprünge half: Manfreds Eltern betrieben auf dem Grundstück am Bodensee einen Obsthof – zu klein, um zu bestehen. Und so legte der Regierungsbeamte ein gutes Wort für die Meiers ein. Die Genehmigung wurde erteilt, und das Schilf am Seeufer wurde zugunsten eines Campingplatzes trockengelegt. Seit 1962 schlagen Urlauber hier nun ihre Heringe ein. Und von der Atmosphäre damals ist bis heute viel erhalten geblieben: Man vergisst die Zeit, wenn man sich zu den Zeltnachbarn vorn an die Badestelle setzt, ein Buch liest und sich am freien Blick satt sieht.

Wer die Seeperle ein paar Tage genossen hat, der versteht, dass man sie mit Mauer, Tor und einem freundlichen Türsteher schützen muss vor den rast- und ruhelosen Reisenden, die keine Zeit haben, um anzukommen.

Camping Seeperle, Seefelden am Bodensee, 88690 Uhldingen-Mühlhofen // T 07556 5454 // www.camping-seeperle.de // info@camping-seeperle.de

Sonnenseite: Hier schlafen Sie in der ersten Reihe direkt am Bodensee.

Schattenseite: Die Betreiber mögen Urlauber, die ein paar Tage bleiben – und lassen andere schon mal abblitzen.

Kosten: Kinder 5 €, Erwachsene 10,50 €, Zelt und Bulli 14–17,50 €.

Klo & Co.: Alles da – inklusive Babywickelraum.

Essen & Trinken: Der Kiosk verkauft selbst gepflückte Birnen, Äpfel, Snacks und Bier.

Stadtprogramm: Meersburg (7 km) und Lindau (50 km) sind Touristenmagneten, aber nicht ohne Grund: Meersburg bietet historische Stadttore, Burg und Schloss, Lindau unter anderem den »Mangenturm« – erbaut »zu Leuchte, Schutz und Trutz unseres Seehafens; ein kräftig Wahrzeichen«, erzählt die Inschrift des Bodensee-Leuchtturms.

Landpartie: Mit dem Fahrrad (Verleih im Hotel Knaus, Seestraße 1, T 07556 8008) oder Kajak (auf dem Campingplatz) den Bodensee erforschen.

Abenteuer: Die Deutsche Zeppelin-Reederei in Friedrichshafen (Allmannsweilerstraße 132, 88046 Friedrichshafen, T 07541 5900-0, www.zeppelinflug. de) bietet Rundflüge über den Bodensee ab 200 € für eine halbe Stunde.

Grillfrei: Rustikal und familienfreundlich bewirtet die Besenwirtschaft des »Spargelhofs« in Seefelden (88690 Uhldingen-Seefelden, T 07556 6010, www. bodenseespargel.de).

Hin & Her: Der Bahnhof Uhldingen liegt an der Bahnlinie Friedrichshafen-Singen, nach Seefelden sind es ca. 1,5 km (20 Minuten zu Fuß). Der Campingplatz liegt an der B31 zwischen Singen und Lindau am Nordufer des Bodensees.

Geöffnet: Mitte April bis Mitte September.

Ausweichquartier: Camping Eschbach, eine kleine Zeltwiese nahe dem Bodensee (leider nicht direkt am See!), liegt rund 40 km weiter in Wasserburg (Höhenstraße 16, T 08382 887715, camping-eschbach@web.de). Konventioneller (aber mit Sauna) ist der Campingplatz Wirthshof (ca. 7 km, Steibensteg 12, 88677 Markdorf, T 07544 9627-0, www.wirthshof.de).

66

Traumbäume im Zeichen des Bibers

TIPIHOF SAULDORF, BADEN-WÜRTTEMBERG

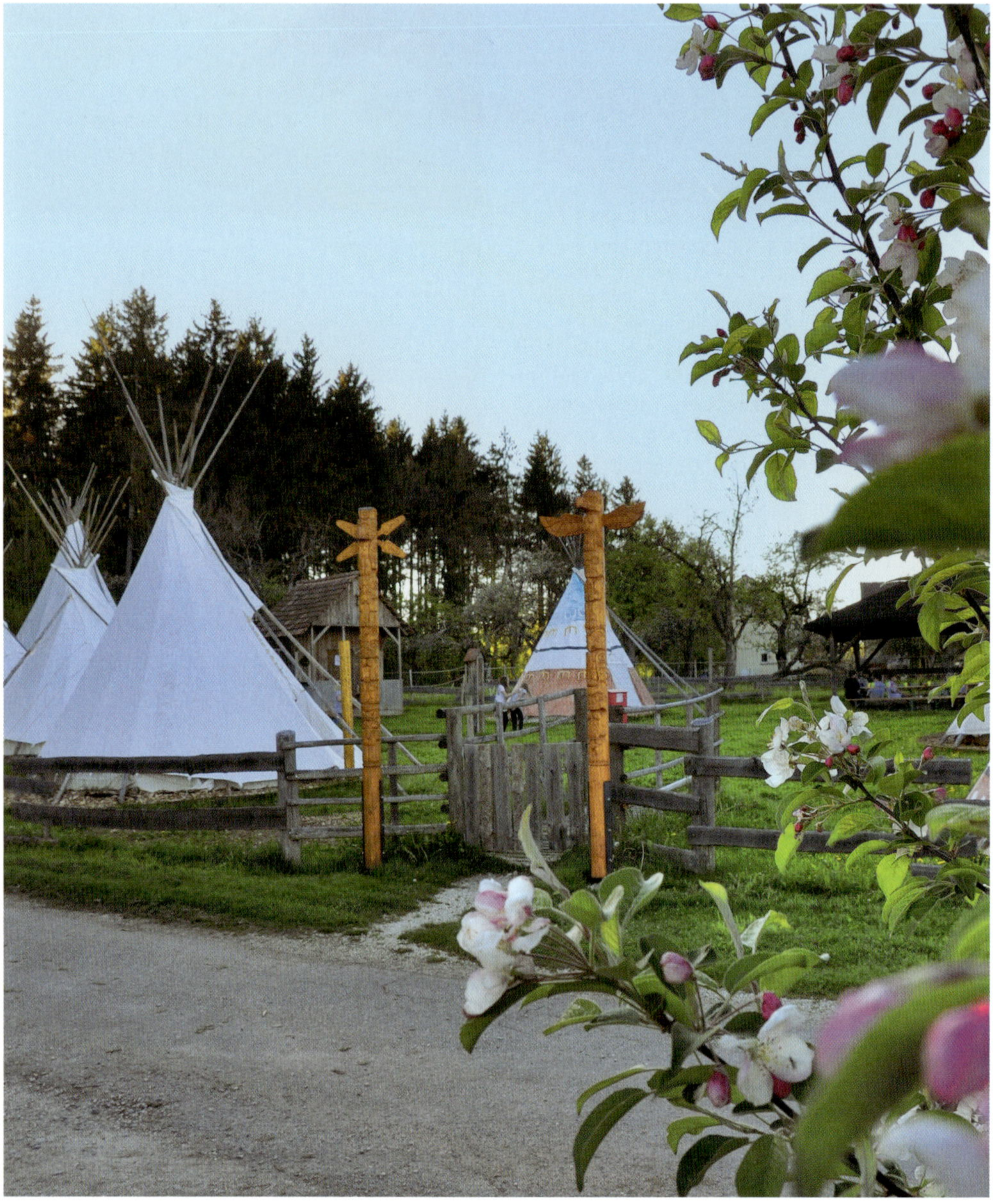

Totempfähle, geschnitzte Holzadler, »Geronimos Lodge« und »Buffalo Bills Hütte«. Ein kleiner Stilbruch sind die Namen der Schweine: nicht etwa »Winnetou« und »Old Shatterhand«, sondern »Fee« und »Freddy«. Nun gut. Im zum »Saloon« umgebauten Hauptgebäude des früheren Bauernhofs finden heute Feste und Regen-Frühstück statt. Daneben serviert die Tipihof-Crew im Garten Kaffee, Kuchen und Handfesteres. Manchmal gibt es kleine Konzerte, oft Lagerfeuer und Gesang.

Am Ende ist es unfassbar, was eine einzelne Familie hier auf die Beine gestellt hat: ein Tipidorf, in dem man schnell vergisst, dass man in Baden-Württemberg am Feuer sitzt und nicht im Wilden Westen.

Hinter dem Haus hat Annette eine große Feuerstelle überdacht, die Gäste nutzen können. Sie liegt in der Mitte des kleinen Tipidorfs, in dem man schnell vergisst, dass man in Baden-Württemberg am Feuer sitzt und nicht im Wilden Westen. Viele der Tipi-Planen sind bemalt, bunte Muster, die man sich auch an den Zelten der Cheyenne, der Sioux oder der Shoshonen vorstellen könnte.

»Lausche aufmerksam auf die Geräusche der Natur, auf Deine eigenen Gedanken, Deine inneren Empfindungen, auf die Emotionen und Reaktionen Deiner Umgebung, ohne Gewalt, mit Liebe und Verehrung. Dann wird Dein Geist sich öffnen wie eine Blüte am Morgen.« Wer auf dem Tipihof Urlaub macht, der stolpert schon auf der Internetseite über diese indianische Weisheit. Und mancher fragt sich: Ist das noch Urlaub oder schon Esoterik?

Wer dann auf den kleinen Hof am Rande des Dörfchens Sauldorf einbiegt, der kommt aus dem Wundern nicht mehr heraus. Indianische Ideen ohne Ende: ein Indianer-Lehrpfad zum Beispiel, der aufklärt über Bärenkrallen, Traumbäume sowie indianische Schrift- und Tierkreiszeichen. Mir war zum Beispiel neu, dass zwischen dem 20. April und 20. Mai Geborene (also auch ich) aus Sicht Manitous nicht etwa im Sternzeichen des Stiers geboren wurden, sondern in dem des Bibers. Howgh!

Es war einmal ein Bauernhof, den Annette Bechthold für ihre Familie gekauft hat. Sie arbeitete in der Jugendhilfe und wollte nicht nur ihren beiden Kindern, sondern auch ihrem Beruf eine neue Heimat geben. Naturverbunden, abseits des Stadtstresses – ein Sehnsuchtsort für sie und für das, was ihr wichtig ist. Sie hielt Ziegen, machte Käse selbst. Und nach und nach formte sie das, was heute den Tipihof ausmacht.

Weil sie das, was sie über Indianer gelesen und gehört hat, faszinierte, stehen hier heute

Als wir das Tipidorf besuchen, hat ein besonderer Stamm die Wiese vor den Zelten fest im Griff: Eine Schulklasse erprobt das Indianerleben, samt Fleisch vom Grill und Musik von der Gitarre. Annette hat viele Gruppen zu Besuch, für die sie ein spannendes Programm organisiert, samt Bogenschießen und Ponyreiten. Sie beherbergt auch gern Familien oder andere Grüppchen, erzählt sie. Alle Gäste verstünden sich gut miteinander, unabhängig von der Gruppengröße. Zwei Konzepte nebeneinander – Annette meint, das funktioniere prima.

Am Ende ist es unfassbar, was eine einzelne Familie hier auf die Beine gestellt hat, so viel Farbe, so viele Details und Ideen. Nicht überfrachtet, sondern konsequent. Manches Tipidorf in Deutschland wirkt, als hätte es jemand in die Landschaft geworfen. Hier in Sauldorf bemühen sie sich, das zu leben, was sie mit den großen, weißen Zelten verbinden: Tipidorf-Mutter Annette Bechthold hat versucht, indianische Kultur auf ihre ganz eigene Art einzufangen. Tochter Hannah und Sohn Yannik unterstützen sie. Und

bei vielen Gästen funktioniert das: Wie eine Blüte am Morgen öffnet sich vielleicht nicht gleich der große Geist, aber doch das Gesicht der Besucher – zu einem Lächeln nämlich. Wer kommt, fühlt sich willkommen und wohl, ob im Zeichen des Bibers oder des Schweins – egal. Howgh!

Tipihof Sauldorf, Hardthöfe 9, 88605 Sauldorf // T 07777 939616 oder 0176 72426159 // www.tipihof.de // info@tipihof.de

Sonnenseite: Wild, Wildwest in South West – ein wenig Wildnis fürs Wochenende.

Schattenseite: Manchmal dominieren Schulklassen oder andere Gruppen den Platz. Wer nicht mit Großgruppen gemeinsam auf Kriegspfad ziehen will, sollte sich telefonisch nach Miturlaubern erkundigen.

Kosten: Ein Bett im Tipi kostet für Erwachsene 14 €, für Kinder 10 €. Stellplatz fürs eigene Zelt 4–5 €, Erwachsene 5,50 €, Kinder 3 €, Strom 3 €.

Klo & Co.: Das neue Waschhaus ist praktisch und sauber, gewinnt aber keinen Design-Preis.

Essen & Trinken: Im Tipihof-Café gibt's Fladen vom Steinofen, Salate und Schnitzel mit Pommes. Morgens gibt's (bei Regen im »Saloon«) Frühstücksbüfett für 8 € (Kinder bis 12 Jahre) bzw. 10 € (ab 13 Jahre).

Stadtprogramm: Auf der Klosterbaustelle »Campus Galli« in Meßkirch (12 km) bauen sie ein Stück Mittelalter. Handwerker schaffen mit Werkzeug des 9. Jahrhunderts ein Kloster nach dem berühmten »St. Galler Klosterplans«, heißt: Ochsen ziehen Baumstämme, und Holzbalken werden mit Äxten behauen. Puh.

Landpartie: Das Naturschutzgebiet »Sauldorfer Baggerseen« gilt als Paradies für gefährdete Vogelarten – mit Haubentauchern, Fischadlern, Baumfalken und sogar Schwarzstörchen.

Abenteuer: Ab in den »Schwäbischen Grand Canyon« – das Donautal zwischen Beuron und Sigmaringen bietet Paddelabenteuer vor großer Kulisse, etwa mit Leihkanus von »Pfefferle« (Leopoldstraße 22, Sigmaringen, T 07571 2448, www.gaestehaus-pfefferle.de) mit Ein- oder Aus-stieg in Gutenstein.

Grillfrei: 10 m unter dem Hotel »Adler« (Heiligenbergerstraße 20, www.adler-hotel.de, T 07552 92090) in Pfullendorf (15 km) wird im Felsenkeller Linzgauer Zwiebelrostbrätle, Maultäschle und »Dinnele Dessert« mit Sauerrahm, Preiselbeeren, Apfel, Zimt und Zucker aufgetischt.

Hin & Her: Die nächsten Bahnhöfe liegen in Schwackenreute und Meßkirch. Von dort fahren Busse bis Sauldorf, der Tipihof liegt ca. 1 km außerhalb des Dorfs. Mit dem Auto über die A98, Stockach, dann Schwackenreute, Sauldorf. Oder A81, B311 über Tuttlingen, Worndorf, dann rechts Dorfstraße, Sauldorfer Straße.

Geöffnet: 1. April bis 31. Oktober.

Ausweichquartier: Der Ferienhof Holzschuh (Fladhof 1, 72525 Münsingen-Buttenhausen, T 07383 1474, info@fladhof1.de, www.fladhof1.de) bietet Wanderreiten, Heuhotel und Milchvieh.

67

Wie der Bruder so die Schwester

FERIENHOF KRAMER, OBERTEURINGEN, BADEN-WÜRTTEMBERG

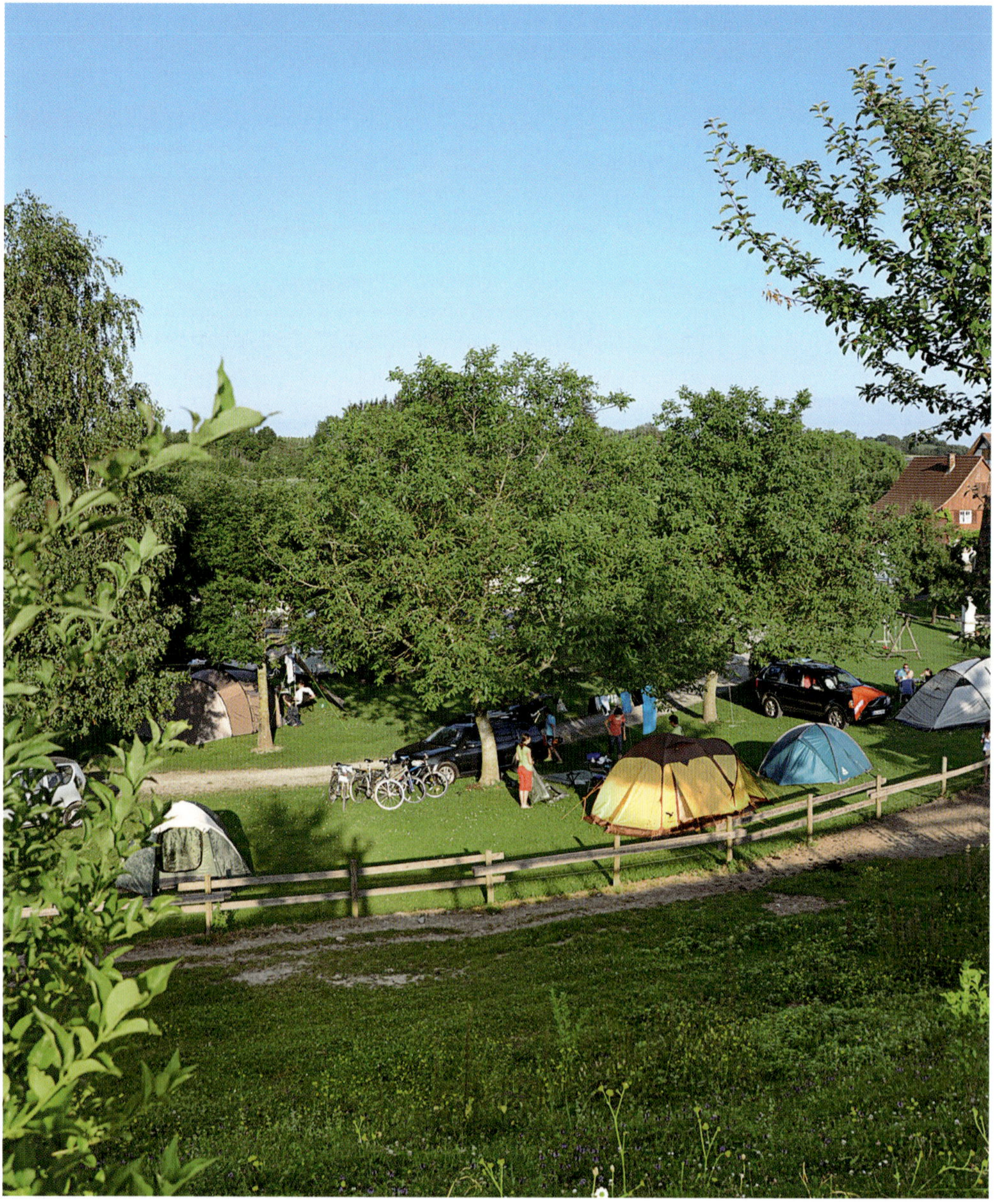

Ferienhof Kramer, St.-Georg-Straße 8, 88094 Oberteuringen/Neuhaus // T 07546 2446 // www.ferienhof-kramer.de // kramer@camping-am-bauernhof.de

Sonnenseite: Naturbadeteich, Kletterturm und Tiere – perfekt für Familien.

Schattenseite: Im Sommer kann's bei 45 Plätzen schon mal recht voll werden.

Kosten: 9 € pro Platz, Erwachsene 8 €, Kinder ab 2 Jahre 5,50 €, darunter 2,50 €, Strom 2,50 €.

Klo & Co.: Mit Solaranlage und Wickeltisch – behindertengerecht und familienfreundlich.

Essen & Trinken: Auf dem Ferienhof gibt's Brötchen zum Frühstück, den Rest verkauft der Supermarkt im Ort (500 m).

Stadtprogramm: Die Spieleerfinder aus Ravensburg (12 km) haben der Stadt einen überkandidelten Freizeitpark geschenkt, vor allem für jüngere Kinder. Ravensburg selbst bietet eine gut erhaltene Altstadt.

Landpartie: Oberteuringen bietet 80 km Wanderwege ausgeschildert, über Naturlehrpfade, durch Streuobstwiesen – oft mit Blick auf Alpen und Bodensee. Die Wanderkarten der Tourist-Info kennzeichnen sogar Kinderwagen- und Inlinerfreundliche Routen.

Abenteuer: Vom Pfänder (1064 m) sieht man Bodensee, Alpengipfel und Schwarzwald. Die Pfänder-Kabinenseilbahn ab Bregenz (40 km) fährt in 6 Minuten auf den Berg.

Grillfrei: Allgäuer Rahmkäsespätzle, Maultaschen und Sauerbraten, jeweils in großen und »etwas kleineren« Portionen serviert »Die Post Oberteuringen« (20 Minuten Fußweg, Adenauerstraße 11, 88094 Oberteuringen, T 07546 924222, www.die-post-ot.de).

Hin & Her: Bis Bahnhof Ravensburg, von dort mit dem Bus (z. B. Nr. 7373) bis Oberteuringen/Neuhaus. Mit dem Auto: Aus Norden/Osten A96 bis Wangen-West, dann B32 bis Ravensburg, B33 bis Oberteuringen, Ortsteil Neuhaus. An der Kapelle in die St. Georg Straße einbiegen. Vom Bodensee ab Stetten die B33 bis Neuhaus.

Geöffnet: April bis September.

Ausweichquartier: Camping Seeperle in Uhldingen-Mühlhofen (24 km, s. S. 250) oder der Ferienhof Maurus von Margret Kramers Bruder Ewald (50 km, s. S. 260).

US-Präsident Donald Trump hat auf den ersten Blick wenig mit dem Campingplatz der Familie Kramer zu tun. Donald Trump prägte allerdings einen folgenschweren Satz: »Es gibt viele Möglichkeiten, Karriere zu machen, aber die sicherste ist noch immer, in die richtige Familie geboren zu werden.« Für Margret Kramer gilt das ganz besonders: Denn Margret wurde in die Familie Maurus hineingeboren. Und ihr Vater begann damit, Camper auf seinen Bauernhof einzuladen. Ihr Bruder Ewald hat das perfektioniert – er betreibt heute den kleinen Ferienhof Maurus (s. S. 260).

Sie hat ihr eigenes Ding daraus gemacht, mit Naturbadeteich und Kletterturm, für 45 Zelte und Bullis.

»Die Idee ist vom Ewald«, räumt Margret offen ein. Das Erfolgsrezept ihres Bruders jedoch hat sie nicht einfach kopiert. Sie hat es zu ihrer eigenen Sache gemacht. Der Ferienhof Kramer in Oberteuringen nördlich des Bodensees ist größer als Ewalds kleine Farm. Und wo Ewald sich auf die einfachen Freuden eines Bauernhofs verlässt, haben Margret und Rudi umgebaut und investiert: Sie legten einen kleinen Naturteich an, zum Planschen und Baden. An ein Kanalrohr schraubten sie Klettergriffe – aufrecht hingestellt ist es ihr Kletterturm. Beim Bruder geht es ursprünglicher, ruhiger, einfacher zu, bei der Schwester etwas lebhafter, größer, vielleicht für den einen oder anderen abwechslungsreicher. Jedem das Seine – beide Plätze sind wunderbare Fluchten vom Alltag.

68

Ein Paradies in der Höll'

FERIENHOF MAURUS, RÖTHENBACH, BADEN-WÜRTTEMBERG

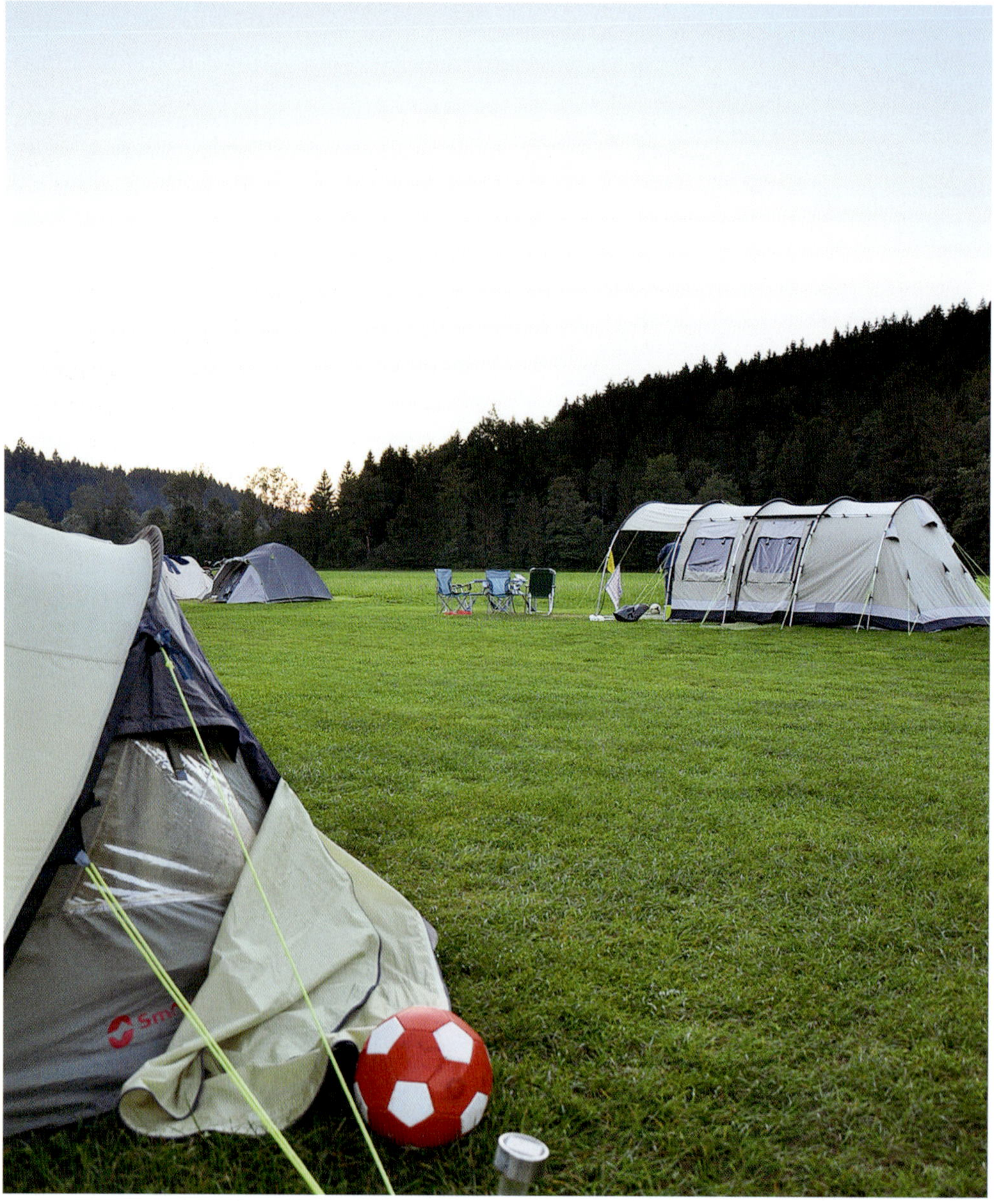

Irgendwann am frühen Abend verschwindet Ewald Maurus in der großen braunen Holzscheune. Auf der grünen Wiese um ihn herum qualmen noch die Holzkohlegrills, Kinder flitzen mit Kulturtasche zum Klo. Dann geht das Scheunentor weit auf, und Ewald kurbelt. Kurbelt und kurbelt. Er steht vor einer Kraftmaschine aus rostbraunem Stahl, »Hanomag Hannover« steht darauf – ein alter, ein sehr alter Traktor. Er reagiert auf das Kurbeln wie ein Riese, der nach jahrhundertelangem Tiefschlaf nur langsam, sehr langsam erwacht. Wenn überhaupt.

Dieser Ewald Maurus hat ein besonderes Fleckchen Campingfrieden geschaffen: grüne Wiesen unter tiefgrünen Tannen an den Hängen.

Poch. Pause. Pochpoch. Pause. Der wird nie fahren, denken wir. Poch. Pause. Und dann: Pochpochpoch. Die Kinder jubeln. Applaus. Ewald klettert auf den Bock, rollt aus der Scheune heraus und kurvt über den Campingplatz. Keine Reifen, sondern Räder aus Holz und Stahl. Der Hanomag rumpelt und pumpelt, und obendrauf thront Ewald. Ein Rattenfänger auf Rädern: Ihm folgen die Campingkinder, je nach Alter schon in Schlafanzügen oder noch in Bademänteln oder T-Shirts. Ein Freudenumzug kreuz und quer über den Campingplatz.

Dieser Ewald Maurus hat ein besonderes Fleckchen Campingfrieden geschaffen zwischen

Kempten und Wangen. Eine schmale Straße schlängelt sich in ein weites Tal. Autos müssen bremsen, wenn sie sich begegnen. Dann geht es über eine kleine Brücke und einen Schotterweg hinein ins Paradies: grüne Wiesen unter tiefgrünen Tannen an den Hängen. Ein Paradies, das »Höll« heißt, denn »In der Höll« war in grauer Vorzeit der einzige Hof weit und breit, auf dem immer ein Feuer brannte. Hierher kamen die Bauern der Umgebung, wenn ihr Feuer ausgegangen war. Schon die alten Germanen sollen an dieser Stelle ein ewiges Feuer gehütet haben.

Und auch die Menschen, die heute kommen, wollen sich wieder anstecken lassen und neue Energie finden: Sie suchen die Wärme der Gastfreundschaft, die Energie des einfachen Lebens fernab der Städte. Sie suchen Ruhe, Frieden und Natur – und finden all das »in der Höll«.

Als Ewald den Hof in den 1990er-Jahren von seinem Vater übernahm, da lebte die Familie mehr schlecht als recht, halb vom Allgäuer Braunvieh, halb von den Urlaubern, die im Sommer kamen. »Ich bin mit Gästekindern und Kühen groß geworden«, erzählt Ewald. Doch mit Milchvieh ließ sich nur noch Geld verdienen, wenn die Bauern ihre Herden größer und größer machten. Ewald schlug einen anderen Weg ein: Er machte aus der »Höll« den Ferienhof Maurus.

Den Heuboden hat er mit langen Seilen zum Hin- und Herschwingen zum Spielboden umgebaut – falls es mal regnet. Noch immer hält er ein paar Kühe – aber vor allem, damit Campingkinder die Kälber morgens klatschend auf die Wiese treiben können.

Und damit die Kuhglocken Tag und Nacht bimmeln, wie es sich im Allgäu gehört. Außerdem hält Ewald eine wunderbar störrische Ziege, die von den Urlaubskindern am Strick auf ihre Weide gezerrt wird, und einige Enten, die auf Kinderkommando morgens vom Häuschen ins Freie und abends zurück wechseln.

Wenn die Kinder morgens alle Hofbewohner gefüttert haben, dürfen sie manchmal auf den Ponys reiten. Oder Ewald nimmt sie mit auf eine Treckertour. Und das war's: Mehr Programm gibt es nicht bis zum Abend, wenn die Tiere wieder in die Ställe gebracht werden. Eltern und andere kindertolerante Camper genießen derweil die Weite des Tals, die Ruhe. Kaum Autos, kein Lärm: zurück zu den Wurzeln.

Zwei Dutzend Bullis, Zelte, Wohnwagen oder -mobile haben Platz auf dem Ferienhof Maurus.

Sie stehen in zwei Reihen auf einer festen, grünen, heringfreundlichen Wiese. Die vorderen Plätze unter den Bäumen haben viel Schatten. In der zweiten Reihe kann's schon mal wärmer werden. Am Ende der Wiese fließt die Obere Argen vorbei, ein Bächlein, das sich wunderbar aufstauen lässt, in dem man planschen und waten kann.

Ewald hat die richtige Balance gefunden zwischen Ferien- und Bauernhof, zwischen Gastgeber und Rattenfänger. Meistens sieht man ihn gar nicht. Aber manchmal überrascht er alle, mit seinem alten Hanomag zum Beispiel, den er plötzlich, an einem milden, schönen Sommerabend, aus der Scheune rollt.

Ferienhof Maurus, In der Höll 1, 88167 Röthenbach // T 08383 617 // www.maurus.de // ferien@maurus.de

Sonnenseite: Ein kleiner Bauernhof am Ende der Welt, fern von Autos, Lärm und Stress.

Schattenseite: Vor allem ein Familienplatz. Singles und Pärchen (zumindest solche ohne unmittelbaren Kinderwunsch) könnte das ein wenig überfordern.

Kosten: 7 € pro Platz, dazu 5,50 € für Erwachsene, 4,40 € für Kinder (unter 2 Jahren nur 2,50 €).

Klo & Co.: Sauber und zweckmäßig in der umgebauten Scheune.

Essen & Trinken: Morgens Brötchenbringdienst, sonst Selber-Mitbringdienst.

Stadtprogramm: Das kleine Städtchen Isny (11 km) bietet Einkaufssträßchen, Barockhäuser und zwei Kunstwerke jüngerer Relevanz: den »Neidhammelbrunnen« und den »Steuerzahlerbrunnen«. Wangen (11 km) ist fast doppelt so groß und bietet noch mehr »Brunnen mit Botschaft«, zudem den »Fidelisbäck«, eine Bäckerei mit angeschlossener Kneipe.

Landpartie: Rauschende Wasserfälle, tiefe Strudellöcher und gewaltige, bis zu 130 m hohe Felswände – 3,5 km lang ist die Wanderung durch die Eistobelschlucht zwischen Oberstaufen und Isny.

Abenteuer: Einen ganzen Tag kann man am »Skywalk Allgäu« verbringen, ein Baumwipfel-Pfad mit fantastischer Aussicht auf die Alpen samt Spielplatz, langer Rutsche und Klettergarten (Oberschwenden 25, 88175 Scheidegg, T 08381 8961800, info@skywalk-allgaeu.de).

Grillfrei: Die Badwirtschaft Malleichen (in Laufweite vom Campingplatz) bot bis 1930 vor allem den betuchten Herren der Gegend Mineralbäder im Holzzuber, die angeblich die Manneskraft stärkten. Dazu reichte der Wirt ein Bier. Das Bier gibt es heute noch immer, dazu deftige, leckere Kost im Biergarten. Manneskraft hin oder her.

Hin & Her: Bis Bahnhof Röthenbach, dann mit dem Bus (Linie 731) bis Gestratz, dann ca. 3 km zu Fuß. Mit dem Auto: A96 bis Wangen-West, dann B32 durch Wangen, B12 Richtung Isny, links Richtung Röthenbach, dann rechts zum Ferienhof. Oder A7 bis Dreieck Allgäu, dann A980, B12 durch Isny, links ab Richtung Röthenbach (wie oben).

Geöffnet: Mai bis September.

Ausweichquartier: Ewalds Schwester Margret hat mit ihrem Mann Rudi 50 km weiter westlich einen ähnlichen, etwas größeren Campingplatz gestartet (s. S. 258). Näher dran, aber konventioneller, ist der Platz am Waldbad Isny mit Zeltwiese direkt am See (Lohbauerstraße 59–69, 88316 Isny im Allgäu, T 07562 2389, info@waldbad-camping-isny.de).

69

Sie hätten es sich leicht machen können

HOFGUT HOPFENBURG, MÜNSINGEN, BADEN-WÜRTTEMBERG

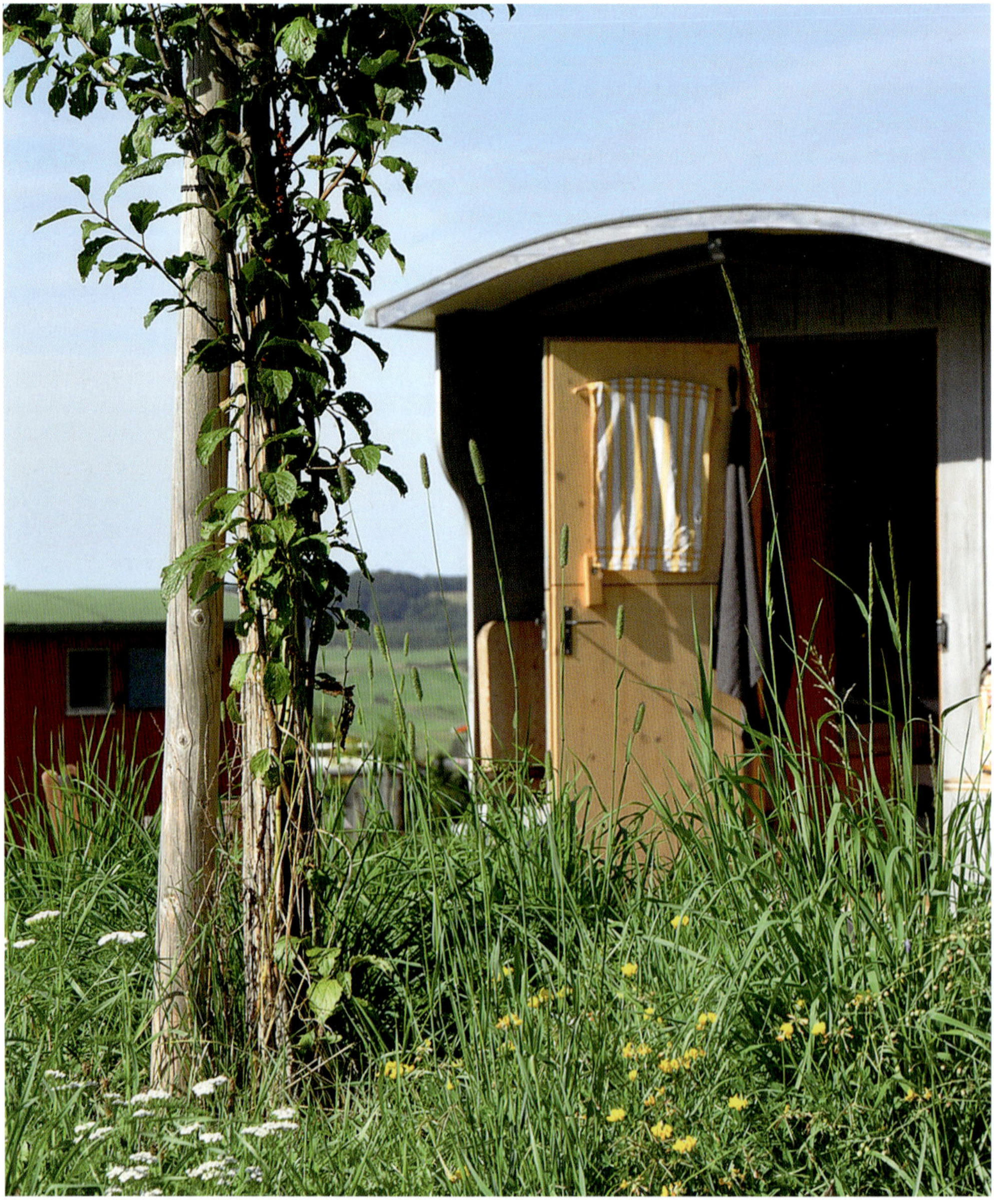

Was Michael Zöller und Andreas Hartmaier sich vorgenommen hatten, war eigentlich unmöglich: ein großer Campingplatz in einer touristisch eher schwach erschlossenen Region, gleich neben einem riesigen, heute verlassenen Truppenübungsplatz, der die Gemeinde Münsingen über Jahrzehnte ernährte. Aber nicht irgendein Campingplatz: Ihrer sollte naturnah und umweltfreundlich sein, dazu integrativ und behindertengerecht. Und er sollte fantasievoll sein und seine Gäste mit vielen unterschiedlichen Dächern über den Köpfen begeistern. Es hat geklappt.

Wer über die Hopfenburg streift, kann sich nichts anderes vorstellen, als dass dieser Platz ganz alt wird, weil er so einzigartig ist.

Zum ersten Mal trafen sich Andreas und Michael, als die Not schon groß war. 2006 sollte der Truppenübungsplatz Münsingen schließen: Die Sperrzone, so groß wie ein Landkreis, war Schandfleck und Herz der Region zugleich. In einem Bürgerforum setzten sich die Münsinger zusammen, um über die Zukunft zu sprechen. Andreas ist Architekt aus dem Ort und wollte die heimische Wirtschaft retten, Michael Mitglied des Naturschutzbundes Deutschland – er wollte eher die Natur auf dem Truppenübungsplatz retten, die trotz (oder wegen) Beschuss über Jahre ungestört gedeihen konnte. Seltene Arten, verwunschene Ecken – ein Paradies für Naturfreunde.

Als Andreas einige Jahre später entdeckte, dass mitten in dieser schönen Natur ein herkömmlicher Campingplatz entstehen sollte, schlug er Alarm. Der Bürgermeister hörte ihm zu und versprach zu helfen. Andreas machte sich auf die Suche nach einem anderen Gelände – und fand die Hopfenburg, einen großen Bauernhof am Rande von Münsingen, der zum Verkauf stand. Der Architekt und der Umweltschützer taten sich zusammen – und entwickelten ihren Traum von Campingplatz. Und sie setzten ihn um, fast ohne Abstriche vom Ideal. Ein Kraftakt.

Sie hätten es sich leicht machen können, aber das ist nicht ihr Weg. Michael und Andreas pflanzten 500 Bäume auf den ehemaligen Wiesen des Hofs, die in einigen Jahren Schatten auf die Urlauber werfen sollen. Sie fuhren durch die Republik, um die schönsten Schäferwagen zu finden, noch dazu aus ökologischen Baumaterialien. Kein Styropor, keine Folie, jeder einzelne handgefertigt für das Hofgut. Lange suchten sie auch nach Jurten-Zelten. Sie fanden sie schließlich in einem Reisebericht aus Kirgisien. Seitdem lassen sie ihre Jurten in alter handwerklicher Tradition im Biosphärenreservat Issyk Kul von Nomadenfamilien herstellen und per Lkw auf die Schwäbische Alb bringen. Klar, dass auch die Tipis nach Originalvorlagen der Sioux-Indianer gefertigt wurden.

Auch an den früheren Bauernhof erinnert heute noch einiges: Alte Tierrassen haben auf der Hopfenburg ein Zuhause. Flauschige Poitou-Esel zum Beispiel, die schwersten Esel der Welt. Oder Hinterwälder Rinder – drei an der Zahl, nämlich Babette, Bella und Silvester. Und rund vierzig Waldschafe. Die alten Hofgebäude wie Scheunen oder Backhaus wurden restauriert und beherbergen heute Festsaal, Restaurant oder Hofladen.

Hofgut Hopfenburg, Hopfenburg 12, 72525 Münsingen // T 07381 93119311 // www.hofgut-hopfenburg.de // info@hofgut-hopfenburg.de

Sonnenseite: Zeltplatz, Tipidorf, Jurten, Schäferwagen und alte Esel.

Schattenseite: Der Schatten wächst noch: kleine Bäume – viel Sonne.

Kosten: Zeltplatz ab 7,85 € pro Nacht, Erwachsene 7,20 €, Kinder ab 3 Jahren 4 €. Schäferwagen (2 Pers.) 39,20 €, Tipi (4 Pers.) 41,60 € pro Nacht, plus Endreinigung und Bettwäsche.

Klo & Co.: Großes, neues Waschhaus mit Familiendusche und Rasendach. Schick, sauber und behindertengerecht.

Essen & Trinken: Ein kleiner Hofladen verkauft Regionales: Bio-Kresse, Pfirsiche und das Übrige, in der Festscheune gibt's Frühstücksbüfett (9,80 € / 6 € / 3 €) und Abendessen (4–12 €, Kinder die Hälfte).

Stadtprogramm: Die Uni-Stadt Tübingen (45 km) bietet altes Fachwerk und nette Kneipen. Und Ulm (50 km) das gotische Ulmer Münster, dessen Kirchturm mit 161 m der höchste der Welt ist.

Landpartie: Eine Fahrradtour über den ehemaligen Truppenübungsplatz mit Stopp in Gruorn. Das Dorf wurde für den Truppenübungsplatz geräumt, diente sogar als Übungsort für Häuserkampf. Heute gibt es eine kleine Ausstellung und die »Heimatstube« samt Biergarten. Aber auf den Wegen bleiben – abseits davon liegen rund eine halbe Million Blindgänger.

Abenteuer: Mountain-Bike-Touren über die Schwäbische Alb, oder mit der Alb-Bahn zum Klettern ins Große Lautertal. Julia Krüger (Kohl 2, 72537 Mehrstetten, T 07381 4903, info@mitpferdenaufdemweg.de) organisiert Wandertouren mit dem Maultier.

Grillfrei: Die Hopfenburg-Crew empfiehlt den »Gasthof Herrmann« in Münsingen (Am Marktplatz, 72525 Münsingen, T 07381 18260, info@hotelherrmann.de) – regionale Gerichte mit regionalen Bio-Zutaten. Etwas günstiger im Ortsteil Auingen das Gasthaus »Schützen« (Hauptstraße 318, 72525 Münsingen, T 07381 3186, info@gasthaus-schuetzen.com).

Hin & Her: Die Hopfenburg bietet ein Bahn-Pauschalticket (RIT) samt Bahnhofs-Shuttle, Anreise über Ulm/Schelklingen/Münsingen oder Stuttgart/Metzingen/Bad Urach. Mit dem Auto die B465 von Bad Urach über Seeburg nach Münsingen. Durch Münsingen, im Kreisverkehr geradeaus, nach 400 m rechts zum Hofgut. Oder A8, Abfahrt Merklingen, dann L230 nach Münsingen, kurz vor der B465 links zum Hofgut. Ausgeschildert!

Geöffnet: Ganzjährig, Schäferwagen etc. sind von Oktober bis April beheizt.

Ausweichquartier: Der Ferienhof Holzschuh (Fladhof 1, 72525 Münsingen-Buttenhausen, T 07383 1474, info@fladhof1.de, www.fladhof1.de) bietet Wanderreiten, Heuhotel und Milchvieh.

Das Ergebnis ist eine Ferienanlage, der man die Mühe, den Einsatz, die Kraft der Macher in jeder Ecke anmerkt. Eine weite, leicht ansteigende grüne Wiese, locker darin verteilt die Schäfer- und Zirkuswagen, Roulettes und Tuareg-Zelte. Die Jurten haben ein eigenes kleines Dorf am Fuß des sanften Hügels. Oben, am Ende der Wiese, thront das Tipi-Dorf: so, wie man es sich im Wilden Westen vorstellen würde. Mit einem Feuerplatz in der Mitte, darum im Halbkreis die erhabenen, weißen Indianerzelte. Es gelingt nur wenigen Plätzen in Deutschland, eine Atmosphäre zu schaffen, in der Tipis nicht wirken, als seien sie vom Mond gefallen. Hier, auf der Hopfenburg, haben sie das geschafft.

Sie haben Gutachten erstellen lassen, sich schlaflose Nächte lang im Bett gewälzt. Sie haben Kredite aufgenommen, sind Risiken eingegangen für ihren Traum. »Wenn wir gewusst hätten, was kommt – ich weiß nicht, wie wir uns entschieden hätten«, sagt Michael. Wer über die Hopfenburg streift, der kann sich allerdings auch nichts anderes vorstellen, als dass dieser junge Urlaubsplatz ganz alt wird. Dass er viele Menschen anzieht und begeistert. Weil er einzigartig ist. So einzigartig wie die Menschen, die hinter ihm stehen. Die allen Mut zusammennahmen und an sich und ihre Idee glaubten.

70

Märchenhaft schlafen in der Anderswelt

MÜLLERWIESE, ENZKLÖSTERLE, BADEN-WÜRTTEMBERG

Im Schwarzwald nennen sie es die »Anderswelt«: Hier leben die buckligen Männlein und weißen Burgfräulein, die Mühlknechte und Hexen, die Schorchengeister und Königstöchter. Wer einmal unter den düsteren Fichten des Schwarzwalds wanderte, der hat diese Wesen vielleicht gehört oder zwischen den Baumstämmen hin und her flitzen sehen. Die Bewohner der Anderswelt sind den Menschen im Schwarzwald fast ebenbürtig, so allgegenwärtig sind sie in der Kultur.

Kein Auto, kein Bulli kommt über die flache Furt: Urlauber müssen mit Sack und Pack über Bächlein oder Brücke auf die Zeltwiese.

Ob Ihr Euch auch auf der Müllerwiese Waschhaus und Spülbecken mit den Bewohnern der Anderswelt teilen müsst, wollen wir nicht verraten. Fest steht jedoch, dass Ihr auf diesem Platz märchenhaft schlafen werdet. Die Müllerwiese ist eine Familien-Leidenschaft. Lange Jahre lang war Hans die gute Seele des Platzes. Heute stecken sein Sohn Friedrich und dessen Frau Susanne samt Hündin Lissy ihre gesamte Energie ins Enzklöstersche Camping-Glück. Der größte Platz im 1200-Seelen-Dorf fällt in zwei Teile. Im ersten, hinter Jägerzaun und Gartentor, beherrschen Wohnwagen und Vorzelte das Bild. Im zweiten, deutlich abgesetzt vom Wohnwagen-Park, gibt es nichts als Zelte, auf einer kleinen, feinen Wiese.

Dieser Teil der Müllerwiese ist durch das Flüsschen Große Enz von der Straße getrennt. Kein Auto, kein Bulli kommt über die flache Furt: Urlauber müssen mit Sack und Pack zu Fuß über das Bächlein klettern (oder sie nehmen die kleine Brücke ein paar Meter weiter, aber das wäre wenig romantisch). Wer einen halben Hausstand transportiert, kann sich einen kleinen Handwagen leihen. Die Lage gibt dem Platz seine unverwechselbare Atmosphäre: 25, 30 Zelte, zum Teil unter den hohen Fichten am Ufer der Enz, zum Teil gegenüber in der Sonne. Genügend Platz für jeden, ohne dass man sich zu sehr auf die Pelle rückt. Es gibt eine Tischtennisplatte, eine Schaukel und eine Wippe, doch meist spielen die Kinder sowieso im und am Fluss, bauen Dämme und Stromschnellen. Die Sanitäranlagen sind gut in Schuss, und die Erhards bemühen sich mit umfangreichen Informationen und Tipps um ihre Gäste.

Der Luftkurort Enzklösterle lässt kaum Wünsche offen. Und auch die Torte, die dem Schwarzwald ihren Namen gab (oder war es andersherum?) kann beim Bäcker kiloweise verschlungen werden. Hinter dem Dorf beginnt dann der Hochschwarzwald mit seinen stolzen Tannen, plätschernden Bächen und kristallklaren Seen, Blumenlichtungen und einsamen Mooren. Tausende Kilometer Wanderweg geben gute

Möglichkeiten, Platz für die nächsten Tortenschlachten zu schaffen.

Denn es könnte vielleicht ganz hilfreich sein, im Schwarzwald nicht allzu behäbig über die Wanderwege zu stapfen: Wenn doch einmal ein böses buckliges Männlein im Walde steht, dann will man schließlich schnell Reißaus nehmen können – zurück in die Sicherheit der Müllerwiese. Zwar leben auch auf dem Zeltplatz vielleicht auch einige Wesen aus der Anderswelt, aber sicherlich nur die nettesten. Denn alle anderen würden in der großartigen, friedlichen, freundlichen Atmosphäre der Müllerwiese schnell zugrunde gehen.

Schade übrigens, dass die Müllerwiese nur für Dauercamper ganzjährig geöffnet ist: Denn zwischen Weihnachten und Dreikönig am 6. Januar steht die Pforte zur Anderswelt angeblich ein kleines Stückchen weiter offen als sonst. Wer die kleinen, ein wenig schaurigen Ureinwohner des Schwarzwaldes also garantiert erleben will, der sollte dauerhaftes Wintercamping auf der Müllerwiese in Betracht ziehen (und dies ist die einzige Stelle, an der wir zum Dauercamping raten). Die warme Dusche kostet allerdings 50 Cent.

Schwarzwald-Camping Müllerwiese, Hirschtalstraße 3, 75337 Enzklösterle // T 07085 7485 // www.muellerwiese.de // info@muellerwiese.de

Sonnenseite: Eine Zeltwiese, wie sie im Camping-Glück-Buche steht: Grün, friedlich und frei.

Schattenseite: Es gibt nur Platz für 30 Zelte – Bullis dürfen nicht auf die Zeltwiese, aber in den angrenzenden Wohnwagen-Bereich.

Kosten: Erwachsene 7 € zzgl. 2 € Kurtaxe, Kinder 3,50 €, Zelt mit Auto / Bulli 7,50 €, Strom 3,50 €.

Klo & Co.: Neue Klos und Duschen auf der Zeltwiese, Babywickeltisch und Waschmaschine 100 m entfernt.

Essen & Trinken: Die Rezeption selbst verkauft nur Getränke und wenig Lebensmittel; Enzklösterle bietet Metzger, Supermarkt, Drogerie, Bäckerei und Frisör.

Stadtprogramm: Der schon von den Römern geschätzte Kurort Baden-Baden liegt nur 40 km entfernt – samt großem Spielcasino im Kurhaus. Und wir dachten, Glücksspiel gefährde die Gesundheit.

Landpartie: Die Macher der Müllerwiese haben ein 15-tägiges Wander-Fahrrad-Wellness-Programm ausgearbeitet, komplett mit Beschreibungen und GPS-Daten – fantastisch!

Abenteuer: Fast 1,5 km Riesenrutschbahn warten um die Ecke (75337 Enzklösterle-Poppeltal, T 07085 7812, info@riesenrutschbahn.de).

Grillfrei: Das Hotel Sarbacher in Kaltenbronn (Kaltenbronner Straße 598, T 07085 7812, www.hotel-sarbacher.de) pflegt eine gute regionale Küche mit viel Wild.

Hin & Her: Mit dem Zug bis Bad Wildbad. Von dort fährt der Bus nach Enzklösterle, die Haltestelle »Hetschelhof« liegt 300 m vom Campingplatz. Mit dem Auto aus Norden und Osten über die A8, Ausfahrt Pforzheim-West, dann B294 nach Calmbach, weiter über Bad Wildbad fahren nach Enzklösterle. Von Basel oder Frankfurt über die A5, Ausfahrt Rastatt, dann über Freudenstadt. Vom Bodensee über die A81, Ausfahrt Herrenberg, dann auf der B28 über Nagold, Altensteig und Simmersfeld.

Geöffnet: Ostern (oder 1. April) bis 1. November.

Ausweichquartier: In Altensteig liegt der landschaftliche schöne Platz »Schwarzwald-Camping« mit Badesee (Im Oberen Tal 3–5, T 07453 8415, www.schwarzwaldcamping.de).

71

Feschte Bimmeln beim Chef

DER SONNENHOF, STUTTGART, BADEN-WÜRTTEMBERG

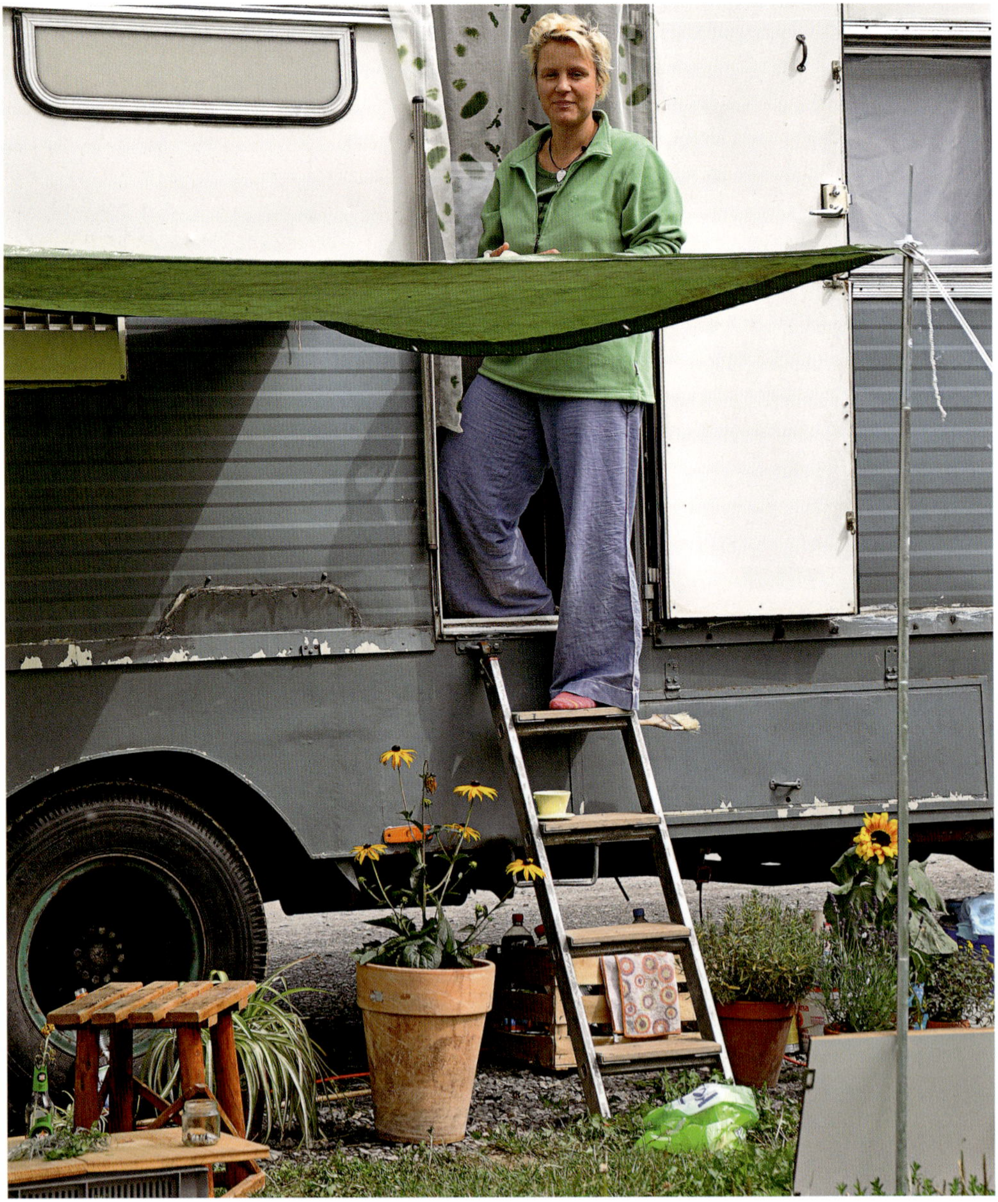

»Feschte bimmeln« soll man, damit der Chef kommt. Willkommen im Ländle, aber nicht auf dem Land. Der Sonnenhof ist eine Fata Morgana in den Weiten der Stadtwüste Stuttgart – »Freiraum für vieles« verspricht der überall verklebte Slogan. Und man bekommt genau das: Freiraum, unter anderem für Augen und Ohren. Man kann seinen Blick über Felder und Wiesen schweifen lassen, obwohl die S-Bahn Urlauber in weniger als einer halben Stunde am Stuttgarter Hauptbahnhof auswirft. Und es ist ruhig, fast still dafür, dass man mitten in den bebauten Hügeln rund um Stuttgart lebt.

Wenn man schließlich »feschte gebimmelt« hat, bringt einen Sonnenhof-Chef Lutz Hörr auf die Zeltwiese. Schön, eben, sattgrün und unparzelliert – den Platz für Zelt oder Bulli kann man sich aussuchen. Es fehlen nur ein paar Bäume, die Schatten spenden. Dauercamper gibt es keine, abgesehen von ein paar Saisonarbeitern, die ihre Wohnwagen in der Ecke abgestellt haben. Ein riesiger Spielplatz lockt Kinder an. Und wer den Nachwuchs nachhaltig loswerden will, kann ihn bis zum Nachmittag zum Reitkurs oder bis zum Abend ins riesige Maislabyrinth schicken (vielleicht sollte man spätestens vor Einbruch der Dunkelheit damit beginnen, Lasse, Lisi und Lotti zu suchen – bis dahin werden sie sich prächtig amüsieren). Es ist ein seltsames Gefühl, hier oben zu zelten. Denn man weiß von der nahen Stadt, aber man spürt, hört und sieht sie kaum. Nur am Wochenende erinnern die vielen Besucher daran, dass irgendwo in der Nähe eine größere Siedlung liegen muss.

Der Sonnenhof ist ein Erlebnishof, der Hofmarkt und Hochzeitsfeiern, Piratentage und Projektwochen mit der Schule auf die Beine stellt, und noch viel mehr. Einsam ist man hier nur selten, höchstens abends, wenn es ruhiger wird. Und es gibt so viel Platz, dass niemand sich fürchten muss, von Trubel und Tamtam vereinnahmt zu werden. Hinter diesem Konzept steckt Lutz Hörr, der gesteht, er habe »nicht so viele Berührungspunkte mit der Landwirtschaft« gehabt, kurzum: keine Lust auf ein Leben auf dem Trecker. Dabei ist er hier aufgewachsen, ein Bauernsohn.

Hofmarkt, Irrgarten, Piratentage: Es gibt so viel Platz, dass niemand sich fürchten muss, von Trubel und Tamtam vereinnahmt zu werden.

Lutz' Eltern ackerten in einer ertragreichen Nische – der Sonnenhof war ein Erdbeerhof. 1978 begannen sie mit dem Direktverkauf, der Hofladen wurde ein Renner. Und dann kam der Tag, als Lutz übernehmen sollte. Und der Sohn musste seinem Vater sagen: Papa, ich möchte etwas ganz anderes machen. Ein Schlag für den Vater? Überhaupt nicht. Hörr senior war begeistert, berichtet Lutz. Mit seiner Unterstützung begann der Umbau. Und so stehen auf dem Hof heute viele ausgediente Trecker herum, hinter deren Lenkräder sich glückliche Jungs und Mädchen klemmen. Lutz klemmt sich derweil lieber hinter seinen Laptop.

Der Campingplatz ist Lutz' jüngstes Projekt: Seit einem Jahr darf hier oben auch gezeltet werden – auf einem der schönsten Stückchen Erde, die das Stuttgarter Land zu bieten hat. Bekanntlich haben sie es in Baden-Württembergs Hauptstadt ja mit der Höhe: Wer unten im Tal leben muss, der zählt nicht viel. Wer es auf die

Halbhöhe schafft, der gilt schon als etwas. Aber was ist wohl mit denen, die ganz oben thronen? Edelbürger auf Zeit sozusagen. Auf dem Sonnenhof kann man wie ein Sonnenkönig auf der Isomatte residieren und sich nur ab und an, zum Shoppen zum Beispiel, in die Niederungen des gemeinen Stuttgarts begeben. Man muss dafür nur einmal »feschte bimmeln«.

Die Frau, die Neuankömmlinge mit derartigen Anweisungen zum Chef schickt, ist übrigens die Mutter von Lutz Hörr. Es könnte für den Erfolg seines Konzepts sprechen, wenn der Sohn von den eigenen Eltern nur noch als »Chef« bezeichnet wird.

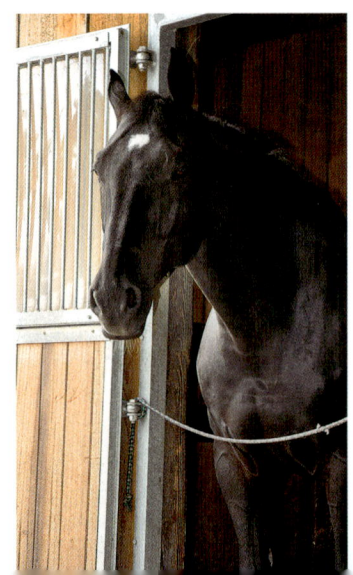

Der Sonnenhof, Sonnenhof 1, 70378 Stuttgart //
T 0711 5074620 // www.dersonnenhof.com // info@
dersonnenhof.com

Sonnenseite: Camping auf dem Land – verdammt
nah an der Stadt, inklusive Kinderprogramm.

Schattenseite: Steile Preise für Camper.

Kosten: 15 € für Erwachsene wie Kinder, 20 € im
Wohnmobil, 35 € Familientarif.

Klo & Co.: A ganz Schdigg (ein ganzes Stück) zu
Fuß – nicht direkt am Zeltplatz, sondern auf dem Hof.

Essen & Trinken: Der Sonnenhof hat einen
exzellenten Hofladen mit Kräutergarten, frischen
Früchten (nach Saison), Bratwurst-Schnitzel-Imbiss
und Frühstück.

Stadtprogramm: Die Wilhelma in Stuttgart
(Zoo und Botanischer Garten) ist europaweit für
ihre Affenzucht bekannt. Ansonsten lockt nicht nur
Stuttgart, sondern auch das benachbarte Ludwigs-
burg mit einer der größten barocken Schlossanlagen
Deutschlands.

Landpartie: Die »Hessigheimer Felsengärten«
(ca. 35 km nördlich) sind berühmt und gerühmt. Tolle
Aussicht von schroffen, kühn aufragenden Muschel-

kalkfelsen über dem Neckar samt Steillagen-
Weinbau – und ein Dorado für Sportkletterer.

Abenteuer: Die Zugvögel (T 07142 920128,
info@diezugvoegel.de) bieten Kanutouren auf
dem Neckar ab Aldingen (500 m vom Bauernhof).

Grillfrei: Die »Weinstube Vetter« ist mehr, als
ihr Name verspricht – schwäbische Küche auf
Sterneniveau, fantastische Weine und entspannte
Atmosphäre (Bopserstraße 18, 70180 Stuttgart,
T 0711 241916).

Hin & Her: Manches Navi muss auf »Cannstatter Straße«, 71686 Remseck programmiert
werden, dann den Schildern folgen. Oder mit der
Stadtbahn U14 Richtung Remseck, Haltestelle Horn-
bach, ca. 12 Minuten zu Fuß den Schildern folgen.

Geöffnet: Ganzjährig.

Ausweichquartier: Stuttgarts Stadt-Camping-
platz auf der Cannstatter Wasen (Mercedes-
straße 40, 70372 Stuttgart, T 0711 556696, info@
campingplatz-stuttgart.de) ist, nun ja, speziell – ein
asphaltierter Platz an der Bundesstraße. Aber zu
Wasen-Zeit schläft man direkt neben der »Wilden
Maus«-Achterbahn. Schwiegervater gefällt's!

72

Der Bauer, der nicht aus dem Fenster schaut

ÖKOFERIENHOF RETZBACH, BLAUFELDEN, BADEN-WÜRTTEMBERG

Albert Retzbach verrät seinen Zeltgästen gern, wie in Baden-Württemberg gemeinhin Landwirtschaft betrieben wird. »Der Bauer schaut aus dem Fenster und macht genau dasselbe wie der Nachbar.« Seine kleinen Augen funkeln, die Hände stecken in den Taschen der blauen Arbeitshose, und man ahnt schon: Bauer Retzbach selbst glaubt wohl nicht an diese Faustregel, ganz im Gegenteil. Albert hat schon immer alles anders gemacht.

Es begann damit, dass Albert sich in jungen Jahren für einen gewissen Rudolf Steiner interessierte. Der propagierte das gesunde Zusammenleben von Mensch, Tier und Pflanzen und verlangte, selbst kosmische Kräfte nicht aus den Augen zu lassen. Als Albert seinen Nachbarn davon berichtete, kam das im Ländle einem Meteoriteneinschlag gleich. Ein tiefer Krater tat sich zwischen Bauer Retzbach und manch konventionellem Landwirt im Hohenloher Land auf.

Albert machte trotzdem Ernst und stellte seinen Hof schon 1975 auf die Regeln des Ökosiegels Demeter um. Allem Herkömmlichen sagte er Ade, willkommen hieß er Biogas-Anlage und sogar Touristen. Ende der 1990er-Jahre begann Familie Retzbach damit, Urlauber zu beherbergen. Zuerst im Heuhotel, doch als Orkan Lothar dann 1999 unzählige Bäume umriss, machte Albert aus der Not eine Tugend: Aus den umgefegten Baumstämmen baute er ein Ferienhaus für Touristen. Auf der Wiese vor dem Sturmhaus entstand ein kleiner Campingplatz. Sechs oder

sieben Zelte und Bullis passen unter die alten Obstbäume am Rande der Siedlung Naicha. Nichts verstellt der Blick über die hügeligen Weiten der Felder.

Wenn kosmische Kräfte ein Gewitter schicken, setzt man sich in der Diele zusammen und hört Albert zu.

Wer seine Heringe in Alberts Erde einschlägt, der wird so schnell nicht mehr losgelassen: Albert Retzbach ermuntert, ermahnt gar seine Besucher, sich doch die Kuhställe anzuschauen. Mit Ehefrau Magdalena Eier einzusammeln ist Ferienprogramm für Camperkinder. Wer hier urlaubt, wird wie selbstverständlich aufgenommen in das Zusammenleben zwischen Mensch, Tier und Pflanze. Und wenn kosmische Kräfte ein mächtiges Gewitter schicken, setzt man sich auf der Diele zusammen und hört Albert zu. Der unter anderem preisgibt, dass er aus Versehen schon einmal Wanderarbeiter beherbergte, die sich später als ETA-Terroristen herausstellten. Denn Bauer Retzbach begegnet Unbekannten offen und freundlich. Der Urlauber ist für ihn keine Cash-Cow, sondern Teil des Hoflebens. Nach diesem Credo engagiert sich die ganze Familie.

Und so kommt nach dem Regenguss Tochter Dorothee auf die Zeltwiese und wagt den ehren-

Ökoferienhof Retzbach, Naicha 7,
74572 Blaufelden // T 07953 542 // www.oekoferien-
hofretzbach.de // Oekoferienhof.retzbach@web.de

Sonnenseite: Camping auf der Obstwiese – mit
Familienanschluss, wenn man möchte.

Schattenseite: Etwas ab vom Schuss – ohne Auto
wird's einsam.

Kosten: 14–20 € pro Zelt oder Bulli plus 3 €
pro Person.

Klo & Co.: Separat im Bauernhaus – 50 m vom
Zeltplatz.

Essen & Trinken: Selbstgemachtes Bauernhof-
Eis in Demeter-Qualität. Wer mag, kann sein Früh-
stücksei selbst bei der Henne abholen und im Kuh-
stall Rohmilch tanken.

Stadtprogramm: 20 km entfernt, jenseits der
bayerischen Landesgrenze, liegt Rothenburg ob der
Tauber. Die mittelalterlichen Gässchen haben sogar
die Harry-Potter-Filmcrew angezogen (»Harry Potter
und die Heiligtümer des Todes«).

Landpartie: Leihfahrrad gibt's auf dem Hof, vom
Hohenloher Land jedoch hat man aus gutem Grund
noch nicht viel gehört.

Abenteuer: Kanutouren auf der Tauber ab
Bad Mergentheim (z. B. Kanu-Touristik Drescher,
T 07931 2229, bootsvermietung-drescher@web.de).
Die Retzbachs vermitteln zudem »Bauernhof-Well-
ness«: Reiki und Sinnerlebnis-Spaziergänge.

Grillfrei: Regionale Produkte auf Sterneniveau im Gasthof »Zum Hirschen«, Blaufelden
(Hauptstraße 15, T 07953 1041, info@hirschen-
blaufelden.de).

Hin & Her: A6, Ausfahrt Crailsheim/Satteldorf,
Richtung Blaufelden. Über Schrozberg, Lindlein
und Schmalfelden nach Naicha. Der nächste Bahnhof liegt in Blaufelden.

Geöffnet: Ganzjährig.

Ausweichquartier: Mehr Campingplatz als
Bauernhof ist heute der »Mohrenhof Franken«
(30 km, Lauterbach 3, 91608 Geslau, T 09867
978609, www.mohrenhof-franken.de).

haften Versuch, mit pitschnassem Holz ein Lagerfeuer zu entfachen. Tochter Marlene betreut
derweil die Internetseite, Sohn Alexander hilft
im Stall, und Mutter Magdalene überzeugt die
letzten Kinder im Heuhotel davon, dass Schla-
fenszeit ist.

Eine Lebensgemeinschaft auf dem Land, die
offen ist für Mitglieder auf Zeit. Niemand muss
fürchten, vereinnahmt zu werden. Wer aber
gänzlich alleingelassen werden will, der ist in
Naicha fehl am Platz. Denn Albert Retzbach ist
ein sanfter Missionar: Er will Menschen seine
Sicht auf das Landleben zeigen, weil er dann
und wann eben doch aus dem Fenster schaut
und sieht, was seine Nachbarn machen. Und
das gefällt ihm ganz und gar nicht.

73

Leichtigkeit im Licht- und Luftbad

CAMPING-INSEL BUG, BAMBERG, BAYERN

Stille Wasser sind bekanntlich tief. Auf der Campinginsel Bamberg-Bug darf man diese Plattitüde gleich zweifach bemühen: einmal wortwörtlich, denn die Regnitz, ein Nebenfluss des Mains, treibt auffällig still am Zeltplatz vorbei. Dabei ist sie hier ganze acht Meter tief und damit wunderbar zum Kopfsprung ins Schwimmerglück geeignet. Zum anderen gilt der Satz auch im übertragenen Sinn – für den Campingplatz-Besitzer Peter Hoffmann.

Der begrüßt Besucher mit Schnauzbart, weiß-blau gestreiftem Hemd und geputzten Lederschuhen. Sehr freundlich, vielleicht sogar ein wenig bedächtig und bürgerlich. Aber dann schmettert er fröhlich los und erzählt, wie er aufgewachsen ist: »Oh, das war ein wildes Leben hier!« Schuld daran war Peters Vater Fritz Hoffmann.

Wenn auch das wilde Leben Vergangenheit ist – geblieben ist ein grüner, weitläufiger Campingplatz, auf dem man Licht und Luft tanken kann.

Der verkehrte in den 1950er-Jahren in Kreisen, über die das gutbürgerliche Bamberg wohl die Nase rümpfte: Künstler! Auch Fritz Hoffmann malte, und in der kleinen Gaststätte des Campingplatzes hängt gleich an der Tür eines seiner Bilder. Darauf ein kleines, weißes Häuschen mit rotem Dach. Im blauen Badeanzug lehnt sich eine schlanke Schöne ins Fenster des kleinen Kiosks, der zwischen bunten Schirmen, roten Tischchen und grünen Bäumen auf der Flusswiese steht.

Diesen kleinen Kiosk gab es wirklich: Er war die Keimzelle der Campinginsel im südlichen Bamberger Stadtteil Bug. Fritz Hoffmann hatte die Flussaue 1954 erstanden, um ein »Licht- und Luftbad« zu eröffnen. Zwar hatte schon so manche Reformbewegung das Schwimmen im 18. Jahrhundert für sich entdeckt, weil es belebte und befreite. In Bamberg sah man dem Treiben

am Fluss noch zwei Jahrhunderte später mit gemischten Gefühlen zu. Denn Hoffmanns Künstlerfreunde schwammen nicht nur, sie malten auch noch. Die Regnitzaue war ein »Künstlertreff«, erinnert sich Sohn Peter, »mein Vater war als verrückter Maler verrufen«. Peter verbrachte seine Jugend in diesem Sündenpfuhl. »Ich war nie zu Hause«, erinnert er sich. Oft ging es zu Bootstouren raus auf den Fluss, und »irgendein Zelt war immer geöffnet«.

Denn wenn die Abende am Ufer der Regnitz lang wurden und das Licht nachließ, wollten die Freunde der Hoffmanns bleiben. Das Licht- und Luftbad wurde nach und nach zum Campingplatz. Eine wirkliche Insel ist das lange Grundstück am Flüsschen zwar nicht, aber seinen Namen verdient es trotzdem: Denn wenn auch die Regnitz nur an einer Seite vorbeifließt, die Campinginsel hat eine ganz eigene Atmosphäre. Überall am Fluss stehen Skulpturen, das Sanitärhaus ist voller Mosaike, in der Kneipe hängen Bilder, und regelmäßig finden Ausstellungen, Lesungen und Konzerte statt: eine Insel der Glückseligen. Die eingeladenen Künstler sind nicht mehr die »jungen Wilden«, die einst den Campingplatz gründeten, und ihre Kunst schockiert und provoziert nur noch selten. Etwas gesetzt eben, wie auch der Campingplatz: Manche Wohnwagen stehen länger hier, und

Camping-Insel Bug, Am Campingplatz 1, 96049 Bamberg // T 0951 56320 // www.camping-insel.de // buero@campinginsel.de

Sonnenseite: Kunst-Camping auf grünen Wiesen am Fluss.

Schattenseite: Der Charme der 1980er-Jahre ist noch nicht ganz verflogen.

Kosten: Erwachsene 7 €, Kinder 3,50 €, Zelt und Bulli 4–9 €, Strom 1,20 € plus 0,50 € pro kWh. Keine Kreditkarten!

Klo & Co.: Sogar im lichtdurchfluteten, renovierten Dusch- und Toilettenhaus hängt Kunst.

Essen & Trinken: Die kleine, etwas rustikale Gastwirtschaft verkauft Brötchen, Gas und das Nötigste – und stellt Kunst aus.

Stadtprogramm: Bamberg wurde wie Rom auf sieben Hügeln erbaut. Weil im Krieg kaum etwas zerstört wurde, bietet Bamberg bis heute mittelalterliche und barocke Baukunst in Hülle und Fülle sowie dank der Universität viele Kneipen.

Landpartie: Entlang der Regnitz (direkt am Campingplatz) und dem parallel verlaufenden Main-Donau-Kanal führt ein Radweg bis nach Fürth. In Pettstadt setzt eine kleine, motorlose Fähre, die die Strömung am Drahtseil über die Regnitz drückt, Radfahrer über. Früher wurde auf dem Fluss Holz von Nürnberg nach Bamberg geflößt.

Abenteuer: Bamberg ist auf Sand gebaut – na ja, Sandstein: Unter der Stadt verlaufen fast 10 km lange Stollen, in denen Wein, Malz und Bier gelagert wurden. Die Stadt organisiert Führungen (Tourismus-Service, Geyerswörthstraße 5, 96047 Bamberg, T 0951 2976-330, stadtfuehrungen@bamberg.info).

Grillfrei: Im »Café Abseits« (Pödeldorfer Straße 39, 96052 Bamberg, T 0951 303422, www.abseits-bamberg.de) gibt es Gutbürgerliches im Biergarten und dazu Dutzende verschiedene Biere, einige davon aus der »Versuchsbrauerei«. Prost.

Hin & Her: Der Bus 918 (ab Bamberg ZOB) hält direkt am Campingplatz. Mit dem Auto die A73 in Bamberg-Süd verlassen, dann über Nürnberger und Forchheimer Straße, Galgenfuhr und Burghof (den Schildern folgen).

Geöffnet: Ganzjährig.

Ausweichquartier: Entweder der Campingplatz Bärenschlucht bei Pottenstein (s. S. 286, ca. 50 km) oder ca. 30 km nördlich das weniger coole »Maincamping« (Krößwehrstraße 52, 96215 Lichtenfels, T 09571 71729, campingplatz@lichtenfels-city.de).

das Publikum ist nicht das jüngste. Aber es gibt genug Platz, um ein schönes Stück Rasen direkt am Fluss zu ergattern. Und in der Nachbarschaft campen eine junge Familie, ein radelnder Wunderheiler und ein kontaktfreudiger Motorrad-Senior aus Bremen.

Wenn auch das »wilde Leben« Vergangenheit ist – geblieben ist bis heute ein grüner, weitläufiger Campingplatz, auf dem man noch immer Licht und Luft tanken kann. Und dann ist da ja auch noch jener Peter Hoffmann, der von seinem verrückten Vater erzählen kann. Und davon, wie eine Künstlerhorde eine Flussaue südlich von Bamberg eroberte. Stille Wasser sind tief – es lohnt, ein wenig Zeit mit dem Chef zu verbringen.

74

Auf den Tisch kommt nur Selbstgeschossenes

CAMPING BÄRENSCHLUCHT, POTTENSTEIN, BAYERN

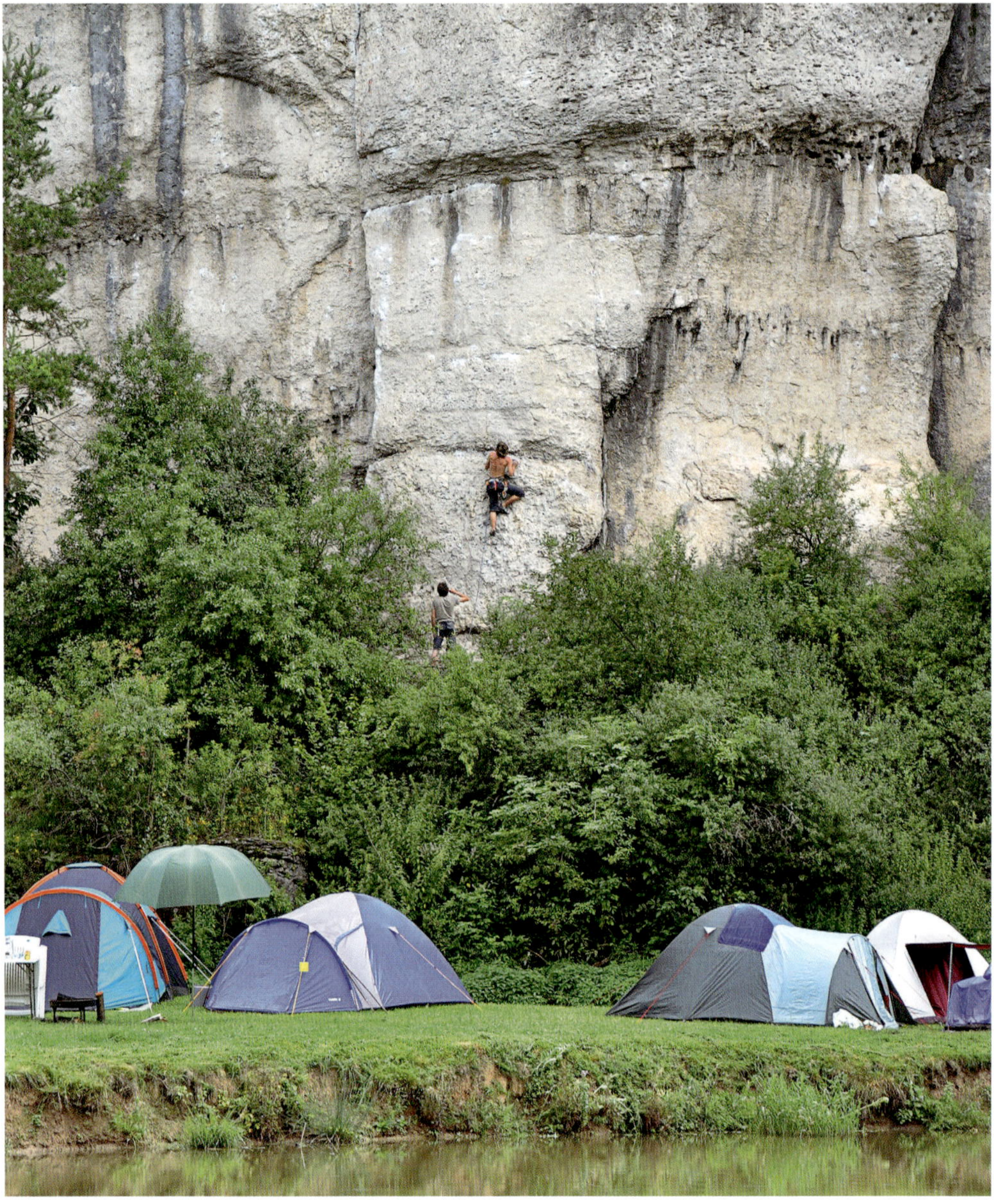

Man weiß schnell, woran man ist: Wer in der Bärenschlucht eincheckt, der findet die Rezeption in einer recht urigen Gastwirtschaft. Unter dunklem Gebälk, Marke Eiche rustikal, begrüßt Urlauber ein ausgestopfter Bär von imposanter Größe mit aufgerissenem Maul. In seinen Klauen quält er eine kleine Stoffkuh, die nicht mehr viel zu lachen hat. »Bärenschlucht« ist also ernst gemeint.

Wer ein paar Schritte weiter geht, hindurch unter großen und kleinen Geweihen jedweder Provenienz, der ahnt, wer den Bären gern eigenhändig erlegt hätte. »Auf den Tisch kommt nur Selbstgeschossenes«, steht auf der üppigen Speisekarte. Und an der Wand hängt das Bild von einem jungen Mann, der stolz über geschossenem Dammwild posiert: Markus Beyer, Juniorchef des Campingplatzes Bärenschlucht und Mann der vielen Ämter.

Camper werden eng umschlossen: Auf der einen Seite grüner dichter Wald, auf der anderen Seite ragen Felsen steil in die Höhe.

Nicht nur Waidmann mit zwei Jagdgebieten, nicht nur Koch im rustikalen Camperrestaurant, nicht nur Stolz seiner Mutter Christine, Ehemann von Melinda und Bruder von Stefanie (die alle drei auf dem Platz mitarbeiten) – Markus ist auch »Biberberater«. Das bedeutet aber nicht, dass sich Biber mit Eheproblemen oder Krampfadern an ihn wenden könnten (auch wenn dies die schönere Geschichte wäre).

Den Biberberater fragen Menschen um Rat, denen die Nagetiere Probleme bereiten. Markus darf dann kraft seines Amtes entscheiden, was mit den Problembibern im Landkreis geschehen soll: Drahthosen, die Bäume schützen, oder Gitter am Ufer. »Aber geschossen werden die hier nicht«, sagt Markus. Denn die Bärenschlucht ist Teil eines großen Naturschutzgebiets. Vier oder fünf Biberfamilien leben allein am Campingplatz. Die Biberfamilien hatten ein gutes Pföt-

chen bei der Bauplatzwahl: Mit Zelt oder Bulli lässt es sich hier wunderbar leben. Von Pottenstein schlängelt sich die Bundesstraße entlang des eiskalten, klaren Flüsschens Püttlach, bis das Tal breiter wird. »Die Breit« haben sie dieses rund 500 Meter lange Stückchen Erde in der Fränkischen Schweiz genannt. In dieser »Breit«, direkt an der Püttlach, liegt der Campingplatz Bärenschlucht. Weiter oben wohnen die Dauercamper, unten liegt die schöne Zeltwiese, in der Mitte ein kleiner See.

Camper werden eng umschlossen: Auf der einen Seite grüner dichter Wald, auf der anderen Seite ragen Felsen steil in die Höhe. Trotzdem gibt es genug Licht – die Zeltwiese ist groß mit Stellplätzen unter Bäumen am Rand oder in der Sonne am See. Von der Isomatte vor dem Zelt lassen sich Kletterkünstler an der steilen Wand beobachten, direkt über dem Campingplatz: Die Fränkische Schweiz ist ein Kletterparadies, in den 1980er- und 1990er-Jahren wurde hier mancher Rekord erkraxelt.

Die ersten Zelte allerdings standen schon früher in der Bärenschlucht: in den 1930er-Jahren. Damals campierte hier der CVJM mit Hagebuttentee und Butterkeks. Später wurde es wilder: 1960 schrieb Polizeiobermeister Motschenbacher in einem Bericht, dass »Motorradrowdys« vom Campingplatz die Gegend unsicher machten. Eine »zuverlässige Person« für die Aufsicht

Feriencampingplatz Bärenschlucht, Bärenschlucht 1, 91278 Pottenstein // T 09243 206 // www.baerenschlucht-camping.de // info@baerenschlucht-camping.de

Sonnenseite: Zelten unter der imposanten Felswand zwischen Flüsschen und See.

Schattenseite: Hinter den Bäumen verläuft die mäßig befahrene Bundesstraße 470, der Verkehr lässt am späten Nachmittag nach.

Kosten: Erwachsene 5,60 €, Kinder 3,50 €, kleines Zelt 3,20 €, Bulli 4,50 €, Strom 3 €.

Klo & Co.: Vom Ende der schönen Zeltwiese sind es fast 500 m zur Gastwirtschaft mit Toilette und Dusche.

Essen & Trinken: Zum Campingplatz gehört eine Gaststätte mit Fisch- und Wildspezialitäten (wie gesagt, selbstgeschossen!) sowie ein kleiner Laden.

Stadtprogramm: Auf Bayreuths Grünem Hügel (knapp 30 km) treten sich Touristen nicht nur während der Festspiele auf die Füße. Aber die Stadt bietet mehr: die Eremitage mit Wasserspielen, eine Fußgängerzone zum Shopping und (zum Glück!) Studentenkneipen.

Landpartie: Der Campingplatz liegt inmitten eines Wanderwegenetzes – die Hohenmirsberger Platte bietet fantastische Aussicht und einen Fossilienklopfplatz, das Ailsbachtal viele Höhlen sowie die Burg Rabenstein.

Abenteuer: Stand-up-Paddling, Slacklining, Geocaching, Crossgolf und Frisbeegolf – Abenteuer-Anglizismen pur in Betzenstein (Hauptstraße 68, T 09244 9859-16, info@abenteuerpark-betzenstein.de). Oder Kanufahren auf der Wiesent (zum Beispiel ab Gasthof »Stempfermühle«, T 09242 1658).

Grillfrei: Im Bärenschlucht-Restaurant oder Forellen aus eigener Zucht nach Gewicht im »Forellenhof« in Pottenstein (Am Kurzentrum 3, T 0943 9242-0, www.forellenhof-malter.de).

Hin & Her: A9, Ausfahrt Pegnitz, oder A3, Ausfahrt Höchstadt, dann über die B470 Richtung Pottenstein-Forchheim.

Geöffnet: Ganzjährig.

Ausweichquartier: Ein Dorf weiter im Tal wartet der ähnlich schön gelegene Campingplatz Fränkische Schweiz, Im Tal 13, 91278 Pottenstein-Tüchersfeld, T 09242 1788, info@campingplatz-fraenkische-schweiz.de.

müsse gefunden werden, um die Jugend zu bändigen. Heute gibt es solche Aufseher, sehr freundliche allerdings: Familie Bayer betreibt den Campingplatz schon in der dritten Generation. Möglicherweise profitiert sie davon, dass Besucher schon in den ersten Minuten in der Bärenschlucht Respekt vor den Eignern bekommen. Denn bevor sie von der lächelnden Christine ihren Zeltplatz zugewiesen bekommen, schauen sie in den Schlund des Bären. Und wissen, woran sie sind.

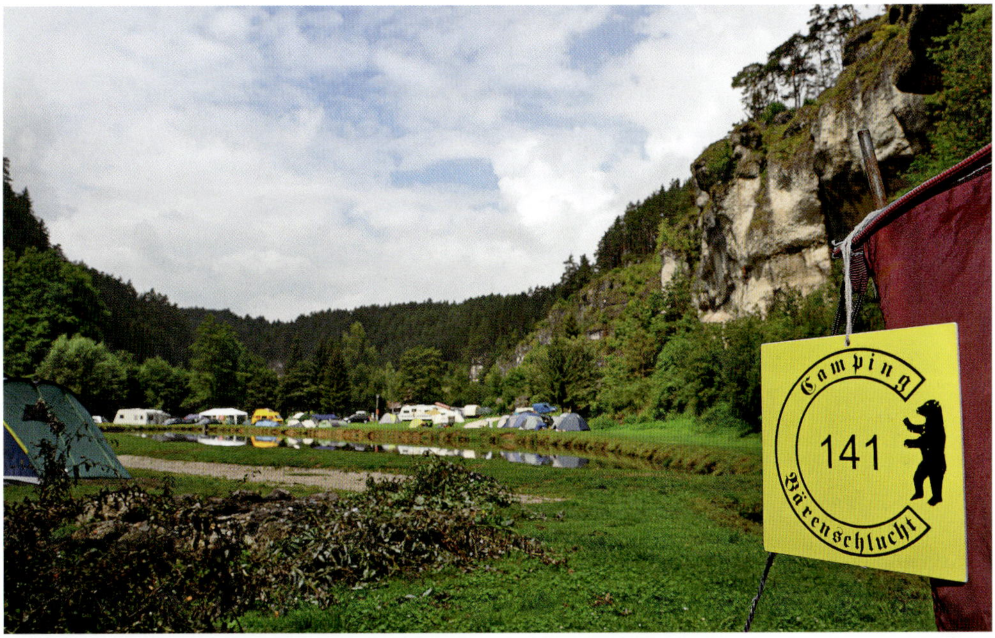
Camping
141
Bärenschlucht

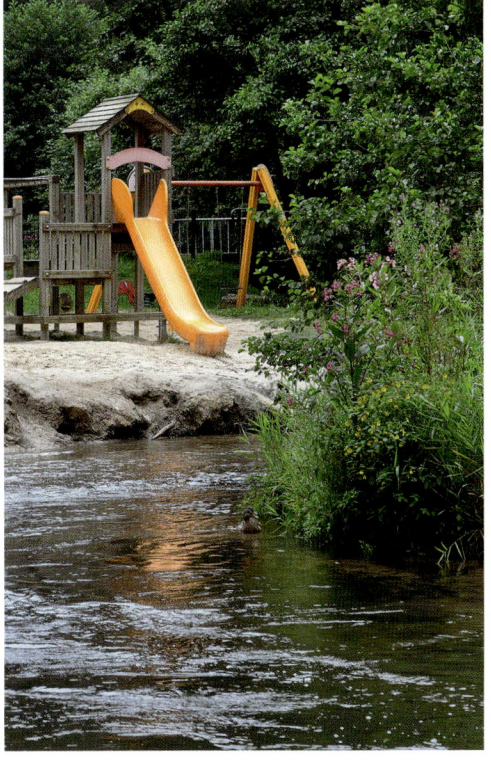

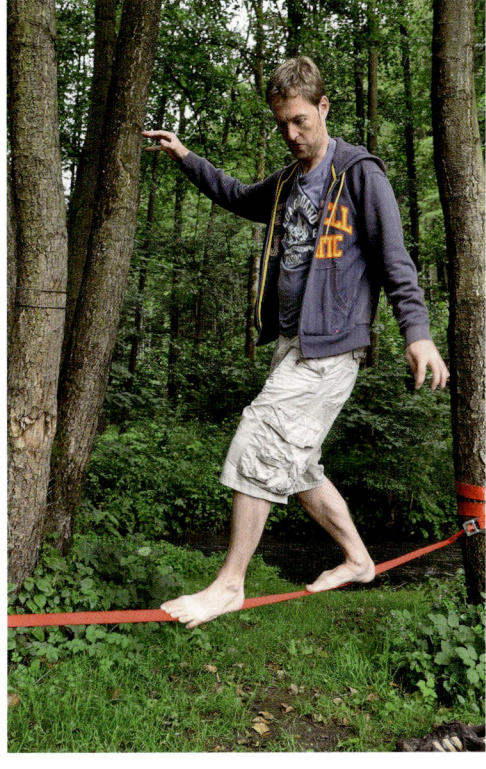

75

Fusion Camping

ADVENTURE CAMP SCHNITZMÜHLE, VIECHTACH, BAYERN

Für die englischen Erfinder von »Cool Camping«
war die Schnitzmühle »vielleicht der coolste
Platz« in ganz Deutschland, ein Ort »mit Magie«:
Das Buch »Cool Camping Europa« machte dieses
Wunderwerk europaweit bekannt, bevor es in
Deutschland überhaupt richtig aufgefallen war.
Tief im Bayerischen Wald liegt eine Oase für
Wildnisdürstende, eine Offenbarung für Stadt-
gelangweilte, ein Paradies für Camper, die dem
irdischen Alltag entfliehen wollen.

Ein Wunderwerk im Bayerischen Wald: Cooler geht's nicht. Camping mit Thai-Küche, Wellness und DJ.

»Dreiviertel Jahr Winter, Vierteljahr kalt.«
Die Volksweisheit beschreibt, warum die
dunklen Wipfelweiten des Bayerischen Waldes
Campern vielleicht nicht zu allererst in den Kopf
schießen, wenn sie ein neues Plätzchen für ihr
Zelt suchen: Es kann kalt werden in diesem Mit-
telgebirge – je höher man kommt, umso kälter.
Denn der Bayerische Wald liegt derart weit im
Osten, dass die Milde des maritimen Klimas aus
dem Westen sich nur selten durchsetzen kann
gegen die kontinentale Kälte. Aber keine Sorge:
Die »Schnitzmühle« selbst liegt nicht berghoch,
sondern geschützt ein wenig tiefer im Wald.
Und dort wird's im Sommer schön warm.

Wer die Schnitzmühle ansteuert, muss sich
um das Wetter ohnehin nicht sorgen: Sicher,

das Zelt steht immer noch an der (wirklich)
frischen Luft, unter luftigem Grün, mit Bäumen,
Sträuchern und Blumen. Im Sommer kann man
an der Bongobar mit Sand und Liegestühlen entspannen, in den Badesee oder einen der beiden
Flüsse springen, die am Campingplatz vorbei-
fließen – der Regen und der Schwarze Regen.

Dafür wäre ein wenig Sonne allerdings schon
ganz schön.

Wenn's jedoch kühler wird im Herbst oder
Winter (die Schnitzmühle hat ganzjährig geöffnet), kann man sich im »Wellyes-Pavillon«
aufwärmen: im Dampfbad oder in der Kräuter-
sauna, im Musik-Sand-Licht-Raum mit DJ-Pult.
Dazu massiert ein Mann, den sie hier »Buddha«
Rainer nennen. Seine Behandlungen klingen
vielversprechend: Massagen mit Titeln wie
»You Are The Boss«, »Extreme Indoor Hucke-
päcking« und »Absolut High Power Endstufen
Verwöhn-Massage for Body & Soul«. Und wenn's
zu kalt wird, kann man aus dem Zelt in eines der
Hotelzimmer umziehen (doch, ist schon okay!).

Denn auch diese Zimmer sind modern und
grundüberholt – ein Hotel-Camping-Wellness-Abenteuer-Land, hinter dem zwei kluge

Köpfe stecken: Sebastian und Kristian Nielsen, die jungen Besitzer der Schnitzmühle, schieben ihren Erfolg auf »gute Gene«. Die Großeltern kauften die Schnitzmühle und betrieben hier ein Sägewerk. Nebenbei kamen die ersten Zelturlauber, und die Eltern der beiden bauten Gasthaus und Sanitärblock für die Camper. Als die Söhne übernahmen, entwickelten sie ihr eigenes Konzept für die Schnitzmühle – mit Bedacht und Erfolg.

Denn hier haben junge Männer ein Urlaubspaket maßgeschneidert, das sie auch selbst ansprechen würde: Ruhe und Abenteuer, gutes Essen und Lagerfeuer, DJ-Musik und grüne Natur. Wo, wenn nicht hier, würde sich ein junges Pärchen aus Berlin oder Hamburg wohl fühlen, das gerade noch ein Wochenende in Barcelona verbracht hat? Die Suche nach den eigenen Wurzeln, sich erden – im Zelt, in der Natur, aber bloß nicht zu weit weg von den angenehmen Dingen wie Caffè Latte, WLAN fürs iPhone – und saubere Toiletten!

Adventure Camp Schnitzmühle, Schnitzmühle 1, 94234 Viechtach / Bayerischer Wald // T 09942 9481-0 // www.schnitzmuehle.com // info@schnitzmuehle.de

Sonnenseite: Mehr »Camping-Glück« geht nicht – inklusive Bongobar, Wellness und Badesee.

Schattenseite:: Etwas ab vom Schuss und ohne Auto schwer zu erreichen.

Kosten: Erwachsene 8,50 €, Kinder 6,50 € inkl. Kurtaxe, Stellplatz 5,50 €, Strom 2 €.

Klo & Co.: Das »Körper-Kulturhaus« in Schwedenrot macht seinem Namen Ehre – hell, farbig und schön samt Babybad und Wickeltisch.

Essen & Trinken: Wer will, kann seinen Grill zu Hause lassen – der kleine Campingladen verkauft fast alles von der Gasflasche bis zum frischen Biobrot, und im Restaurant wird »Thai-Bay« gekocht, eine unkonventionelle Mischung aus bayrischer und thailändischer Küche. Frühstücksbüfett ab 12 €, mittags gibt's Salate und Sandwich.

Stadtprogramm: Das Weltkulturerbe Regensburg mit 1500 denkmalgeschützten Gebäuden (rund 80 km weiter westlich). Die Bierstadt Pilsen in Tschechien liegt nur 120 km weit entfernt.

Landpartie: Nah am Platz führt der Pilgerweg St. Wolfgang vorbei, ein Teil des Jakobswegs. Das Herzstück führt von Viechtach nach Böbrach. Erwanderbar sind auch die Quarzfelsen Großer und Kleiner Pfahl.

Abenteuer: Die Schnitzmühle heißt nicht umsonst »Adventure Camp« – es gibt aktive Stressbewältigung am Bangbox-Boxsack, Kanutouren auf dem Schwarzen Regen, Tree-Climbing, Abseiling und Niedrigseil-Garten.

Grillfrei: Urbayerisches Essen serviert die »Burgschenke Altnussberg« (Auf dem Schlossberg 2, 94244 Geiersthal, T 09923 3099) – Saurer Pressack, Leberkäs und Wurstsalat nach einer zweistündigen Wanderung ab Schnitzmühle. Frühstück, Mittagessen und Kuchen gibt's im Kunst-Café »Isis« in Viechtach (Spitalgasse 5, T 09942 801638).

Hin & Her: Die nächsten Bahnhöfe sind in Straubing (50 km), Deggendorf (32 km) und Gotteszell (17 km). Mit dem Auto über die A3, Abfahrt Bogen, dann über Hundedorf, St. Englmar und Kollnburg nach Viechtach.

Geöffnet: Ganzjährig.

Ausweichquartier: Ebenfalls in Viechtach liegt der »Campingplatz am Höllenstein« (Leitenweg 12, 94234 Viechtach, T 09942 8501) – ruhig und familiär.

76

Eine Zeltinsel, die sich rar macht

CAMPING SCHROTTENBAUMMÜHLE, FÜRSTENECK, BAYERN

Camping Schrottenbaummühle,
Schrottenbaummühle 1, 94142 Fürsteneck //
T 08504 1739 // www.schrottenbaummuehle.de //
info@schrottenbaummuehle.de

Sonnenseite: Zelten im Naturschutzgebiet –
auf der Ilzinsel sogar autofrei, am Ufer mit Platz
für Bullis und Wohnwagen.

Schattenseite: Das Sägewerk sägt werktags.

Kosten: Zelt ab 2 €, Bulli 3 €, Wohnmobil
6,50 €, Erwachsene 4 €, Kinder bis 12 Jahre 3,50 €,
bis 6 Jahre kostenfrei. Strom und Hund 1,50 €.

Klo & Co.: Hübsch und ziemlich neu, 2011
renoviert.

Essen & Trinken: Semmeln zum Frühstück
vorbestellen, die Gasthaus-Theke hilft aus, wenn
Butter oder Milch fehlt. Brotzeit, Lunch oder
Frühstück im Gasthaus.

Stadtprogramm: Die Dreiflüssestadt Passau
(30 km) ist nicht nur Heimat vieler Glasbläser
(z. B. Armin Stauber, Sechzehnerstraße 28a, T 0171
7519253), sondern auch mancher Sehenswürdig-
keit, z. B. Stephansdom und Veste Oberhaus.

Landpartie: Der Campingplatz liegt mitten
im Wandergenetz des Ilztals – flussauf- oder
abwärts gibt es schöne Routen ab 2 km, beispielsweise nach Fürsteneck mit Schloss und kleinem
Infocenter zum »Naturpark Ilz«.

Abenteuer: Die lebende Westernstadt »Pull-
man City« in Eging (20 km) ist so bayrisch wie
ein Sioux-Indianer – aber unterhaltsam: Bogenschießen, Goldwaschen und Ponyreiten bei live
gespielter Country-Musik (Ruberting 30, T 08544
97490, www.pullmancity.de).

Grillfrei: Wer sich durch die Karte der Schrottenbaummühle gegessen hat, findet in Perlesreut
(8 km) Abwechslung, beispielsweise in der Pizzeria »La Fiamma« (Marktplatz 5, T 08555 405840,
www.lafiamma-perlesreut.de).

Hin & Her: Die Ilztalbahn bedient an Sommer-
wochenenden ab Passau den Bahnhof Fürsteneck, von dort 3 km Wanderung. Ansonsten
per Bus bis Tittling, dann ca. 7 km wandern. Mit
dem Auto A3 oder A92 bis Deggendorf, dann
Richtung Passau. Abfahrt Aicha, auf der B85 bis
Freyung, über Loizersdorf und Rappenhof.

Geöffnet: April bis Ende Oktober.

Ausweichquartier: Traditionell, aber immerhin
mit Zeltwiese bei »Bavaria-Camping« in Eging
(20 km, Grafenauer Straße 31, T 08544 8089,
www.bavaria-camping.de).

Die Ilz war und ist für vieles gut – auch wenn
das Bächlein im Sommer noch nicht einmal tief
genug zum Kanufahren ist (zur Enttäuschung
mancher Camper). Jahrhundertelang trieben
Hunderttausende »Ster«, also Raummeter Holz,
die Ilz hinab. Sechs Wochen dauerte die Trift
eines Baumstamms vom inneren Bayerischen
Wald bis nach Passau, aber mancher Stamm
kam nicht so weit: Hier, bei Fürsteneck, entstand
eines der großen Sägewerke, betrieben mit der
Kraft der Ilz.

Wie das Holz damals bleibt heute auch man-
cher Urlauber hier hängen, auf den Wiesen am
Ufer des kleines Bächleins, neben dem Gast-
haus »Schrottenbaummühle«. Kinder bauen
Barrieren im Fluss, Camper kühlen Bierkisten
und Angler fangen das Abendessen. Seit 1688
führt die Familie Segl die Geschäfte hier – im
Gasthaus wie im Sägewerk nebenan – und auch
auf dem Campingplatz, den es schon vor dem
Zweiten Weltkrieg hier gab. Heute hat Anton
Segl hier das Sagen, ein ruhiger, freundlicher
Gastgeber vom alten Schlag.

Er grantelt nur ein wenig, als die Sprache
auf das Schmuckstück des Platzes kommt:
Die Ilz bildet an der Schrottenbaummühle mit
einem Hochwassergraben eine kleine Insel.
Zum Gasthaus führt eine Brücke – zu schmal
selbst für kleine Autos. Anton darf aber erst ab
Juli Zelte auf diesen Teil seines Platzes lassen.
Zuvor brüten schützenswerte Vögel, meinen
die Behörden. Anton würde da zum Wohle der
Camper wohl anders entscheiden. Aber so ist
sie eben etwas ganz Besonderes: eine autofreie
Zeltinsel, mitten in der Flussidylle – Natur pur.

77

Hippie-Heimat im Hölzl

THE TENT, MÜNCHEN, BAYERN

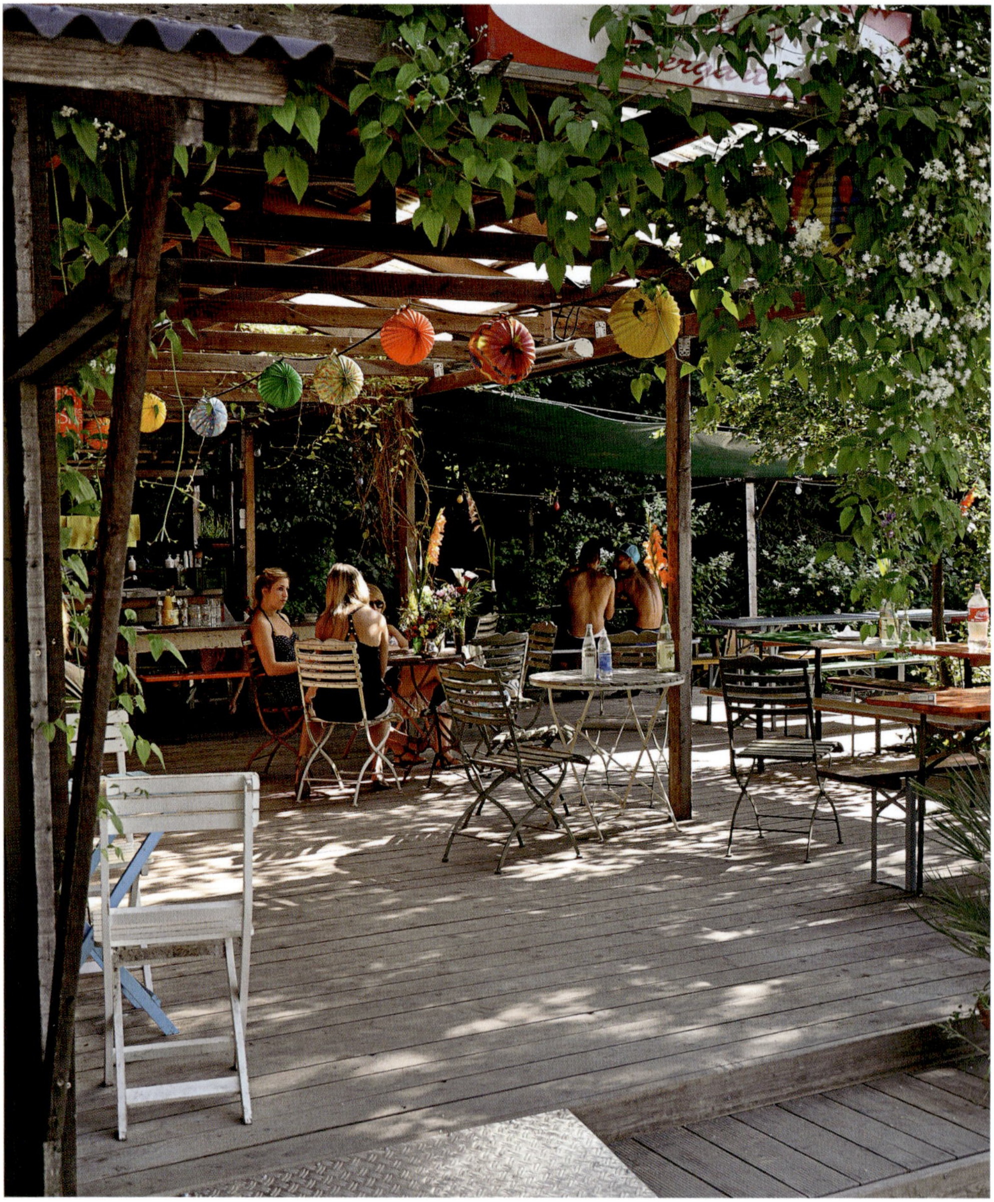

Es waren alles andere als romantische Motive, die die Stadtoberen von München 1972 dazu bewogen hatten, den Campingplatz »The Tent« (damals noch unter anderem Namen) einzurichten: Zu den Olympischen Spielen sollte sich die Stadt von ihrer besten, bayerischen Seite zeigen, und dazu gehörten nach Ansicht der hohen Herren keine Hippies, die im Englischen Garten campierten (zumal dort die Bogenschützen in aller Ruhe Medaillen erschießen sollten). Also schuf man kurzerhand eine Hippie-Heimat außerhalb des Englischen Gartens – im westlich gelegenen Naturschutzgebiet Kapuzinerhölzl.

Die meisten der Hippies von damals sitzen heute wohl im Anzug im Büro, aber gezeltet wird noch immer in dem kleinen Waldstück nördlich des (sehenswerten!) Schlossparks Nymphenburg, keine halbe Stunde vom Münchener Hauptbahnhof entfernt.

Kein Zaun grenzt »The Tent« vom umliegenden Wald ab, alles wirkt entspannt und offen – ein bisschen Freiheit in der großen Stadt.

Eine Jugendherberge an der frischen Luft – mit Jugendherbergspublikum: international und jung. Man trifft Menschen von überall, aus Südamerika, China, Polen oder Iowa. Ein immerwährendes Festival mit kleinen Inseln, auf denen Menschen zusammenkommen. Zum Beispiel die »Piano Bar«, in der Straßenmusiker schon mal spontan Konzerte geben. Oder das Café, in dem die Tent-Crew lecker kocht. Für viele Mitarbeiter ist »The Tent« nicht nur irgendein Job, sondern Lebensinhalt: Martin zum Beispiel, der im Sommer hier und im Winter als Skilehrer in den Alpen arbeitet. »Wir mögen eben ein anderes, alternatives Leben«, sagt er. Und das spiegelt sich auch in »The Tent« wider. Ein entspanntes, buntes Idyll mit Schnörkelschrift auf Holzschildern, Reggae-Musik und Wasserpfeifen (wenn die Besuchergruppe aus Izmir sie auspackt).

Betrieben wird der Platz vom Münchener Kreisjugendring als »Jugendschutzmaßnahme«, und so muss niemand fürchten, dass er wegen Überbuchung abgewiesen wird (solange er irgendwie jugendlich wirkt). Raum gibt es genug: Zum einen ist da die große Wiese, auf der Urlauber ihre eigenen Zelte aufschlagen. Sein Stück Rasen kann man sich aussuchen. Kein Zaun grenzt »The Tent« vom umliegend Wald ab, alles wirkt entspannt und offen – ein bisschen Freiheit in der engen Stadt. »The Tent« ist komplett autofrei, Bullis müssen leider draußen bleiben.

Wer sein Zelt zu Hause vergessen oder unterwegs verloren hat, kann in eines der beiden großen Zelte einziehen, die »The Tent« ihren Namen geben: Im ersten kann man eine Isomatte auf dem Boden mieten, im zweiten eine Matratze im Doppelstockbett. Wer Schnarchkonzerte mag, schlummert hier glücklich am Ziel seiner Träume. Es gibt sicher ruhigere Campingplätze,

The Tent, Kapuzinerhölzl, In den Kirschen 30, 80992 München // T 089 1414300 // www.the-tent.com // cu@the-tent.com

Sonnenseite: Stadtcamping in der Natur – nur 20 Minuten vom Münchener Hauptbahnhof entfernt.

Schattenseite: Es kann voller und etwas lauter werden, vor allem zum Oktoberfest. Keine Bullis, keine Autos, kein Strom!

Kosten: 6 € pro Person, 6–18 € pro Zelt, 8 € pro Person auf der Isomatte im großen Zelt, 12 € für ein Bett im großen Zelt. Zum Oktoberfest verdoppeln sich die Preise fast.

Klo & Co.: Ein neuer, schicker Sanitärblock, beheizt von Sonnenwärme, mit Gästeküche, Waschmaschine und Schließfächern.

Essen & Trinken: Das kleine, feine Café kocht »gsunde« Kost – meist Bio, wenn möglich von lokalen Herstellern. Frühstück gibt's zwischen 7 und 10.30 Uhr.

Stadtprogramm: Die Münchner Innenstadt ist nah, die Wiesn (Oktoberfest) nur 20 Minuten entfernt. Mittwochs um 9.30 Uhr gibt's eine kostenlose Stadtführung für Camper von StattReisen.

Landpartie: An das Naturschutzgebiet Kapuzinerhölzl, in dem der Campingplatz liegt, schließen sich im Süden der Botanische Garten (täglich geöffnet, Erwachsene 4 €) und der Schlosspark Nymphenburg an – schöne Ruheoasen nach stressigem Stadtprogramm.

Abenteuer: Münchens Wellenreit-Spot ist die Eisbachwelle mitten im Englischen Garten. 0,5 m hoch, durch eine Unterschriftensammlung gerettet, mittlerweile weltweit bekannt.

Grillfrei: Münchens größter Biergarten, der Hirschgarten mit 8000 Plätzen und eigener S-Bahn-Station, ist nur 2,5 km entfernt (Hirschgarten 1, T 089 17999119, www.hirschgarten.de). Lecker italienisch essen um die Ecke von Schloss Nymphenburg: »Osteria Il Golfo«, Hirschgartenallee 38, T 089 17095709.

Hin & Her: Vom Flughafen mit der S-Bahn zum Hauptbahnhof, dann mit Tram 17 (Richtung Amalienburgstraße) bis Botanischer Garten fahren. In Fahrtrichtung rechts in die Franz-Schrank-Straße (ca. 15 Minuten) abbiegen. Mit dem Auto über die A8 in Richtung Pasing, dann Verdistraße, Amalienburgstraße, Menzinger Straße.

Geöffnet: Juni bis Oktober.

Ausweichquartier: Der typische Stadtplatz für Urlauber ist der Campingplatz Nordwest (Auf den Schrederwiesen 3, 80995 München, T 089 1506936, www.campingplatz-nord-west.de).

es gibt aber keine cooleren, die so nah am Münchener Stadtzentrum sind wie »The Tent«.

Das Kapuzinerhölzl war früher übrigens ein Hütewald – ein Forst, in den Bauern ihr Vieh statt auf die Wiese zum Grasen trieben. Bis heute wächst hier eine für Süddeutschland fast einmalige Vielfalt an Pilzen. Wer also ankommt, nachdem Supermärkte und Camper-Café schon geschlossen haben, kann seine Mahlzeit auch gern selbst pflücken. »The Tent« ist Stadtcamping mit Naturanschluss, und das kann durchaus romantisch werden: Die Motive der Stadtoberen, den Platz zu eröffnen, mögen seinerzeit zweifelhaft gewesen sein – heute jedoch, nach vier Jahrzehnten, ist »The Tent« einer der besten Metropol-Plätze im ganzen Land.

78

Wo Biber und Camper sich Gute Nacht sagen

CAMPINGINSEL BUCHAU, SEEHAUSEN AM STAFFELSEE, BAYERN

Noch wabert der Nebel über dem Staffelsee. An der Anlegestelle in Seehausen dümpelt ein kleines Stahlboot müde im Wasser, weiß, am Ende eine Metall-Klappe, die sich beim Anlegen auf das Ufer senkt. Drei Gestalten, ein wenig verfroren, warten mit Sack und Pack auf Paul Sedlmaier. Der rauscht mit dem Auto heran, Brötchentüten in der Hand. Denn Gäste auf seiner Insel versorgt Paul morgens mit Frühstücksfrische vom Bäcker. Keine fünf Minuten später sind Sack und Pack verladen, der Außenbordmotor tuckert und der Bug des kleinen Stahlboots verdrängt die letzten Nebelschwaden von der Wasseroberfläche. Kalte, frische Luft im Spätsommer, der See glatt wie ein Spiegel.

Die Klappe senkt sich auf die dunkle Erde am Ufer, die drei Dauercamper gehen von Bord. »Soll ich dir erstmal die Insel zeigen?«, fragt Paul. Und dann tuckert er wieder los, einmal um die ganze Insel Buchau herum. Es ist bemerkenswert, dass Paul Neuankömmlingen sein Reich vom Boot aus zeigt, denn es sagt viel darüber aus, was ihm wichtig ist auf seiner Insel. Denn nur vom Boot erschließt sich, wie grün die Insel ist und mit welchen Bewohnern Paul seine Insel teilt, wenn die Camper Mitte Oktober einpacken und verschwinden.

»Da, siehst du, am Ufer? Da haben sie angefangen zu nagen.« Ein dicker Baum am Ufer weist einen runde Bissnarbe am Stamm auf, präzise wie im Zeichentrickfilm. »Das machen die in einer Nacht«, erklärt Paul. Er spricht über »seine« Biberfamilie, derzeit vierköpfig, die in einem Bau am Ostufer lebt, ein großer Haufen aus Ästen und Gestrüpp (mutmaßlich Glamping nach Biber-Art). Langsamer tuckert Paul weiter und vermittelt: Das Wichtigste hat er uns jetzt gezeigt. Seine Biber.

»Leben wollte ich entweder in einer Berghütte oder auf einer Insel. Nicht so nah an der Zivilisation«, erzählt er. Als dann 2011 die Pacht für die Campinginsel Buchau ausgeschrieben war, griff er zu. Seitdem lebt er im einzigen Gebäude auf der Insel (neben drei kleinen Waschhäusern) – darin ein kleiner Laden und eine große Küche, und davor ein schöner Biergarten.

Die Ferien sind vorüber, die Insel hat sich geleert. Vielleicht fünf Minuten sind es zu Fuß von Nord nach Süd, grüne Wiesen, viele alte Bäume und Büsche am Ufer. Klein genug, um schnell überall zu sein, aber doch so groß, dass die Insel sich in kleine Abschnitte gliedert, der Blick sich immer wieder Neuem öffnet, hinter einer Bucht, einem Wäldchen, einer Erhebung.

Etwa hundert Meter sind es von hier bis zum Strandbad in Seehausen. Paul ist die Strecke in seiner Jugend oft geschwommen – die Dörfer am See sind seine Heimat.

Kleine Lichtungen mit Zelten oder nur noch Holzterrassen: Sie sind die Überreste des Sommers, die Fundamente für die Zelte der Dauercamper. Denn der Boden wird schnell feucht. Im Süden der Insel, dort wo das Linienboot »d'Fischerin« anlegt, liegt die große Zeltwiese. Etwa hundert Meter sind es von hier durch das dunkle Wasser hinüber zum Strandbad in Seehausen. Paul kennt die Strecke bestens aus seiner Jugend, denn er ist sie oft geschwommen – die Dörfer am See sind seine Heimat. Der Staffelsee gilt als einer der wärmsten in

Bayern, weil sich das saubere, aber moorhaltige Wasser in der Mulde, in der der See liegt, schnell erwärmt.

Zwischen Zeltwiese und Biergarten liegt der »Weißbierhügel«, von dem aus sich fantastisch über den See auf das Hörnle gegenüber und die schneebedeckten Alpen blicken lässt. »In der Stadt zu leben wäre für mich die Hölle«, gesteht Paul. Doch im Winter muss auch er meist sein Zuhause auf der Insel räumen. Denn für Bootsfahrten treibt meist zu viel Eis auf dem Staffelsee, zum Hinüberlaufen zu wenig. »Dann käme man manchmal wochenlang nicht ans Festland«, erklärt er. »Die Lage hier ist toll, aber auch ein Fluch. Alles, was ich brauche, muss ich

mit dem Boot ranschaffen«, meint Paul.

Früher hieß die Buchau auch »Kuhinsel«, weil die Bauern ihre Murnau-Werdenfelser-Rinder auf der Insel weiden ließen. So, wie sie damals in Ruhe grasen durften, können Camper heute in Ruhe auf den See schauen, schwimmen, in den Bäumen klettern oder die Seele baumeln lassen und runterkommen. Zwischen ihnen und dem Alltag liegt das dunkle Wasser des Staffelsees. Mit dem Tuckern des kleinen Stahlboots beginnt der Urlaub, und er endet auch damit.

Campinginsel Buchau im Staffelsee, Johannis-
straße 18, 82418 Seehausen // T 08841 4881701 //
www.buchau-campinginsel.de // info@buchau-
campinginsel.de

Sonnenseite: Kein Auto, kein Lärm – Friede
mitten im See.

Schattenseite: Viele Dauerzelter – und viel Betrieb im Sommer, weil der Münchner sich hier gern
erholt.

Kosten: Zelte 3,50–6,50 €, Kinder unter 3 Jahre
frei, danach 2,50 € (3–6 Jahre, Nebensaison) bis 6 €
(Erwachsene, Hauptsaison) zzgl. 0,60 € / 1 € Kurtaxe.
Keine Kartenzahlung!

Klo & Co.: Drei Sanitärhäuschen sind über die
Insel verteilt – funktional, kein Augenschmaus.

Essen & Trinken: Paul betreibt Biergarten und
Gastwirtschaft mit Bier, Kaffee und Speisen aus
der Region. Wer sich in die Bäckerliste einträgt,
bekommt morgens frisches Frühstück vom Festland.

Stadtprogramm: Murnau am Staffelsee (3 km
von der Bootsanlegestelle in Seehausen) hat eine
niedliche Innenstadt und ein paar Eiscafés. Wer
mehr will, fährt zur Lüftlmalerei-Besichtigung nach
Oberammergau (30 km) – die Hausfassaden sind mit
christlichen Motiven bemalt.

Landpartie: Sein Zelt von allen Seiten sieht der,
der um den Staffelsee wandert – 22 km am Ufer,
durch Wälder und kleine Ortschaften. Ab Bad Kohl-
grub (15 km) fährt die Hörnle-Sesselbahn zur Hoch-
alm mit schickem Panoramablick auf den Staffelsee.

Abenteuer: 8 Kehren, 3 Tunnel, 2 »Mega-Jumps« –

in Unterammergau (20 km) saust die Sommerrodelbahn den Steckenberg hinunter. Oder im
Neopren-Anzug per Kanu durchs Obere Loisachtal
raften (Wildwasserschule Garmisch-Partenkirchen,
Alpspitzstraße 16, T 08821 1496, www.ww-gap.com).

Grillfrei: Paul schwört aufs »Ähndl« (Ramsach 2,
Murnau, T 08841 5241, info@aehndl.de), eine Hütte
mit Biergarten am Murnauer Moos (»superschön«),
dem größten zusammenhängenden Moorgebiet
Mitteleuropas. Hier gibt's Rindertafelspitz, Obazda
und Käsespätzle. Nebenan liegt übrigens das Ram-
sachkircherl – die Eisenglocke aus dem 6. Jahrhundert wurde vermutlich von schottischen Mönchen
ins Land gebracht – eine der ältesten Kirchenglo-
cken Europas.

Hin & Her: Klar ist – am Ende geht's aufs Schiff.
Entweder für 1,80 € mit »d'Fischerin«, einem kleinen
Motorschiff im Linienbetrieb (www.staffelsee.org/
fahrplan/buchau.php, T 0160 93121991) ab Seehausen. Oder gleich ein Kanu oder Ruderboot mieten
und rüber. Vom Bahnhof Murnau sind's etwa 15 Minuten Fußweg zum Seeufer. Auto in Seehausen parken,
das Verkehrsamt vergibt Dauerparkscheine für 3 €
pro Tag.

Geöffnet: Campingsaison 15. April bis 15. Oktober.

Ausweichquartier: Entweder der traditionelle
Platz auf der Halbinsel Burg (2 km, Burgweg 41, Seehausen, T 08841 9434, www.camping-staffelsee.de)
oder die schönen Zeltplätze in erster Reihe auf dem
Dauercamper-Platz Brugger am Riegsee (4 km, Seestraße 2, 82447 Spatzenhausen, T 08847 728, office@
camping-brugger.de).

79

Zelt zur Milchstraße

JUGENDZELTPLATZ CHIEMING, CHIEMING, BAYERN

Der Chiemsee ist Bayerns größter See. Nicht nur im Sommer wird er von Touristenhorden bestürmt. Viele Campingplätze unten am Seeufer sind ein Mekka der Gartenzwergkultur. Es lohnt sich also, ein paar Meter hinaufzusteigen – hinauf auf die Hügel, die den Chiemsee einfassen. Hoch über dem Dörfchen Chieming liegt mit erhabener Aussicht auf den See ein Platz, der noch entdeckt werden will: der Jugendzeltplatz Chieming.

Johann Wiesholler betreibt ihn seit 2005 auf seinem Bauernhof. Denn das ist Johanns Hauptgeschäft: Milchvieh und Rinder hält er nach den Demeter-Regeln der biologischen Landwirtschaft, und er hat eine Mission. Eine alte Rinderrasse will er erhalten, das Murnau-Werdenfelser-Rind. Gästen auf seinem Hof bietet Johann folglich gern und kostenlos Hofführungen an, denn er will vermitteln, wie Bauernhöfe aus seiner Sicht bewirtschaftet werden sollten. Im Herbst erntet er mit Zelturlaubern Äpfel und presst eigenen Saft. Und er bietet Führungen in die Umgebung an, zu essbaren Kräutern und faszinierenden Insekten sowie ins geheimnisvolle Moor nahebei.

Sein Zeltplatz ist folglich kein Rekordhalter bei Ausstattung oder Animation, im Gegenteil: Es gibt eine große, grüne Zeltwiese, ein kleines Gebäude mit Toiletten und Duschen, darüber eine großzügige Loggia, eine lichtdurchflutete Küche. Das war's. Gäste können sich entscheiden, ob sie ihr eigenes Zelt mitbringen oder im

Indianertipi übernachten wollen, die Johann auf seiner Wiese aufgebaut hat. Zudem gibt es seit Kurzem eine große Jurte: Für europäisches Klima sei sie besser geeignet als ein Tipi, meint Johann. »Sie ist wasserdicht – auch bei Starkregen.« Und sie hat einen Holzboden, es wird also nicht matschig unter der Matte. Und: Die Jurte hat Fenster rundherum.

Hier wird es wirklich Nacht: Kaum künstliches Licht überstrahlt die Dunkelheit. Ein perfekter Platz, um einen unendlich reichen Sternenhimmel zu bewundern.

Autos sind dagegen nicht zugelassen in Johanns Camping-Reich: Wer im Bulli übernachten möchte, muss auf dem Parkplatz schlafen.

Freundesgruppen werden sich auf dem Jugendzeltplatz Chieming wohler fühlen als Einzelreisende, Familien wohler als frisch verliebte Pärchen. Denn Johann nimmt viele Gruppen auf, die abends schon mal kleine Darbietungen am gemauerten Miniatur-Amphitheater aufführen. In einem Nebenraum der Scheune können Camper an Klettergriffen bouldern.

Wenn es Nacht wird, treffen sich die Urlauber oft am knackenden Lagerfeuerplatz. Und hier oben über dem Chiemsee wird es wirklich richtig Nacht: Die Dunkelheit wird durch so gut wie kein künstliches Licht gestört. Ein perfekter Platz, um einen unendlich reichen Sternenhimmel zu bewundern. Sternschnuppen fallen, die Milchstraße windet sich ins Unendliche. Auch Johanns Interesse an den Mächten und Kräften der Natur schläft nicht: Er hat eine kleine Sternwarte mit Spiegelteleskop eingerichtet (Marke

»Sibiria«, paralaktisch montiert mit automa-
tischer Nachführung, Vergrößerung 39- bis
150-fach, maximal sogar 300-fach). Regelmäßig
erläutert ein befreundeter Hobby-Astronom
interessierten Gästen das Himmelsschauspiel
(und die technischen Daten des Teleskops).

Und wenn die Sonne dann nach einer kurzen
Nacht wieder aufgeht, kann man sich mit der
ersten Tasse Kaffee an den Rand des Zeltplatzes
stellen und hinausschauen auf den Chiemsee.
Von hier oben ist der Trubel der Busse und Boote
ein Schauspiel, das fast so fern wirkt wie der
Sternenhimmel der Nacht. Nur nicht ganz so
schön.

Jugendzeltplatz Chieming, Oberhochstätter Straße 3, 83339 Chieming // T 0160 94668715 // www.jugendzeltplatz-chieming.de // tipidorf@jugendzeltplatz-chieming.de

Sonnenseite: Autofrei campen hoch über dem Chiemsee – im Tipi oder im eigenen Zelt.

Schattenseite: Viele Gruppen – da könnten Einzelcamper sich schon mal einsam fühlen.

Kosten: 6,50 € pro Person, Tipi pro Nacht ab 10 €, Jurte ab 25 €.

Klo & Co.: Marke Eigenbau – zweckmäßig, aber klein, wenn der Platz voll belegt ist.

Essen & Trinken: In der Loggia können Gäste kochen. Zutaten müssen aber selbst mitgebracht werden, bis auf das Rindfleisch von Johanns Bio-Hof (12 € je kg).

Stadtprogramm: Die Herzogsstadt Burghausen (50 km) protzt mit einer Burg, die mit 1.043 m Länge die längste Burganlage Europas ist und nach einem Guinness-Buch-Eintrag auch die längste der Welt sein soll. Hut ab.

Landpartie: Johann organisiert geführte Berg-wanderungen. Die Raubritterburg Heinz von Stein (10 km) und das Römermuseum Bedaium in Seebruck (5 km) liegen in Wander- oder Radelweite.

Abenteuer: Auf dem Urrevier der deutschen Windsurfer hilft die Surfschule Chieming (Bei den Bädern 3, 83239 Chieming, T 08051 9616516 oder 0179 4717841, info@windsurfschule-chieming.de) so-gar Anfängern. Parker Outdoor organisiert Rafting und Canyoning für Wagemutige (Forsthausweg 15, 83236 Übersee am Chiemsee, T 08642 5955650 oder 0176 20599650, info@parkeroutdoor.com).

Grillfrei: Das »Al Dente« ist das älteste Restaurant am Seeufer – mit neuer Küche: Pizza, Pasta, frischem Fisch und Fleisch (Bei den Bädern 1, 83339 Chieming, T 08664 98592, aldente.chieming-@t-online.de).

Hin & Her: Mit dem Zug bis Bahnhof Prien, dann weiter mit der historischen »Chiemseebahn« direkt zum Landungssteg (1,9 km). Von dort mit dem Schiff zum Landungssteg Chieming übersetzen – ca. 10 Geh-Minuten bis zum Tipidorf. Mit dem Auto über die A8, Ausfahrt Grabenstätt/Chieming. In Chieming nach dem Ortsschild rechts ab, bergauf, am Berghof vorbei, bis links das Tipidorf zu sehen ist.

Geöffnet: Ganzjährig.

Ausweichquartier: Unten am See liegt Camping Seehäusl (Beim Seehäusl 1, 83339 Chieming-Stött-ham, T 08664 303, info@camping-seehaeusl.de).

80

Von Bisam-Ratten und Badesee-Terrorismus

CAMPING ZELLERSEE, SCHLECHING, BAYERN

Unser Dorf soll schöner werden, dachten sich die Mettenhamer Anfang des 20. Jahrhunderts. Ihr kleines Örtchen lag zwar im hübschen Chiemgau, umgeben von hohen Bergen wie der Hochplatte, dem Hochgern und dem Blumenberg mit seinem Naturschutzgebiet, dem Geigelstein. Das Flüsschen Ache hatte ein weites Tal geformt, das die Einwohner gern als das ursprünglichste in der Chiemsee-Region beschreiben. Und auch der Touristenmagnet Tirol war nicht weit.

Dass diese kleine Flucht vom Massentourismus heute überhaupt existiert, war alles andere als ausgemachte Sache.

Aber irgendwie fehlte Mettenham der letzte Pfiff. Und so kamen die Mettenhamer auf die Idee: Wir brauchen einen Badesee! Da hatten sie sich einiges vorgenommen. Um Euch nicht unnötig auf die Folter zu spannen, wollen wir Folgendes verraten: Am Ende schafften sie es. Denn heute liegt an diesem künstlichen Badesee ein kleiner, feiner Campingplatz. Für Wohnwagen gibt es einige terrassierte Plätze. Zelte dagegen stehen in der ersten Reihe, auf einer großen grünen Wiese am Seeufer. Ins Wasser sind es nur ein paar Schritte.

Gespeist wird der See von drei weichen, kühlen Bergquellen, und im Sommer dreht mancher Schwimmer stundenlang seine Runden, unterbrochen von kleinen Pausen auf der Badeinsel, die in der Mitte des Sees verankert ist. Das Bergpanorama ist großartig und der Himmel meistens blau.

Der Chiemsee mit seiner Insel Herrenchiemsee samt Versailles-Verschnitt wartet nur 15 Kilometer entfernt. Und trotzdem liegt der Zellersee abseits der Touristenströme in einer kleinen, ruhigen Nische.

Dass diese kleine Flucht vom Massentourismus am Chiemsee heute aber überhaupt existiert, das war alles andere als ausgemachte

Sache. Denn als die Mettenhamer die Idee von ihrem Badesee in die Tat umsetzen wollten, hatten sie mächtige Feinde.

Zum einen waren da die Anwohner im Achental, flussabwärts von Mettenham. Sie fürchteten, dass ein aufgestauter See ihnen unbändige Fluten bescheren könnte, sollte der kleine Staudamm brechen. Und so trug es sich zu, dass Unbekannte den Damm am Tag vor der Eröffnung des Badesees 1927 kurzerhand sprengten. Badesee-Terrorismus! Zum Glück eine Form des politischen Widerstands, die sich nicht durchsetzte: Ein weiteres Jahr verging, und erst 1928 wurde der See schließlich eröffnet. Ohne Anschlag. Später kamen dann die ersten Camper, aber irgendwann stellte sich auch der zweite Feind ein: die Bisamratte.

Die untergrub geschickt den kleinen Staudamm, und vor ein paar Jahren sorgten sich die Mettenhamer wieder darum, dass ihr Damm

brechen könnte. Und so wurde er aufwendig
erneuert und verstärkt.

Für die nächsten Jahre sollte nun Ruhe sein,
hofft Rainer Müller, dem der Campingplatz
samt Badesee heute gehört. Schließlich ist die
dammknabbernde Ratte von dannen gezogen,
und der Platz hat mehr Freunde als Feinde: Viele
begeisterte Camper kommen gern ein ums
andere Jahr wieder. Und auch die Mettenhamer
baden nach wie vor in ihrem See – und sonnen
sich in der Weitsicht ihrer Vorväter. Denn die ließen sich vor fast 100 Jahren nicht von ihrer Idee
abbringen, einen kleinen Badesee anzulegen,
um ihr Dorf schöner zu machen. Hat geklappt,
trotz aller Widrigkeiten.

Campingplatz Zellersee, Zellerseeweg 3, 83259 Schleching-Mettenham // T 08649 986719 // www.camping-zellersee.de // info@camping-zellersee.de

Sonnenseite: Der kühle Badesee direkt vor dem Zelt – Camping-Glück pur.

Schattenseite: Die nahe Bundesstraße rauscht vernehmlich – und der Platz ist eher klein: Vorher buchen!

Kosten: Ab 16 Jahre 8–9 €, Jugendliche 5–6 €, Kinder (3–5 Jahre) 2–3 € (inkl. Kurtaxe), Zelt 5–12 €, Bulli 10–12 €.

Klo & Co.: 2015 erneuert – mit Fußbodenheizung und Wickeltisch.

Essen & Trinken: Frische Brötchen und das Nötigste verkauft der Campingkiosk, im Biergarten gibt's Kleinigkeiten und große Gläser.

Stadtprogramm: Salzburg liegt nur rund 70 km entfernt – die Altstadt ist Weltkulturerbe, und die Festung Hohensalzburg ist eine der größten Burganlagen Europas.

Landpartie: Eine Wanderung zur Entenlochklamm führt Urlauber über eine spektakuläre Hängebrücke über hellblaues Wasser. Wären die

Felsen nicht, man wähnte sich an der Côte d'Azur. Am Taubensee, eine Wanderung entfernt, kann man in eiskaltes Gebirgswasser eintauchen.

Abenteuer: Nur 10 Minuten vom Campingplatz entfernt liegt das Sportklettergebiet »Zellerwand« – mit 170 Routen zwischen den Schwierigkeitsgraden III und X. Um die Ecke liegt zudem die Deutsche Alpen-Segelflugschule, die Passagiere ab 20 € auf eine Platzrunde mitnimmt.

Grillfrei: Einer der besten Landgasthöfe Oberbayerns mit der ältesten erhaltenen Wirtsstube liegt einige 100 m weiter am Ortseingang Mettenham (Gasthof »Zellerwand«, Raitener Straße 46, T 08649 217, zellerwand@t-online.de).

Hin & Her: Der nächste Bahnhof liegt in Übersee (14 km). Mit dem Auto über die A8, Abfahrt Bernau, dann B305, oder Abfahrt Übersee, dann über Staudach-Egerndach und Marquartstein.

Geöffnet: Ende April bis Anfang Oktober.

Ausweichquartier: Mehrere herkömmliche Plätze liegen am Chiemsee (Chiemsee Camping Rödlgries in Übersee oder Panorama Camping Harras in Prien). Camping-Glück-getestet ist der Jugendzeltplatz Chieming (s. S. 304).

Bullivermietung

Bulli, der: Manche meinen, die Kurzform »Bulli« leite sich aus der Kombination der Worte »Bus« und »Lieferwagen« her – stimmt aber nicht. VW erklärt den Namen mit dem rundlichen (bulligen) Erscheinungsbild der T2-Klassiker. Den Spitznamen hatte der Bulli seit Jahrzehnten schon werksintern. Doch die Firma Kässbohrer besaß die Rechte an den Wortmarken »Bully« und »Bulli«. Erst 2007 verkaufte sie die Rechte an VW. Seitdem heißt der Bulli Bulli. Und wer sich keinen ausgebauten Bulli kauft (besonders coole Anbauten bietet beispielsweise **www.vanessa-mobilcamping.de**), der mietet hier:

»San Francisco«, »Lennon«, »Sgt. Pepper« und »Daddy Cool« – bei www.hippiebus-berlin.de haben die vierrädrigen Freunde für einen Urlaub standesgemäße Namen. Echte T2-Oldtimer, zum Teil mit originalgetreuer, grün-gelb karierter Westfalia-Originalausstattung. Die Preise sind steil: ab 310 € für drei Tage inklusive 500 Kilometern, plus 40 € Endreinigung: Berlin Bullis im Classic Depot Berlin, Wiebestraße 36–37, 10553 Berlin // T 030 34096020 // **www.hippiebus-berlin.de**

Anja Fischer war erst leidenschaftliche Camperin, bevor sie Bulli-Vermieterin wurde. Ecocamper bietet T5-Busse ohne Faltdach (einer hat aber ein Dachzelt!), mit zwei Schlafplätzen sowie Küche im Kofferraum und Standheizung. Vermietung nur ab Freising bei München – für 55 € bis 95 € pro Tag, je nach Saison und Ausstattung: **EcoCamper**, Pettenbrunn 2, 85354 Freising, // T 0175 81 00 818 // post@ecocamper.de

Fluchtwagen.com vermietet voll ausgebaute T5-Camper ab Hannover, Hamburg oder Leipzig, allerdings ohne Hochdach, mit Küchenblock im

Fahrzeugheck (Kochen am Kofferraum). »Surfer«, »Unterwasserwelt« und »Ganesha« sind quietschbunt. Pro Tag ab 57 € in der Nebensaison, 102 € in der Hauptsaison inklusive 250 Kilometern pro Tag plus 115 € Servicepauschale: Fluchtwagen.com, Florian Eisenbach, Dorfstraße 38, 31303 Burgdorf // T 0511 12374140, info@fluchtwagen.com

Ab Deutschland, aber auch an Standorten in Spanien, Portugal und auf den Kanaren vermietet **www.hanggtime.de** (mit Doppel-g!) T3- und T5-Bullis mit Charakter sowie Falt- oder Hochdach. Unterschiedliche Wagen, unterschiedliche Preise. T3 »Kalle« kostet ab Hamburg pro Woche zum Beispiel 550 € inklusive 1500 Freikilometern: hanggtime, Leibnizstraße 57, 55118 Mainz // T 0176 99634353, info@hanggtime.de

www.retrocampers.de vermietet drei T3-Bullis, nämlich »Peppi«, »Daisy« und »Schlumpfi«. Ronnie Merikanto vermietet sie ab Hamburg, und er hält sie gut in Schuss, weil er gern schraubt. Beste Voraussetzungen! Knapp 500 € pro Woche: retrocampers, Lachnerstraße 1e,

22083 Hamburg // T 0179 940 67 68 // info@retrocampers.de

Auch **vanarama.de** (ab Berlin) hat den T5-Transporter umgebaut, wieder ohne Hochdach. Komplette Küche, Wassertank und Liegefläche für zwei gibt's trotzdem, inklusive Kochtopf und Dosenöffner, aber ohne bunte Lackierung: Wer die Wagen sieht, könnte meinen, der Klempner führe vor, gäbe es nicht das dezente Logo am Heck. Preise zwischen 64 und 95 € je nach Saison und Dauer inklusive 250 Freikilometer. Vanarama, Neuenburger Straße 10, 10969 Berlin, // T 01525 5665154 // vanarana@web.de

Mein Bulli ist Dein Bulli – die Internetseite **paulcamper.de** vermittelt hunderte private Bullis in Deutschland zur Miete, samt Versicherung, Campingausstattung und allen Kilometern. PaulCamper, Berliner Straße 25, 16321 Bernau bei Berlin // T 030 609849722, info@paulcamper.com.

Camp in my Garden

Wie hatte noch einmal alles angefangen? Wo wurden wir infiziert vom Campingvirus? Richtig. Es war ein Sommerabend Anfang der 1980er-Jahre. Zum Geburtstag hatte ich dieses schwere Giebelzelt geschenkt bekommen, mit grünem Dach und beigefarbener Basis. Aufgebaut hatte ich es gleich am Geburtstag in unserem Garten – mein erster Zeltplatz.

Aus England kommt nun eine grandiose Idee, die die Campingplätze unserer Jugend zurückerobert: Zelten nicht in der Natur, sondern in Siedlungen, Dörfern, Städten und Metropolen – eben dort, wo wir in jungen Jahren das Campen lernten.

Victoria Webbon, 42 Jahre alt, eine reisebegeisterte Bausachverständige aus Wycombe in Buckinghamshire (also eine Nachbarin von Elizabeth II.), spazierte eines Tages durch den Londoner Vorort Wimbledon, um sich ein Tennisspiel anzusehen. Sie passierte dabei derart schöne Gärten, dass ihre Begierde geweckt wurde: »In so einem Garten möchte ich mein Zelt aufschlagen!« Kurzerhand startete sie die Website »Campinmygarden.com«.

»Campinmygarden.com« bringt Menschen zusammen, die ihren eigenen kleinen Garten für Zelturlauber öffnen. Wer sich registriert hat, kann Gastgeber und Gast werden, irgendwo zwischen »Bamping« (für »basic camping«) und »Glamping« (für »glamorous camping«). Manchmal kostet die Übernachtung gar nichts, manchmal zahlt man mehr als auf dem benachbarten Zeltplatz, je nach Ausstattung, Angebot und Nachfrage.

Campinmygarden.com empfiehlt, dass kein Garten für mehr als 28 Tage Camper beherbergt und dass niemand länger als zwei Wochen in einem Garten seine Heringe einschlägt. Noch sind es vor allem britische Gärten, aber die Welle schwappt auf den Kontinent. Die ersten Mini-Zeltplätze in den Niederlanden und in Belgien haben sich registriert. Und bei Redaktionsschluss waren schon mehr als achtzig Plätze in Deutschland dabei. Die Rückeroberung kann beginnen – reclaim the gardens!

Impressum

Bildnachweis: Umschlagvorderseite: Johner Images/ Getty Images, Umschlagrückseite: links Mitte oben und unten: Schnitzmühle © Sebastian Nielsen, Adventure Camp Schnitzmühle; rechts Mitte: Schwarzwald-Camp © Raphael Kuner, Schwarzwaldcamp; Vordere Klappe: Camp Langholz © Luftbildservice Bernot; Hintere Klappe: Björn Staschen.
Innenteil: Alle Fotos © Björn Staschen mit Ausnahme folgender (mit freundlicher Genehmigung abgedruckter) Fotos: Die Reise ins Glück (S. 7) © Christof Albrecht; Camp Langholz (S. 34) © Luftbildservice Bernot; Spiekeroog (S. 54, 55) © Kurverwaltung Spiekeroog; Grüne Wiek (98–103) © DJH Landesverband Mecklenburg-Vorpommern; Baumnest Lauschhütte (S. 190) © Markus Bender, Forsthaus Lauschhütte; Schwarzwald-Camp (S. 246–249) © Raphael Kuner, Schwarzwaldcamp; Schnitzmühle (S. 2, 290–293) © Sebastian Nielsen, Adventure Camp Schnitzmühle; Bullivermietungen (S. 314, 315) © Florian Eisenbach, Fluchtwagen, © Nadin Beuthien, Vanarama, © Derdehmel & Nilz Böhme, Classic Depot Berlin

Sollte diese Publikation Links auf Webseiten Dritter enthalten, so übernehmen wir für deren Inhalte keine Haftung, da wir uns diese nicht zu eigen machen, sondern lediglich auf deren Stand zum Zeitpunkt der Erstveröffentlichung verweisen.

MIX
Papier aus verantwortungsvollen Quellen
FSC® C005833
FSC
www.fsc.org

Verlagsgruppe Random House FSC® N001967

2. Auflage
Copyright © 2018
Deutsche Verlags-Anstalt, München,
in der Verlagsgruppe Random House GmbH
Neumarkter Straße 28
81673 München

Konzept und Text: Björn Staschen
Grafische Gestaltung, Layout und Satz:
Atelier Schug: Sibylle Schug, Astrid Shemilt, Barbara Mally
Einbandgestaltung: Sibylle Schug und Astrid Shemilt

Lithografie: Repro Ludwig, Zell am See
Druck und Bindung: Těšínská Tiskárna a.s., Cesky Tesin

Dieses Buch wurde auf dem FSC®-zertifizierten Papier
Condat Périgord gedruckt.

Printed in Czech Republic

ISBN 978-3-421-04092-3

www.dva.de

Über diesen QR-Code können Sie sich alle Kurzbeschreibungen der Plätze kostenlos herunterladen.